Jason Siff

MEDITATION VERLERNEN

Jason Siff

MEDITATION VERLERNEN

Was tun, wenn Anleitungen im Weg sind

Aus dem Amerikanischen von Christine Bendner

arbor

Arbor Verlag
Freiburg im Breisgau

Für Jeremy Tarcher

Die Originalausgabe erschien unter dem Titel:
Unlearning Meditation – What to Do When the Instructions Get in the Way

1. Auflage 2015
Lektorat: Beatrix Schomberg
Druck und Bindung: Kösel, Krugzell
Hergestellt von mediengenossen.de

Dieses Buch wurde auf 100% Altpapier gedruckt und ist alterungsbeständig.
Weitere Informationen über unser Umweltengagement finden Sie unter
www.arbor-verlag.de /umwelt

www.arbor-verlag.de
ISBN 978-3-86781-128-6

Inhalt

Einleitung

Ohne Schuldgefühle meditieren

Wenn ich eingeladen werde, eine neue Meditationsgruppe anzuleiten, möchte ich zu Beginn von jedem Teilnehmer und jeder Teilnehmerin gerne wissen, wie sie meditieren und welche Erfahrungen sie im Allgemeinen dabei machen. Ich bitte sie also, ein bisschen von ihrer Meditationspraxis zu erzählen. Fast alle sagen dann als Erstes: „Ich meditiere nicht jeden Tag" – und die meisten sagen es mit einem Anflug von Scham.

Normalerweise erwidere ich dann freundlich: „Sie können meditieren, wenn Ihnen danach ist." Aber darauf antwortet garantiert irgendjemand: „Wir sollten doch täglich meditieren, oder etwa nicht?" Worauf ich manchmal von den Teilnehmer(n)/innen gefragt werde: „Meditieren Sie denn nicht jeden Morgen?"

Das ist das „Schuldgefühl des Meditierers", und es hat viel damit zu tun, wie wir meditieren lernen oder wie uns Meditation vermittelt wird. Denn wenn wir lernen zu meditieren, versuchen wir, die Anleitungen exakt auszuführen und setzen uns hohe Standards. Folglich erleben wir Phasen des Scheiterns und der Unzulänglichkeit, die ab und zu von Erfolgserlebnissen unterbrochen werden, aber im Großen und Ganzen überwiegen am Ende die Schuldgefühle darüber, dass wir nicht oft genug meditieren, es nicht gut genug machen, nicht der vollkommene Praktizierende sind. Und dann fangen wir vielleicht an, uns unter Druck zu setzen, sitzen zu lange, halten Schmerzen zu lange aus, verurteilen uns dafür, dass wir uns in Gedanken und Gefühlen verlieren und schämen uns für die Intensität und Hartnäckigkeit unerwünschter Emotionen.

Ich habe im Lauf der vergangenen 20 Jahre eine Menge Leute getroffen, die ihre Meditationspraxis irgendwann entweder frustriert aufgegeben oder eine Praxis aufrecht erhalten haben, die ihnen statt innerem Frieden eher Leiden bescherte. Aber so muss es nicht sein. Es gibt Alternativen. Die von mir als *Recollective Awareness Meditation* (Erinnerndes Gewahrsein) gelehrte Methode ist eine davon.

So wie wir lernen können, wie man meditiert, können wir auch den umgekehrten Prozess durchlaufen: wir können das Gelernte wieder *verlernen*. Dieses Buch wird Sie bei diesem Prozess unterstützen und Ihnen Meditationserfahrungen von Menschen nahebringen, die durch den Prozess gegangen sind. Wenn Sie von den Erfahrungen anderer lesen, stellen Sie vielleicht fest, dass Sie dabei nicht allein sind: Auch andere sind durch eine Phase gegangen, in der sie die unerwünschten Gewohnheiten ihrer Meditationspraxis wieder verlernt haben und einen ganz neuen Zugang zum Meditieren gefunden haben – mit größerem Interesse und mehr Wertschätzung für ihre innere Welt.

Ich begegne oft Leuten, die mir, wenn sie hören, dass ich Meditationslehrer bin, erzählen, dass sie nicht meditieren können, weil sie zu viel denken. Es sind Professoren, Wissenschaftler und Psychologen darunter, die den Intellekt beruflich einsetzen und sich durch den Gebrauch ihrer geistigen Fähigkeiten zu dem Menschen entwickelt haben, der sie jetzt sind. Weil man nach ihren Vorstellungen von Meditation zum Meditieren einen stillen, gedankenfreien Geist braucht, meinen sie, nicht dafür geeignet zu sein. Das ist ein echter Verlust – eigentlich eine Schande. *Recollective Awareness* ist ein Meditationsweg, der das Denken nicht nur nicht verbietet, sondern lehrt, wie wir unsere Gedanken auf eine Weise erforschen können, bei der wir viel über den Denkprozess als solchen lernen. Viele, die diesen Ansatz ausprobieren, stellen paradoxerweise fest, dass ihr denkender Verstand tatsächlich ruhiger wird und sie sich besser auf die physischen und emotionalen Aspekte ihrer Erfahrung konzentrieren können.

Die Auswirkungen beim Verlernen von Meditation können vielfältig und ganz unterschiedlich sein. Eine ganze Bandbreite von Gefühlen kann hochkommen. Was bisher unterhalb der Bewusstseinsschwelle existierte, kann sich offenbaren. Und viele Menschen öffnen sich für die Weite eines stillen Bewusstseinsraumes. Das kann eine sehr intensive und kraftvolle Meditationspraxis sein. Aber sie passt sicher nicht für jeden – keine einzige Meditationspraxis ist für alle Menschen gleichermaßen geeignet. Sie kommt den Bedürfnissen von erfahrenen Meditierenden entgegen, die sich eine sanfte, offene und einsichtsvolle Form der Meditation wünschen, aber auch denen von Meditationsanfängern, die einen einfachen und effektiven Zugang zur Meditationspraxis suchen.

MEDITATION VERLERNEN ist kein Buch, das traditionelle Meditationspraktiken ablehnt. Sie werden nicht aufgefordert, Ihre bisherige Praxis ganz und gar aufzugeben und sich eine völlig neue Form der Meditation zu eigen zu machen. Stattdessen erfahren Sie hier, wie andere Menschen meditieren, welche Erfahrungen sie dabei machen und wie man auf konstruktive Weise mit jenen Dingen sein und umgehen kann, die während der Sitzungen bei den meisten Meditierenden hochkommen. In den 20 Jahren meiner Arbeit als Meditationslehrer habe ich oft erlebt, dass Leute erlernte Meditationstechniken wieder verlernten, nur um sie später innerlich freier und mit größerem Engagement wieder aufzunehmen. Andere wechselten zu einer anderen Praxis oder entwickelten sogar ihre eigene Meditationsmethode.

Dieser Zugang zur Meditation ist das direkte Ergebnis meiner Praxis und meines Studiums des Dharma. Er wirkt vielleicht etwas mehr psychologisch orientiert als viele andere, da es bei dieser Meditationspraxis darum geht, der eigenen Gedanken und Gefühle gewahr zu werden, die eigenen Ansichten, Ideale und Überzeugungen zu verstehen, und zu beobachten, wie der eigene Geist – mal mehr, mal weniger effektiv – funktioniert. Es gibt natürlich gewisse Überschneidungen zwischen Psychotherapie und Meditation, aber die Ziele sind oft verschieden, wie auch ihre Ausrichtung letztendlich unterschiedlich ist. Der Wert der Recollective-Awareness-Methode und, meiner Ansicht nach, buddhistischer Meditationsansätze im Allgemeinen, liegt darin, dass man dabei des abhängigen Entstehens aller mentalen Phänomene gewahr wird und durch dieses Verstehen seiner eigenen Erfahrungen weiser, freundlicher und friedvoller wird.

Der buddhistische Ansatz des abhängigen oder bedingten Entstehens spiegelt eine Betrachtungsweise der Dinge, die den eigentlichen Kern der Meditationspraxis ausmacht. Abhängiges oder bedingtes Entstehen bedeutet im Grunde nichts anderes, als dass bestimmte Zustände oder Bedingungen natürlicherweise und zwangsläufig zu anderen führen: „Wenn ein Ding ist, ist ein anderes; wenn ein Ding entsteht, so entsteht ein anderes." Unsere inneren Welten sind komplex und multidimensional und jede Erfahrung setzt sich aus Elementen zusammen, die miteinander in Wechselbeziehung stehen. Sich des „abhängigen Entstehens" gewahr zu sein, bedeutet zu verstehen, woraus sich die eigenen Erfahrungen ergeben und wie sie aufrechterhalten werden.

Bei dieser Meditationsmethode versuchen wir zunächst, unseren eigenen Geist zu verstehen, indem wir eine freundliche und zulassende Haltung einnehmen, anstatt mit strenger Disziplin zu beginnen. Meditation muss keine Übung sein, die man zu absolvieren hat, keine lästige Pflicht und auch nichts, was das Erreichen eines bestimmten Zieles erfordert. Indem wir uns selbst in der Meditation mit Sanftheit und Freundlichkeit begegnen, können wir ein echtes Interesse an der Funktionsweise und den Mechanismen unseres Geistes entwickeln: Wir können kluge Beobachtungen machen, forschen, Hypothesen überprüfen. Wenn Sie der in Abhängigkeit entstandenen inneren Welt Ihrer Meditationssitzungen echtes Interesse entgegenbringen, haben Schuldgefühle keinen Platz und keine Macht über Sie. Ihre Motive zu meditieren sind Ihre ureigenen.

TEIL I

Meditation verlernen

Grundpraxis

1

Meditation realistisch betrachten

Ein wichtiges Thema bei der Meditation ist die Diskrepanz zwischen dem Anspruch, den eigenen Geist so sein zu lassen, wie er ist und den Meditationsanleitungen, die man befolgt. Bei jeder Meditationspraxis, ganz gleich welcher Tradition oder Richtung, geht es immer darum, wie unser Geist und die Meditationsanleitungen miteinander harmonieren, einander stören oder versuchen, nichts miteinander zu tun zu haben. Die meisten Leute sind der Meinung, hier müsse unbedingt vollkommene Harmonie herrschen – das ist schließlich Meditation! Doch das ist eine romantische Vorstellung.

Uns geht es aber um reale und realistische Meditationserfahrungen, zu denen Konflikte, Zweifel und Wünsche ebenso gehören wie Zustände des inneren Friedens, tiefe Erkenntnisse und tiefgreifende innere Wandlungsprozesse. Die Meditationserfahrung eines jeden Menschen hat viele Facetten – und sie funktioniert nie so, dass man präzise einer Anleitung folgt und dann eines Tages unweigerlich in den Genuss der Verheißungen dieser Praxis kommt. So läuft es in der Realität einfach nicht. Zumindest ist es noch niemandem passiert, den ich kenne.

Die persönlichen Meditationserfahrungen, mit denen ich am häufigsten konfrontiert werde, haben eher mit einem *Verlernen* von Meditation zu tun. Was bedeutet das? Während es beim Erlernen von Meditation um das Befolgen bestimmter Instruktionen geht, ist, wenn wir von *Verlernen* sprechen, eine Art des Meditierens gemeint, bei der man den eigenen Geist so, wie er sich während der Meditation zeigt, akzeptiert und die Spannung beobachtet, die zwischen ihm und den Anleitungen existiert. Es ist also im Grunde ein Weg, auf dem man eine bestehende Meditationspraxis verlernt und mit einer neuen beginnt. Die Beschreibungen der Meditationssitzungen in diesem Buch stammen von Schülern, die sich auf eine Art des Meditierens eingelassen haben, an deren Anfang eine Erlaubnis steht: dem eigenen Geist zu erlauben, so zu sein, wie er während der Meditation eben ist.

Ich möchte mit meiner eigenen Geschichte beginnen:

Als ich im Alter von 14 Jahren zu meditieren begann, bekam ich als Erstes die Anweisung, mich auf ein Mantra zu konzentrieren – was damals die allgemein übliche Methode war. Ich saß jeweils 20 bis 30 Minuten da und versuchte, bei dem aus einer Silbe bestehenden Mantra zu bleiben, ich wiederholte es oder zog den Klang in die Länge, versuchte meine gesamte Meditationszeit damit zu füllen und achtete immer darauf, es aufrechtzuerhalten, wenn mein Geist anfing, „auf Wanderschaft zu gehen". Diese Praxis gab ich nach wenigen Wochen auf, weil sie einfach nichts zu bewirken schien. In dieser Phase meines Lebens nahm ich mir auch manchmal mitten am Tag eine Auszeit und legte mich mit geschlossen Augen aufs Sofa oder setzte mich in einen Sessel. Dann ließ ich meinen Geist wandern und erlaubte mir sogar, einzuschlafen, wenn mir danach war. Oft dachte ich dann einfach über irgendetwas nach, meistens über die Bücher, die ich gerade las und die größtenteils von östlichen Religionen und Existenzialismus handelten. Aber manchmal gelangte ich in einen Zustand, in dem ich ganze Abfolgen innerer Bilder beobachtete, und damit war oft eine gewisse Leichtigkeit und Freude verbunden. Ich hätte das damals nicht als Meditation bezeichnet, denn Meditation bedeutete doch, mit geradem Rücken und gekreuzten Beinen dazusitzen und sich auf ein Mantra zu konzentrieren.

Ich betrachtete Meditation so, wie es die meisten Meditationsanfänger tun: Wenn ich die Meditationsanleitungen befolgte – ob erfolgreich oder nicht –, meditierte ich. Wenn ich keinem vorgegebenen Muster von Instruktionen folgte und meinem Geist erlaubte zu tun, was ihm beliebte, meditierte ich nicht. Da ich damals niemanden hatte, der mich so führte, wie ich es heute mit meinen Schülern tue, wusste ich noch nicht, dass das, was ich erlebte, während ich auf meiner Couch auf dem Rücken lag, die Basis einer authentischen Meditationspraxis werden könnte. Damals war das in meinen Augen keine Meditation, und das, was angeblich Meditation war, funktionierte nicht für mich. Also ließ ich es für ein paar Jahre ganz bleiben und vergaß allmählich, dass ich meinen Körper für ein oder zwei Stunden still halten, den Geist zur Ruhe kommen lassen und in eine Welt der Vorstellungen eintauchen konnte.

Mit Anfang zwanzig probierte ich andere Meditationsformen aus, die ich in Büchern über den Tibetischen Buddhismus gefunden hatte, aber mir wurde bald klar, dass ich einen Meditationslehrer brauchte. Ich ging nach Nepal mit der klaren Absicht, mich auf einen spirituellen Weg zu begeben, aber stattdessen begann ich, dort Englisch zu unterrichten. Es war sehr schwierig für mich, mit den tibetischen Lehrern, den anderen Schülern und den Lehren klarzukommen, aber ich bin froh, dass ich es versucht habe.

Während unseres Nepal-Aufenthaltes beschlossen meine Frau und ich eines Tages, zusammen mit einem Freund ein Kloster am Fuß der Berge zu besuchen, wo ein hochverehrter Lama sprechen würde. Auf unserem Weg dorthin kamen wir an einem Vipassana-Meditationszentrum vorbei und ein paar hundert Meter weiter hob ich einen Zettel auf, der auf der Landstraße lag. Es war ein Flyer dieses Zentrums. Ich las ihn, während wir bergauf gingen. Er enthielt lediglich die Meditationszeiten, die sich zu mehreren Stunden täglich summierten sowie ein paar ziemlich strikte Regeln für ein Meditationsretreat. Und ich kam zu dem Schluss, dass ich in diesem Vipassana-Zentrum innerhalb von zehn Tagen bestimmt eine ernsthafte Meditationspraxis vermittelt bekäme, die mich in die Lage versetzen würde, meine spirituellen Ambitionen in diesem Leben zu verwirklichen.

Also rief ich in diesem Zentrum an, wo die Meditationsmethode des indischen Vipassana-Lehrers S.N. Goenka gelehrt wurde, und meldete mich für das nächste 10-Tages-Retreat an, das schon wenige Wochen später stattfinden sollte. Ich erinnere mich daran, dass ich versuchte, für mich allein zu meditieren, um mich auf das Retreat vorzubereiten und dabei vor allem wieder die Mantra-Methode anwandte – jedoch ohne großen Erfolg. Ich malte mir aus, dass ich im Retreat wirklich lernen würde, wie man meditiert.

Das Seminar begann abends, und ich lauschte, im vollen Lotossitz auf einem flachen Kissen sitzend, einigen einführenden Meditationsanleitungen. Die Meditationshalle war ein Betongebäude und der Boden war kalt und hart, da es keinen Teppich gab. Ich tat, was man mir sagte, richtete meine Aufmerksamkeit auf meine Nasenlöcher und nahm die Empfindungen beim Ein- und Ausströmen des Atems wahr. Anfangs fiel es mir leichter, den einströmenden Atem zu spüren, aber nach ein paar Minuten konnte ich auch beim Ausatmen den Luftstrom wahrnehmen, der meine Nasenlöcher und meine Oberlippe streifte, wenn auch sehr schwach. Meine Atmung begann sich zu beschleunigen, sodass es leichter war, den Atem zu spüren. Ich war überrascht, als die Glocke ertönte.

Am nächsten Morgen standen wir gegen 4:00 Uhr auf und begannen um 4:30 Uhr mit der ersten Sitzung. Ich saß wieder im vollen Lotossitz, und sobald ich meine Aufmerksamkeit auf meine Nasenlöcher richtete, begann sich meine Atmung wieder zu beschleunigen. Ich konzentrierte mich während der nächsten zwei Stunden darauf zu spüren, wie ein Atemzug auf den nächsten folgte und ich erinnere mich, dass ich vor meinem geistigen Auge das Bild eines Mannes in einem dieser schweren metallenen Taucheranzüge sah. Er trieb im tiefen Wasser und sein Taucheranzug war über und über von Muscheln bedeckt, so als wäre er schon ewig dort unten. Ich interpretierte dieses Bild rasch als einen unbewussten Aspekt meiner selbst, denn ich war damals Anhänger der Jung'schen Psychologie. Aber es gelang mir relativ leicht, solche Gedanken loszulassen und mit meiner Aufmerksamkeit beim Atem zu bleiben.

Ein paar Tage später wurden wir aufgefordert, vom Beobachten des Atems zur Konzentration auf unsere körperlichen Empfindungen überzugehen. An diesem Tag bekamen wir eine Anleitung, wie man seinen Körper vom Kopf bis zu den Fußspitzen innerlich „scannen" kann. Das wurde sehr langsam durchgeführt und dauerte alles in allem etwa eineinhalb Stunden. Ich stellte fest, dass ich mich auch bei dieser Übung gut konzentrieren konnte, und nach ein paar Tagen begann ich den freien Fluss von Empfindungen im ganzen Körper wahrzunehmen. So sollte es ja sein, wenn man diese Übung im Laufe eines Retreats durchgängig praktizierte. Ich fühlte mich auch wirklich gut mit dieser Art zu meditieren. Hier hatte ich nun zwei neue Meditationstechniken gelernt, mit denen ich keinerlei Schwierigkeiten hatte.

Ich war überzeugt, meine Meditationspraxis fürs Leben gefunden zu haben. Auch nach dem Retreat konnte ich mit Leichtigkeit die Anweisung befolgen, einfach den Luftstrom an den Nasenlöchern zu spüren. Es kamen kaum Gedanken dazwischen, mein Geist schweifte nur selten vom Atem ab und die Wahrnehmung des ein- und ausströmenden Lufthauchs war sanft und angenehm. Ich musste nichts erzwingen. Mein Geist, so wie er war, und die von mir befolgte Anweisung waren im Einklang. Ich wünschte mir nicht nur, dass es für immer so weiterginge, sondern war auch überzeugt, dass das tatsächlich so sein würde.

Im Frühjahr des darauffolgenden Jahres verließen meine Frau und ich Nepal, wo wir fast sechs Jahre gelebt hatten, und gingen nach Sri Lanka. Nachdem wir das Flugzeug verlassen und die Einreiseformalitäten erledigt hatten, fuhren wir sofort mit einem Bus nach Colombo und dann mit einem weiteren zu einem Meditationszentrum, von dem wir gehört hatten. Und so erhielten wir bei Anbruch der Dunkelheit bereits Meditationsanleitungen von einem der Mönche. Dann wurden wir getrennt. Meine Frau bekam ein kleines Zimmer in der „Frauenabteilung" zugewiesen und ich einen Raum an der Peripherie des Klosters.

Wir hatten beide in Nepal und Indien an mehreren zehntägigen Retreats in Zentren teilgenommen, die Goenkas Vipassana-Methode lehrten. Dieses Zentrum lehrte eine andere Vipassana-Methode, nämlich die des berühmten burmesischen Mönchs Mahasi Sayadaw, und wir wurden aufgefordert, die Goenka-Methode nicht mehr zu praktizieren. Hier hieß es nun, wir sollten uns nicht auf den ein- und ausströmenden Atem an den Nasenlöchern konzentrieren, sondern auf das Heben und Senken der Bauchdecke. Wir sollten jeden Sinneseindruck innerlich mit der jeweiligen „Sinnespforte" registrieren (beispielsweise „Hören", wenn wir einen Vogel singen hörten, und nicht „Vogelgezwitscher"). Außerdem wurden wir angewiesen, das Sitzen mit einstündigen Geh-Meditationen zu unterbrechen. Dabei sollten wir unsere Aufmerksamkeit ausschließlich auf das Anheben, Fortbewegen und Aufsetzen der Füße konzentrieren, während wir sehr langsam die breiten Korridore auf und ab schritten.

Unsere bisherige Meditationsmethode sollten wir nicht allmählich verlernen, sondern ab sofort völlig aufgeben und eine neue übernehmen – als ob das überhaupt möglich wäre. Ich machte also Folgendes: Bei den Sitzungen am Morgen und am Vormittag praktizierte ich nach Goenkas Methode und probierte dann bei den restlichen Sitzungen die neue Methode aus. Ich wollte einfach meine vertraute Praxis nicht aufgeben, und die Konzentration auf die Empfindungen im ganzen Körper (mit dem abwechselnden Sitzen im vollen und halben Lotossitz) ließ mich nicht ruhiger und klarer werden, sondern führte zu Muskelverspannungen und -krämpfen. Die Sitzungen wurden nun zum größten Teil von wandernden schmerzhaften Empfindungen beherrscht sowie dem Wunsch, diese ganze physische Spannung zu lösen. Nur am frühen Morgen oder nach dem Mittagessen fühlte ich mich entspannt genug, um eine ganze Sitzung durchzuhalten, ohne mich zu bewegen. Ich blieb trotz der Schmerzen dabei und war bald in der Lage, mehr Meditationssitzungen dieser neuen Methode zu widmen. Und ich begann allmählich Erfahrungen zu machen, die häufig auftauchen, wenn man diese Methode ernsthaft und ausschließlich praktiziert.

Nach drei Wochen fasste ich den Entschluss, Mönch zu werden, und meine Frau hatte sich entschieden, Nonne zu werden. Ich wurde noch im selben Meditationszentrum ordiniert, während meine Frau, da sie vor Ort als Frau nicht ordiniert werden konnte, kurz darauf nach Bodhgaya,

Indien, reiste. Ich meditierte weiter nach der Mahasi-Methode und versuchte, meine frühere Meditationspraxis hinter mir zu lassen, auch wenn ich mich oft dabei ertappte, dass ich mich auf den Luftstrom in meinen Nasenlöchern und, gelegentlich, auf das „Scannen" der Empfindungen in meinem Körper konzentrierte.

Nach und nach entdeckte ich Möglichkeiten, zu einer Praxis überzugehen, die ich als geerdeter und praktischer empfand, die die Anweisungen beider Methoden miteinander verband und mir außerdem half, mein körperliches Unbehagen auszuhalten. Anstatt meinen Körper systematisch nach Empfindungen zu „scannen", ließ ich immer öfter zu, dass sich meine Aufmerksamkeit spontan auf die Bereiche konzentrierte, wo Empfindungen unmittelbar von selbst auftauchten, so wie es bei der Mahasi-Methode gelehrt wird. Nachdem ich es also aufgegeben hatte, Empfindungen nach obigem Schema im Körper wahrzunehmen, stellte ich fest, dass sich Empfindungen einfach in irgendeinem Bereich bemerkbar machten – manchmal auch wiederholt an derselben Stelle. Während ich mich vorher mit Empfindungen auseinandersetzte, die im Kopf begannen und mich dann zum Brustkorb und von dort weiter zum Bauch vorantastete, ließ ich nun einfach spontane Empfindungen zu, wo immer sie sich bemerkbar machten und blieb offen für alles, was dann geschah. Es passierte oft, dass ich mich auf diese eine Empfindung fokussierte und sie in „kleinere Einheiten" aufspaltete oder dass ich versuchte, das Zentrum des Schmerzes zu lokalisieren und mich darauf konzentrierte. Ich hätte diese Anleitungen leicht von einem Meditationslehrer annehmen können, aber keiner meiner Lehrer oder Mitmeditierenden erwähnte je, dass man auf diese beiden unterschiedlichen Arten mit physischen Empfindungen umgehen kann. Bei der strikten Mahasi-Methode wurde man angeleitet, jede Empfindung wahrzunehmen, während sie auftaucht und wieder vergeht, was bei flüchtigen Empfindungen gut funktioniert, aber weniger gut, wenn etwas sehr hartnäckig ist – besonders, wenn es schlimmer wird. Ich musste also lernen, auf andere Weise mit dem zu sein, was ich spontan erlebte.

Und ich machte noch eine andere Entdeckung: Indem ich meine Aufmerksamkeit auf die Kontaktstellen meiner Fußknöchel und meines Gesäßes mit dem harten, kalten Zementboden richtete, fand ich allmählich einen Weg, mich *nicht* auf körperliche Empfindungen zu fokussieren. Das war das genaue Gegenteil der Konzentration auf die Empfindungen. Während meine Aufmerksamkeit auf die äußerliche Erfahrung des Sitzens auf dem kalten, harten Steinboden gerichtet blieb, konnte ich die inneren Empfindungen mit einer gewissen Distanz wahrnehmen. Ich war dann weder damit beschäftigt, Empfindungen sukzessive zu „scannen", noch konzentrierte ich mich intensiv auf sie. Die Welt der inneren Empfindungen, die für mich hauptsächlich dumpfe Schmerzen, Gefühle der Enge, Pochen, Zittern und Kribbeln bedeutete, schien sich zu weiten und verändern, wenn ich auf diese Weise meditierte. Außerdem entwickelte ich, ganz entgegen meiner Erwartung, eine höhere Toleranz für schmerzhafte Empfindungen, wenn ich mich nicht darauf konzentrierte.

In dieser Zeit verbrachte ich einen großen Teil meiner Sitzungen mit dem Beobachten des Atems (oft schaltete ich in Phasen, in denen ich fast schmerzfrei war, auf die Wahrnehmung der Atmung um). Ich wollte den Fokus meiner Aufmerksamkeit dabei von den Nasenlöchern zum Bauch verlagern, was einige Zeit und beträchtliche Geduld erforderte. Ich konnte mich einfach nicht länger als ein paar Minuten auf den Bauch konzentrieren. Ich registrierte jedes Mal „heben, heben" und „senken, senken", wenn sich meine Bauchdecke wölbte oder senkte, aber es war nicht dasselbe wie die Wahrnehmung des Luftstroms an den Nasenlöchern, die mir so leicht fiel. Es hatte etwas Gezwungenes. Die meiste Zeit über versuchte ich zu angestrengt, meine Aufmerksamkeit im Bauchbereich aufrechtzuhalten. Irgendetwas musste sich ändern.

Schließlich wandte ich dasselbe Prinzip an, das ich beim Wahrnehmen der Körperempfindungen gelernt hatte. Anstatt zu versuchen, mich auf den Bauch zu konzentrieren, lenkte ich meine Aufmerksamkeit auf meinen still sitzenden Körper als Ganzes und nahm von dieser Warte aus wahr, was sich bewegte. Denn wenn ich ganz natürlich atmete, bewegte sich nicht mein Bauch, sondern mein Zwerchfell, mein Brustkorb und meine Schlüsselbeine. Die Bewegung fand weiter oben in meinem Körper statt. Um meinen Bauch dazu zu bringen, sich auf und ab zu bewegen, hätte ich diese Bewegung absichtlich herbeiführen müssen, ich hätte in gewissem Sinne meine Art zu atmen verändern müssen, um des Hebens und Senkens der Bauchdecke gewahr zu werden. Stattdessen atmete ich einfach ganz natürlich, und das gelang mir, indem ich meine Aufmerksamkeit auf meinen ganzen, still sitzenden Körper richtete. Ich konnte dem Atem fast während der gesamten Sitzung leicht folgen, wenn ich es wollte.

Aber zu beobachten, wie mein ganzer Körper atmete, war nie so intensiv wie das Beobachten des Atems an den Nasenlöchern. Ich las im Satipatthana-Sutra (Diskurs über das Entwickeln von Gewahrsein) Buddhas Beschreibung, wie man die Aufmerksamkeit auf das ganze Gesicht richtet und dann den ein- und ausströmenden Atem wahrnimmt. Also probierte ich diese Methode aus. Es ist im Grunde dasselbe Prinzip, wie wenn man des sich auf und ab bewegenden Zwerchfells gewahr ist, während man mit der Aufmerksamkeit bei der stillen Haltung des Sitzens bleibt. Indem ich meine Aufmerksamkeit auf das ganze Gesicht richtete, das sich im Grunde während der gesamten Sitzung nicht bewegte, hatte ich eine Möglichkeit gefunden, bei der Wahrnehmung des Lufthauchs zu bleiben, der in meine Nasenlöcher ein- und wieder herausströmte.

Nachdem es mir mit der Zeit immer leichter fiel, des still sitzenden Körpers gewahr zu sein, traten andere Dinge in den Vordergrund, die zuvor von meiner Meditationspraxis ausgeschlossen gewesen waren. Es begann mit längeren Phasen des Denkens. Dabei tauchten Emotionen auf, die ich weniger als körperliche Empfindungen wahrnahm, sondern eher als Stimmungen, Haltungen oder gar Gefühlsausbrüche. Mein Geist driftete manchmal für längere Zeit in irgendwie vernebelte, schläfrige und gleichzeitig sehr ruhige Zustände ab, die sich manchmal über mehrere Stunden hinzogen. Es war mir also gelungen, die Meditationsanleitungen, die man mir beigebracht hatte, zu verlernen. Ich bewegte mich also dahin, meinem Geist zu erlauben, während der Meditation so zu sein, wie er ist.

Intuitiv wusste ich, dass dies eine bemerkenswerte und positive Entwicklung war, aber aus der Perspektive der erlernten Meditationsanleitungen sah es anders aus. Aber so ist es eben, zumindest anfangs, beim Verlernen von Meditation – sowohl für Anfänger als auch für diejenigen, die bereits eine Meditationspraxis erlernt haben.

2

Freundliche Absichten

In einem Teil der Lehre von Buddhas Achtfachem Pfad geht es um Motivation, und hier wird ausdrücklich auf zwei Absichten hingewiesen, die es im Laufe der Praxis zu entwickeln gilt: Die Absicht, nicht zu verletzen und die Absicht, nicht zu töten. Es ist die Motivation, freundlich und gütig zu sein.

Wir sind es nicht gewohnt, dass sich Dinge durch Sanftheit und Freundlichkeit ändern, sondern meinen, Entschlossenheit zeigen und uns mit harten Methoden disziplinieren zu müssen (wozu auch Bestrafung und/oder Beschämung gehören). Man muss ein gewisses Maß an Vertrauen aufbringen und daran glauben, dass Freundlichkeit und Sanftheit durchaus Änderungen bewirken können, denn es erscheint uns nicht unbedingt logisch, dass wir uns deutlich verändern können, indem wir sanft und geduldig sind und im Grunde weniger tun. Normalerweise bevorzugen wir den direktesten Weg zur Veränderung, wie beispielsweise, hart an einer Sache zu arbeiten oder einem vorgegebenen Trainingsplan zu folgen. Etwas so Indirektes wie eine freundliche und zulassende Haltung in Bezug auf das eigene innere Erleben spricht unsere rationale Seite nicht an und entspricht nicht unserer Überzeugung, dass Veränderung nur geschieht, wenn man etwas tut, das direkt auf das abzielt, was verändert werden soll.

Die dritte Absicht, von der der Buddha spricht, ist die Absicht der Entsagung. Auch das ist eine freundliche Absicht, die aber oft auf eine starre, rigorose Weise umgesetzt wird, die kein bisschen sanft ist. Meditation *verlernen* bedeutet also nicht, eine zuvor erlernte Meditationstechnik aufzugeben, sondern eher die *starre* Haltung oder Absicht, die möglicherweise mit der Technik verbunden war. Es wird also möglich, mit Sanftheit und Freundlichkeit an die Praxis heranzugehen. Haben Sie als Meditationspraxis beispielsweise gelernt, dem Atem zu folgen, geht es nicht darum, diese Praxis aufzugeben, sondern sie ohne starre Motivation auszuführen. Ein Beispiel: Wenn Sie den Atem beobachten und in der Lage sind, mit Ihrer Aufmerksamkeit für eine Weile sanft und entspannt beim Atem zu bleiben, schauen Sie, ob Ihre Aufmerksamkeit ganz von selbst beim Atem bleibt. Tut sie es nicht, lassen Sie sie wandern, wohin sie will. Bleibt sie aber beim Atem, erleben Sie die positiven Wirkungen dieser Praxis, auch wenn sie nur eine Minute dort bleibt.

Entspannter mit den Anleitungen umgehen

Die Spannung zwischen den Meditationsanleitungen, an die Sie sich halten wollen, und Ihrem Geist, so wie er während der Meditation ist, wird dazu führen, dass Sie in Bezug auf die Anleitungen entweder rigider oder lockerer werden. Wenn wir rigider werden, versuchen wir, die Anleitungen strikt und absolut „korrekt" auszuführen. Werden wir lockerer, halten wir uns ungefähr, teilweise oder überhaupt nicht daran.

Oft gehen wir mit einer gewissen Starrheit an eine Meditationsanleitung heran, wenn wir sie gerade erst erlernt haben. Das ist nicht zu ändern. Wir tun das eben, wenn wir Anleitungen erhalten und sie korrekt auszuführen versuchen. Wir folgen einer Anleitung nicht mit der Absicht, sie ungenau auszuführen, denn das könnte ja dazu führen, dass wir scheitern, die Anleitung vergessen oder etwas anderes tun als das, was als Praxis vorgegeben wurde. Nein, normalerweise wollen wir die Anleitungen gut oder sogar perfekt befolgen, um in den Genuss aller verheißenen positiven Auswirkungen zu kommen.

Hier ist die Art der Motivation das Problem, welche beim Befolgen der Anleitung gefordert wird. Um dies besser zu verstehen, müssen wir uns zunächst vor Augen halten, dass man bei den Meditationsanleitungen als solchen generell zwei Arten von Motivation oder Absicht vorfindet:

- Strikte, harte, starre Absichten
- Sanfte, weiche, flexible Absichten

Wenn Sie eine Meditationsanleitung hören wie „Sei deines Atems gewahr und kehre, wenn der Geist abschweift, zum Atem zurück“, werden Sie wahrscheinlich die starre Absicht entwickeln, genau das zu tun. Es bleibt dann kein Raum für irgendetwas anderes. Mit der Aufmerksamkeit stets beim Atem zu bleiben, wird zum einzigen Ziel der Meditation.

Was passiert aber, wenn diese Anleitung weicher, zulassender formuliert wird? Nehmen wir an, der Lehrer drückt es folgendermaßen aus: „Sei deines Atems gewahr. Wenn dein Geist abschweift, führe ihn sanft zum Atem zurück.“ Wird das dazu führen, dass Sie eine freundliche Haltung entwickeln statt einer starren? Meiner Erfahrung nach nicht. Es bringt einen tatsächlich eher in die Klemme. Ihnen wird immer noch gesagt, dass Sie Ihre Gedanken ignorieren und sich auf den Atem konzentrieren sollen. Paradoxerweise ist es aber unwahrscheinlich, dass Sie lernen werden, sich sanft von Ihren Gedanken zu lösen, solange Sie sie in der Meditation nicht wirklich zulassen und akzeptieren. Die Anweisung, sich aus jedem gedanklichen Abschweifen herauszuziehen, läuft den Bedingungen zuwider, die Sanftheit ermöglichen würden.

Wenn Sie sich bereits eine Weile mit dem wichtigen Thema der Spannung zwischen den vorgegebenen Meditationsanleitungen und Ihrem Geist, so wie er ist, befasst haben, werden Sie wissen, dass jede Anleitung, die Sie auffordert, sich auf einen Teil Ihrer Erfahrung (Ihren Atem) zu konzentrieren und andere Aspekte Ihrer Erfahrung (Gedanken) auszublenden, zu einem inneren Kampf führt, wenn diese beiden Dinge kollidieren (der Versuch, gegen Gedanken anzukämpfen, um beim Atem bleiben zu können). Sie könnten einwenden, dass zu lernen, beim Atem zu bleiben, ja den Sinn hat, die dem Geist eigene Zügellosigkeit zu überwinden und ihn in Einklang mit dem Atem zu bringen. Indem Sie aber nicht erlauben, dass der Geist abschweift, führen Sie von Anfang an einen Kampf gegen Ihren Geist, so wie er ist.

Nachdem ich vor langer Zeit dieses und andere Probleme erkannt hatte, die mit der Anleitung einhergehen, dem Atem zu folgen, beschloss ich, Letzteres nicht zu lehren, wenn ich Meditation unterrichte. Ich beobachte manchmal, dass Leute irgendwann im Lauf der Zeit von selbst zum Gewahrsein des Atems gelangen, wenn die anfängliche Härte und Starrheit größtenteils aus ihrer Meditationspraxis verschwunden ist. Dann kann es auf sanfte und mühelose Weise geschehen.

Meditationsanfänger lehre ich, mit dem Gewahrsein des still sitzenden Körpers zu beginnen. Aber es ist schwierig, mit dem Gewahrsein des ganzen Körpers anzufangen. Also fordere ich sie auf, anfangs ihre Aufmerksamkeit auf den Kontakt zwischen ihren im Schoß liegenden Händen zu richten. Es geht aber nicht darum, die ganze Zeit über mit der Aufmerksamkeit dort zu bleiben, sondern während der Sitzung auch Gedanken und Gefühle zuzulassen.

Alles, was während der Meditationssitzung passiert, ist in Ordnung: einschlafen, eine Reise planen, sich Sorgen über eine Beziehung machen, fantasieren, tagträumen, Probleme lösen – einfach alles. Wohin Ihr Geist auch wandert, was auch immer hochkommt, wie Sie sich auch fühlen – es ist in Ordnung. Und wenn Sie für lange Zeit vergessen, den Kontakt zwischen Ihren Händen wahrzunehmen, dann ist auch das in Ordnung. Alles, was von Ihnen verlangt wird, ist, still zu sitzen, aber wenn Sie das Gefühl haben, sich bewegen zu müssen, dann tun Sie auch das und kehren dann wieder zu einer stillen Haltung zurück. Ihre Augen können geschlossen oder offen sein, obwohl ich oft finde, dass diese Praxis mit geschlossenen Augen wirkungsvoller ist.

Vielleicht klingt das für Sie zu „locker“, um eine legitime Meditationspraxis zu sein. Wenn es Ihre Vorstellung von Meditation ist, dass man während der gesamten Sitzung bei einem bestimmten Meditationsobjekt bleiben sollte, dann zählt das Obengenannte sicher nicht als Meditation. Und das kann unter anderem manche Leute davon abhalten, sich auf den Weg zu machen, auf dem sie Meditation *verlernen:* Es entspricht nicht der weitverbreiteten Vorstellung von Meditation. Die Praxis beim Verlernen von Meditation besteht, einfach ausgedrückt, darin, bei der eigenen Erfahrung des Meditierens zu bleiben. Es geht dabei nicht um Meditationsanleitungen, sondern um das, was Sie während der Meditation erleben. Anhand der unten stehenden Tabelle können Sie die auf Anleitungen fixierten Meditationspraktiken mit diesem Ansatz des Verlernens von Meditation vergleichen.

TRADITIONELLE MEDITATION	MEDITATION VERLERNEN
Starre Motivation:	Sanfte Motivation:
Auf ein vorgegebenes Objekt (z. B. den Atem) fokussiert	Basis ist der still sitzende Körper, während man erlaubt, dass alles, was hochkommt, da sein darf.
Man erinnert sich unablässig daran, zum Atem zurückzukehren.	Man erinnert sich regelmäßig daran, mit der Aufmerksamkeit zurückzukehren oder stellt fest, dass die Aufmerksamkeit von selbst zum Körper zurückkehrt.
Man verurteilt sich dafür, dass man die Meditationspraxis nicht korrekt ausführt und versucht, die richtige Art, es zu tun, herauszufinden.	Man fühlt sich meistens wohl mit der eigenen Art zu Meditieren, außer in Phasen des Zweifels oder der Verwirrung darüber, ob dies eine akzeptable Art zu meditieren ist.
Disziplin in Bezug auf das Festhalten an der gestellten Aufgabe ist wichtig.	Das Entwickeln von Toleranz in Bezug auf schwierige Gefühle, Gedanken und aufkommende Erinnerungen ist wichtig.

Nicht nur die Ausrichtung ist unterschiedlich, sondern auch die Art und Weise, Meditation zu lehren.

In meinen Seminaren bitte ich die Teilnehmenden, sich nach jeder Sitzung einige Minuten Zeit zu nehmen und zu versuchen, sich ins Gedächtnis zu rufen, an was sie sich erinnern können. Oft erinnern sie sich nur an wenige Dinge. Also schlage ich Ihnen vor, mit dem zu beginnen, was Ihnen als Erstes in den Sinn kommt und dann zu versuchen, sich Dinge ins Gedächtnis zu rufen, die weniger klar sind. Sie können Ihre Erinnerungen in einem Notizbuch oder Tagebuch festhalten. Die Bezeichnung *Recollective Awareness Meditation* (Gewahrsein durch Rückschau) leitet sich von diesem Ansatz her. Sinn und Zweck dieses Sich-Erinnerns und Aufzeichnens besteht darin, vertraut zu werden mit den persönlichen Erfahrungen, die man während der Meditation macht. Ich werde später noch näher darauf eingehen, aber für den Moment genügt es, wenn Sie wissen, dass wir unser Erinnerungsvermögen auch nutzen können, um das Gewahrsein im gegenwärtigen Augenblick zu üben. Diejenigen, die Achtsamkeitsmeditation lehren und praktizieren, sind davon überzeugt, dass das Gewahrsein im gegenwärtigen Augenblick (Achtsamkeit) durch die Anwendung von Techniken entwickelt werden kann, die uns in den gegenwärtigen Moment bringen. Das ist ein direkter Weg zum Ziel des Seins in der Gegenwart.

Recollective Awareness (Gewahrsein durch Rückschau) ist ein indirekter Ansatz, mit dem man dasselbe erreicht, aber anstatt nur zu lernen, mit dem Atem oder den körperlichen Empfindungen im Moment zu sein wie bei den Achtsamkeitstechniken, lernt man, mit emotionalen und mentalen Zuständen im Moment zu sein, denn es sind diese Dinge, an die sich die Leute oft erinnern. Indem Sie nach der Sitzung rekapitulieren, was Sie emotional während der Meditation erlebt haben, wird es Ihnen zunehmend gelingen, bei ähnlichen emotionalen Erfahrungen präsent zu bleiben, wenn solche wieder auftauchen. Und nicht nur das, Sie werden sich auch mehr dafür interessieren und sie genauer untersuchen können.

Für viele Leute war es ein wichtiger Teil der *Recollective Awareness Meditation*, mit einem Lehrer über ihre Meditationserfahrungen zu sprechen. Da vielleicht nicht alle Leser dieses Buches Zugang zu einem Lehrer oder einer Lehrerin haben, präsentiere ich Ihnen hier auch Geschichten von Menschen, die auf diese Weise meditiert haben, zusammen mit einigen Tagebucheinträgen aus ihren Sitzungen und meinen Beobachtungen und Kommentaren. Ich hoffe, dass Sie einiges von dem, was diese Menschen durchlebt haben, nachvollziehen können und dass es Sie bei Ihrer weiteren Meditationspraxis unterstützen kann. Und Sie könnten jederzeit eines meiner Seminare oder Retreats besuchen oder einen Kurs bei einem von mir ausgebildeten Meditationslehrer machen.

Hier folgen nun die Basis-Instruktionen für die *Recollective Awareness Meditation*:

- Suchen Sie sich für die Meditation einen ruhigen Platz, an dem Sie nicht von anderen Menschen oder vom Telefon gestört werden. Entscheiden Sie vorab, wie lange die Sitzung dauern soll (zwischen 10 und 40 Minuten) und stellen Sie einen Wecker oder sorgen Sie dafür, dass Sie eine Uhr in Sichtweite haben, auf die Sie gelegentlich einen Blick werfen können.
- Setzen Sie sich in einer bequemen Haltung hin, die Sie möglichst während der gesamten Sitzung beibehalten können. Sie können auf einer Couch, einer Meditationsmatte oder einem Kissen sitzen. Sollten Sie dennoch während der Sitzung das Gefühl haben, sich bewegen zu müssen, dann versuchen Sie, ganz langsam und ruhig eine bequemere Haltung einzunehmen.
- Schließen Sie die Augen und richten Sie Ihre Aufmerksamkeit auf den Kontakt zwischen Ihren Händen, die übereinander in Ihrem Schoß liegen. Aber versuchen Sie nicht, die Aufmerksamkeit dort zu halten. Erlauben Sie Ihrem Geist stattdessen zu „wandern“, wohin er will. Wenn Sie in Gedanken, Gefühle, Erinnerungen oder Fantasien hineingezogen werden, lassen Sie die Aufmerksamkeit dorthin wandern. Ab und zu ziehen vielleicht auch Geräusche, Körperempfindungen, Gerüche oder Ihr Atem Ihre Aufmerksamkeit auf sich.

- Wenn Sie bemerken, dass sich Ihre Aufmerksamkeit für eine Weile von der Kontaktstelle zwischen Ihren Händen und Ihrem Schoß entfernt hat, können Sie sich daran erinnern, sie wieder dorthin zu richten und hier ein paar Sekunden zu verweilen, bevor Sie Ihrem Geist erneut erlauben „auf Wanderschaft zu gehen".
- Wenn Sie anfangen, sich unruhig, gelangweilt, verwirrt, entmutigt, in Hochstimmung, schläfrig – oder wie auch immer – zu fühlen: Es ist in Ordnung. Sie müssen nichts dagegen tun, oder Sie können Ihre Aufmerksamkeit wieder auf die Kontaktstelle der Hände lenken. Bleiben Sie dann aber nur kurz mit der Aufmerksamkeit dort, und wenn Ihr Geist wieder zu den Gefühlen oder Gedanken zurückkehren möchte, können Sie das zulassen. Zieht etwas anderes Ihre Aufmerksamkeit auf sich, dann erlauben Sie es ebenfalls.
- Nehmen Sie sich am Ende der Meditationssitzung ein paar Minuten Zeit, um sich in Erinnerung zu rufen, was Sie während der Sitzung erlebt haben. Vielleicht möchten Sie diese Dinge auch in Ihrem Meditationstagebuch festhalten.
- Und: Sie müssen nicht jeden Tag meditieren.

Anleitungen zum Führen eines Tagebuchs

- Bevor Sie Ihre Meditationssitzung beschreiben, sollten Sie notieren, wann und wo die Sitzung stattfand. Das ist hilfreich, wenn Sie einen Tagebucheintrag noch einmal einsehen wollen.
- Es gibt grundsätzlich zwei Arten, das Tagebuch zu führen: Sie können Dinge einfach auflisten oder Ihre Erfahrungen in Erzählform festhalten. Wenn Sie sich dafür entscheiden, die erinnerten Erlebnisse aufzulisten, schlage ich vor, dass Sie nicht nur Schlagwörter benutzen, sondern die Erfahrungen in ganzen Sätzen beschreiben. Die Erinnerungen müssen nicht in chronologischer Reihenfolge aufgeschrieben werden. Sie

können mit dem anfangen, was Ihnen als Erstes in den Sinn kommt, und danach können Sie die anderen Dinge aufschreiben, die Ihnen noch zu Ihrer Meditation einfallen. Wer seine Tagebucheinträge in chronologischer Reihenfolge haben möchte, kann das Tagebuch nachträglich neu schreiben und ordnen oder die Einträge so markieren, dass man einen Überblick über die Chronologie der Erlebnisse hat.

- Ihre Beschreibungen müssen nicht exakt sein; sie müssen nur wahr sein. Wenn Sie das Gefühl haben, dass ein Eintrag nicht ganz akkurat ist, ist das in Ordnung, solange Sie ehrlich sind. Wir können hierbei kein hohes Maß an Genauigkeit von uns erwarten.
- Versuchen Sie, sich bei Ihren Tagebucheinträgen auf das zu beschränken, was tatsächlich während der Meditationssitzung geschah. Vielleicht kommen Ihnen beim Schreiben noch ein paar Gedanken über eine bestimmte Erfahrung. Die können Sie natürlich auch aufschreiben, aber Sie sollten sie so markieren, dass klar ist, dass sie nicht während der Sitzung auftauchten (beispielsweise, indem Sie sie in Klammern setzen).
- Oft werden Sie sich nur an einen Bruchteil dessen erinnern, was Sie während einer Sitzung erlebt haben. Das ist völlig normal. Schreiben Sie einfach auf, an was Sie sich erinnern. Das ist genug. Manche Tagebucheinträge sind vielleicht seitenlang, während andere nur ein paar Sätze umfassen.

Unten finden Sie Beispiele für Tagebucheinträge in Erzählform und in Form einer Liste:

Sonntag, 6. August 2006 **8–9 Uhr morgens**
Viele Gedanken über Büroräume, Gebäude, Mietverträge und so weiter. Verlor mich nicht wirklich in den Gedanken oder nur für kurze Momente. Begann zu denken, dass ich herausfinden will, wie ich anders an all diese Dinge herangehen könnte – nicht unbedingt mit „Denken“ und Abwägen von Optionen. Dieser Gedanke erzeugte eine gewisse Distanz, führte zu einer direkteren, sachlicheren Sichtweise. Das ging mit einer Verlangsamung des Denkens einher. Und

dann nahm ich das gelborange Licht hinter meinen Augenlidern wahr und ich konnte nun einem Gedanken nach dem anderen folgen, sie tauchten nicht als „Gedankenknäuel“ auf. Meine Wahrnehmung konzentrierte sich auch in regelmäßigen Abständen auf den Atem. Mir kam in den Sinn, dass sich mein Denken auf sehr angenehme Weise verändert hatte; die Gedanken folgten nicht mehr so rasend schnell aufeinander wie zuvor, es war mehr wie ein Fluss, manchmal war es wie ein Tanz von einem Gedanken zum nächsten – ich war entspannt und in Frieden mit den Gedanken und dem ganzen Prozess – dieselben Gedanken wie zu Beginn der Sitzung, der ganze praktische Alltagskram – ich lächelte.

1. Dachte darüber nach, Büroräume anzumieten, verlor mich nur kurz in diesen Gedanken
2. Wollte anders an diese Dinge herangehen, nicht, indem ich darüber nachdachte
3. Hatte mehr Distanz zu den Gedanken, war sachlicher
4. Sah ein gelboranges Licht
5. Mein Denken verlangsamte sich: nur noch ein Gedanke nach dem anderen
6. Wurde in regelmäßigen Abständen meiner Atmung gewahr
7. War entspannt mit meinen Gedanken und dem ganzen Prozess
8. Beendete die Sitzung mit einem Lächeln

Weitere kreative Möglichkeiten, Tagebuch zu führen

In manchen Fälle wird eine Schilderung oder eine Liste der Erfahrungen einer Meditationssitzung nicht gerecht. Außerdem kann es manchmal schwierig sein, linear über Erfahrungen zu berichten, sodass ein kreativerer Ansatz nötig ist. Unten sehen Sie Beispiele aus zwei Sitzungen eines Studenten, der Künstler und Grafiker ist.

Ich empfehle Ihnen, über mindestens fünf Sitzungen Tagebuch zu führen. (Es müssen keine aufeinanderfolgenden Sitzungen sein.)

Mittwochabend; Sangha-Sitzung
Nahm den Körper und das Denken auf neue Weise wahr
— wie die Oberfläche
eines Gewässers —
eine gesprenkelte,
sich bewegende,
gebrochene Oberfläche.

Ich war Beobachter, aber auch Teil dieses Musters,
das innen und außen war.

3

Anleitungen als Regeln

Meditationsanleitungen sind häufig einfach eine Sammlung von Regeln. Zumindest neigen wir dazu, sie als solche zu interpretieren. Wir nehmen sie eher als eine Vorschrift wahr, „genau auf diese Weise zu meditieren", denn als unterstützende Anleitung, wie man effektiv meditieren kann.

Manchmal werden wir bei Meditationsanleitungen ausdrücklich mit der Regel konfrontiert: „Lassen Sie Ihren Rücken nicht zusammensacken. Sie müssen immer mit geradem Rücken sitzen". Was für ein Gefühl bekommen Sie bei einer solchen Anweisung? Manche Leute haben vielleicht überhaupt kein Problem damit und finden leichter Zugang zur Meditation. Aber ich fürchte, dass es sich für viele wie eine sehr schwierige Aufgabe anfühlen wird, eine, für die man große Willenskraft braucht und sich sehr anstrengen muss. Aber wie Sie zunächst auch dazu stehen mögen, während der Sitzung selbst werden Sie, wenn Sie diese Vorschrift befolgen wollen, fortwährend daran denken, den Rücken gerade zu halten und ständig Ihre Haltung korrigieren. Und diese Gedanken, Absichten und Korrekturen werden im Vordergrund Ihrer Meditationserfahrung stehen – Ihr Gefühl von Erfolg oder Scheitern könnte dann davon abhängen, wie gerade Ihr Rücken im Verlauf der Sitzung ist.

Bei anderen Anleitungen wird die Regel nur angedeutet und ob Sie sie verinnerlichen oder nicht, hängt vielleicht davon ab, wie die Instruktionen anfangs vermittelt und ob sie im Laufe der Zeit wiederholt werden. „Nehmen Sie bewusst Ihre Atmung wahr", ist ein gutes Beispiel dafür. Sehr oft wird das mit einer Regel präsentiert, die gleichzeitig mit Nachdruck vermittelt wird: „Wenn Ihre Gedanken abschweifen, kehren Sie zum Atem zurück." Aber manchmal wird es ohne Regel oder Vorschrift vermittelt: „Beim Sitzen werden Sie wahrnehmen, wie Ihr Atem durch die Nasenlöcher ein- und ausströmt. Versuchen Sie, dabeizubleiben." Das beinhaltet nicht die Regel, zum Atem zurückzukehren, wenn der Geist abschweift, aber Sie könnten die Aussage „Versuchen Sie, dabeizubleiben." auch so interpretieren, dass damit gemeint sei „Lassen Sie Ihren Geist nicht abschweifen."

Eine Anleitung wird immer dann zur Regel, wenn sie folgendermaßen vermittelt wird: „Sie sollten dies tun, jenes nicht." oder „Wenn dies passiert, tun Sie das." Regeln sind vorselektierte Möglichkeiten. Wenn Sie mit einer Regel „im Hinterkopf" an die Sache herangehen, müssen Sie keine anderen Wahlmöglichkeiten in Betracht ziehen, denn Sie werden dazu neigen, Ihre Wahl in Übereinstimmung mit der Regel zu treffen. Viele Meditationsrichtungen lehren tatsächlich, dass man in Bezug auf bestimmte Erfahrungen keine andere Wahl treffen soll als die, die in der Anleitung vorgegeben wird. In diesem Sinne schränken Meditationsanleitungen unsere Wahlmöglichkeiten ein, auch wenn wir dem vielleicht zustimmen, weil wir häufig glauben, dass die Option, die die Anleitung uns gibt, die bestmögliche ist.

Manchmal entwickeln Meditationslehrer ihre eigenen Meditationsanleitungen als Antwort auf die strikten, auf Regeln beruhenden Anweisungen, die ihnen selbst beigebracht wurden. So könnten Sie die Meditationsanleitung erhalten, Ihre Aufmerksamkeit auf den Atem zu richten und gleichzeitig andere Aspekte Ihrer Erfahrung zu akzeptieren. Die Anleitung könnte sich dann etwa so anhören: „Während Sie mit Ihrer Aufmerksamkeit beim Atem sind, können Sie gleichzeitig der Umgebungsgeräusche, Ihrer Körperhaltung, Ihrer körperlichen Empfindungen und Ihrer Gedanken gewahr sein. Nehmen Sie Ihre Gedanken einfach als Vergangenheit, Gegenwart und Zukunft wahr und lassen Sie sie kommen und gehen." Oberflächlich betrachtet scheint dies das Problem des Widerstandes gegen das eigene Denken während der Meditation zu lösen und eine Harmonie zwischen dem Beobachten des Atems und den anderen Aspekten Ihrer Erfahrung herzustellen. Sie werden angeleitet, eine offenere, zulassendere Haltung in Bezug auf Ihre Erfahrung einzunehmen, während Sie gleichzeitig Ihre Aufmerksamkeit darin schulen, beim Atem zu bleiben. Klingt perfekt.

Dann probieren Sie es aus. Als Erstes werden Sie wahrscheinlich feststellen, dass Sie nur einer Anweisung auf einmal folgen können. Sie wählen zunächst die klarste und eindeutigste aus: Sie beobachten den Atem. Wie tun Sie das? Indem Sie mit Ihrer Aufmerksamkeit beim Atem bleiben und Ihre Gedanken nicht zulassen, denn Denken lenkt Sie normalerweise von der Konzentration auf den Atem ab. Dann erinnern Sie sich vielleicht irgendwann daran, dass Sie gleichzeitig Ihre Gedanken, die Umgebungsgeräusche, körperlichen Empfindungen und so weiter mehr zulassen wollten, und ziehen die Aufmerksamkeit vom Atem ab. Alles ist gut, wenn Sie ruhig und geerdet und in der Lage sind, das zu tun. Aber wenn Sie es nicht können, werden Sie feststellen, dass Sie zum Atem zurückkehren und Ihre Gedanken wieder ausblenden. Ich möchte hier einfach deutlich machen, dass die Anweisung, den Atem zu beobachten, im Allgemeinen alle anderen gleichzeitig gegebenen Anweisungen übertrumpft, insbesondere solche, die der Instruktion, beim Atem zu bleiben, zuwiderlaufen. Solche widersprüchlichen Anleitungen bringen uns oft in eine Zwickmühle, weil wir entscheiden müssen, welcher wir folgen sollen.

Wenn wir eine Meditationsanleitung hören, sind es vielleicht nicht immer die Worte an sich, die uns vermitteln, wie die Anweisung ausgeführt werden soll, sondern der Ton, in welchem der Lehrer spricht oder ein bestimmtes Gefühl, das damit verbunden ist. Werden die Anleitungen mit einer sanften, beruhigenden, leicht hypnotischen Stimme gesprochen, kann es gut sein, dass Sie eine in den Worten enthaltene gewisse

Härte oder Widersprüchlichkeit gar nicht bemerken – das heißt, bis Sie sie befolgen, ohne unter dem Einfluss dieser sanften Stimme zu stehen. Manche Leute fühlen sich von der Stimme, mit der die Anleitungen vorgetragen werden, getröstet und inspiriert und haben das Gefühl, immer der Tonaufnahme der Anleitungen lauschen zu müssen, um sie ausführen zu können. Das ist nur eine Möglichkeit, wie uns die auf Regeln basierende Starrheit vieler Anleitungen einschränken kann.

Die Anleitungen zum Verlernen von Meditation sind weder starr noch widersprüchlich. Wie alle Anleitungen können sie aber rigide interpretiert und auf eine starre, inflexible Weise angewandt werden, was aber definitiv nicht so gedacht ist. Ich vermittle meinen Schülern und Schülerinnen von Anfang an, dass jede Erfahrung, die sie während der Meditation machen, in Ordnung ist. Und zwar ohne Ausnahme. So gibt es keine Widersprüche. Ich sage nicht „Akzeptiert alles" und gleichzeitig „Bleibt auf den Atem fokussiert". Tatsächlich würde ich nie sagen „Akzeptiert alles", weil ich glaube, dass das unrealistisch und oft nicht möglich ist. Aber ich würde auch niemanden auffordern, „wahlfreies Gewahrsein" zu praktizieren, denn unsere Erfahrung ist mit notwendigen Entscheidungen „gespickt" und sich vorzustellen, man könne funktionieren, ohne eine Wahl zu treffen, erscheint mir unbegreiflich.

Hinter den Anleitungen

Nach dem Thema „Regeln" bei Meditationsanleitungen wollen wir uns nun dem zuwenden, was fast unmerklich im Hintergrund der Anleitungen, die wir bekommen, wirksam ist. Hinter Meditationsanleitungen stehen immer auch Glaubenssätze über die Gültigkeit von Erfahrungen, darüber, wie die Dinge wirklich sind. Ich könnte es auch so ausdrücken: Meditationsanleitungen beinhalten Konzepte und Vorstellungen, welche von der Person, die die Anleitungen vermittelt, als wahr und gültig angesehen werden (und folglich auch von denen, die diese Anleitungen eifrig befolgen). Meistens begrüßen wir diese Integration von Theorie und Praxis: Wir üben eine bestimmte Meditationspraxis vor allem aus, um die damit einhergehenden Vorstellungen zu verwirklichen oder ein tiefes Verständnis davon zu erlangen.

Es könnte uns also schwerfallen, das als Problem zu begreifen oder als etwas, das man verlernen sollte. Wenn Sie Meditation praktizieren, um im gegenwärtigen Moment zu sein – warum sollten Sie dann den Wunsch haben, das Konzept vom Sein im gegenwärtigen Moment hinter sich zu lassen? Und wenn Sie überzeugt sind, dass Erleuchtung nur bedeuten kann, im Hier und Jetzt zu sein und nicht den geringsten Drang verspüren, diese Überzeugung infrage zu stellen, dann wird es Ihnen völlig richtig und vernünftig erscheinen, dass dieses Konzept Teil Ihrer Meditationspraxis ist. Sie würden niemals seine Gültigkeit, Nützlichkeit oder irgendeine seiner Qualitäten infrage stellen. Sie würden einfach auf eine bestimmte Weise meditieren, um dieses Konzept oder diese Vorstellung zu verwirklichen.

Ich möchte Sie nicht von etwas anderem überzeugen, aber ich sehe es als meine Verantwortung an, Ihnen zumindest verstehen zu helfen, wie Konzepte und Vorstellungen in Ihrer Meditationspraxis funktionieren. Ich werde das in diesem Buch von Zeit zu Zeit immer wieder tun, Sie müssen also nicht befürchten, dass ich jetzt, an dieser Stelle, tiefer in etwas einsteige, das im Augenblick vielleicht zu abstrakt oder metaphysisch klingt. In Wirklichkeit ist es eigentlich ziemlich praktisch.

So wie ich es sehe, wenn ich mir anschaue, wie Konzepte in der Meditation funktionieren, ist es gar nicht von Bedeutung, ob die jeweilige Vorstellung wahr ist oder nicht. Es spielt also eigentlich keine Rolle, ob das „Im-Moment-Sein“ wahre Erleuchtung ist. Aber wir können das trotzdem als Beispiel dafür nehmen, wie Konzepte und Vorstellungen bei der Anwendung von Meditationsanleitungen funktionieren.

Eine Person setzt sich hin, um zu meditieren und richtet ihre Aufmerksamkeit auf die Empfindung des durch die Nase ein- und ausströmenden Atems. Man hat ihr gesagt, dass sie, wenn sie mit der Aufmerksamkeit ausschließlich beim Einatmen und Ausatmen bleibt, im gegenwärtigen Moment ist. Luft strömt durch die Nasenlöcher ein, die Person spürt, wie die Luft in den Kopf gelangt, aber sie folgt ihr mit der Aufmerksamkeit nicht bis in die Lunge. Ein Moment vergeht, dann nimmt der Luftstrom den umgekehrten Weg von der Lunge in den Kopf, und wenn er aus den Nasenlöchern austritt, spürt die Person ihn an der Oberlippe. Jeder einzelne Vorgang dieses Prozesses wird unmittelbar während des Geschehens wahrgenommen, was so sein muss, damit er zum Konzept des „gegenwärtigen Moments" passt. Andernfalls würde sich die Erfahrung nicht ausschließlich in der Gegenwart, sondern teilweise in der Vergangenheit oder Zukunft abspielen. Welche Aspekte der Erfahrung dieser Person wären das? Die Erwartung, dass der Atem beim Ein- und Ausströmen irgendwo zu spüren sein wird, wäre eine Projektion in die Zukunft, während die Erinnerung an die Wahrnehmung des Luftstroms Vergangenheit wäre. Hier gibt es keinen Spielraum, der gegenwärtige Moment kann weder Zukunft, noch Vergangenheit sein – sondern ausschließlich jene Zeit, da man in Kontakt mit dem Atem ist.

Betrachten wir das Ganze nun mit etwas mehr Abstand, so dass wir ein Gesamtbild davon bekommen, wie dieses Konzept im Hinblick auf die vom Meditierenden befolgte Anleitung funktioniert. Wie es sich für ein Konzept gehört, verleiht es der Anleitung einen tieferen Sinn. Der Meditierende ist nicht einfach völlig sinnfrei seines Atems gewahr – sein Gewahrsein des Atems bringt ihn in Kontakt mit dem gegenwärtigen Moment, was etwas viel Großartigeres und Bedeutsameres ist, als einfach nur dazusitzen und zu wissen, dass man atmet. Das Konzept schlägt eine Brücke zwischen dem Banalen und dem Erhabenen.

Aber halt, das ist nur ein Teil der Geschichte. Das Konzept spaltet nämlich seiner Logik zufolge auch die Erfahrung der Person. Es stimmt mit der Wahrnehmung des Atems überein, aber nicht mit der Erwartung oder Erinnerung daran, also muss es diese Momente des Erinnerns und der Erwartung in sein Gegenteil verkehren: in die Vorstellung, dass man dann nicht im gegenwärtigen Moment ist. Wie kann man also das Im-Moment-Sein erleben, ohne das Gegenteil, das Nicht-im-Moment-Sein? Bei solchen Konzepten gibt es immer zwei Seiten der Medaille.

In der Meditation wird es dann zur Gewohnheit, die eigene Erfahrung als „achtsam" oder „nicht achtsam" zu betrachten, „im Moment" oder „nicht im Moment", „Selbst" oder „Nicht-Selbst", um nur ein paar der gängigen Konzepte zu erwähnen, mit denen wir vertraut werden, wenn wir mit einer Meditationspraxis beginnen. Unter der Oberfläche unseres Erlebens benutzen wir diese Konzepte, um unsere Erfahrungen in akzeptable und inakzeptable, richtige und falsche, echte und illusorische einzuteilen.

Und das führt uns wieder zu Meditationsanleitungen als Regeln. Wenn Meditation in unserer Vorstellung bedeutet, immer im gegenwärtigen Moment zu sein, dann ist es ganz natürlich, dass man eine Regel aufstellt, die uns untersagt, nicht im gegenwärtigen Moment zu sein. „Verboten" oder verpönt sind in unseren Meditationssitzungen also unsere Gedanken, Gefühle, Erinnerungen, Pläne und so weiter, die alle unter die Kategorie „nicht in der Gegenwart" fallen.

Würden Sie aber ohne das Konzept des Im-Moment-Seins meditieren, tauchte wahrscheinlich auch nie das Konzept des Nicht-im-Moment-Seins auf. Ihre Meditationssitzungen hätten mit diesem Konzept (und seinem Gegenteil) gar nichts zu tun, sie würden also wahrscheinlich überhaupt keinen Gedanken daran verschwenden. Sie würden sich nicht dafür verurteilen, dass Sie nicht im Moment sind. Sie hätten nicht das Gefühl, etwas dagegen tun zu müssen, sich ändern zu müssen oder neue Meditationstechniken erlernen zu müssen, um im Moment zu sein. Sie würden aus anderen Gründen meditieren.

Gibt es überhaupt Meditationsmethoden, die nicht mit solchen Konzepten arbeiten? Ich muss zugeben, dass alle Meditationspraktiken, einschließlich dessen, was ich lehre, Konzepte und Vorstellungen beinhalten und dass diese zur Aufstellung von Regeln benutzt werden, die besagen, wie man meditieren sollte. Die einzige Möglichkeit, in der eigenen Meditationspraxis mit solchen Konzepten umzugehen, besteht darin, durch einen Prozess des Verlernens zu gehen. Wenn Sie sich die Konzepte und Vorstellungen, die die Grundlage Ihrer Meditationspraxis bilden, einmal genauer anschauen, können Sie sich vielleicht allmählich von denjenigen lösen, die für Sie nicht länger funktionieren.

4

Verlernen für Meditationsanfänger

Diejenigen unter Ihnen, die erst kürzlich mit einer Meditationspraxis begonnen haben, fragen sich vielleicht, was all das mit Ihnen als Anfänger/in zu tun hat. Nehmen wir an, Sie halten sich an die Anleitungen von Kapitel 2. Es gibt da ein paar Stellen, wo Sie die eine oder andere Anleitung als Regel interpretieren könnten. Sie könnten beispielsweise die Anleitung, den Kontakt zwischen Ihren im Schoß liegenden Händen wahrzunehmen, in eine Regel ummünzen, die besagt, dass Sie versuchen sollten, stets bei dieser Empfindung zu bleiben. Das ist zwar nicht das, was die Anleitung tatsächlich aussagt, aber es ist das, was wir gewöhnlich hören, wenn wir die Anleitung vermittelt bekommen: nämlich, dass unsere Aufmerksamkeit immer auf etwas gerichtet sein sollte. In Wirklichkeit beinhalten diese Anleitungen keine solche Regel. Sie haben stattdessen die Wahl, mit allem mitzugehen, was hochkommt oder auftaucht, Ihre Aufmerksamkeit gelegentlich wieder auf Ihre Hände zu richten oder aber auf alles, was Sie anzieht (beispielsweise auf den Atem oder auf Umgebungsgeräusche). Wenn es in diesen Anleitungen überhaupt eine Regel gibt, dann diese: „Versuchen Sie, nicht mit strikten, harten, starren Absichten in Ihre Meditationssitzungen zu gehen". Das ist wahr. Diese Anleitungen ermutigen Sie dazu, empfänglich für das zu sein, was geschieht, ohne die Dinge kontrollieren zu wollen. Sie werden also nicht aufgefordert, eine Meditationspraxis auszuüben, bei der Sie Ihre Aufmerksamkeit immer wieder zum Atem oder Körper zurückbringen sollen, aber Sie werden auch nicht daran gehindert. In einem solchen „Verbot" würde sich eine starre, rigide Absicht offenbaren.

Auch meine Meditationsanleitungen kommen nicht ganz ohne Konzepte aus. Das am häufigsten erwähnte ist, dass der Schwerpunkt mehr auf der psychischen Ebene liegt als auf der physischen. Da sich die meisten Meditationsanleitungen stark auf das Gewahrsein der körperlichen und sensorischen Erfahrung stützen und deshalb häufig die mentale und emotionale Erfahrung ignorieren oder abwerten, werden meine Anleitungen oft als überwiegend „psychologisch" angesehen, weil darin den geistigen Prozessen viel mehr Beachtung geschenkt wird. Diese Ansicht, die ich übrigens nicht teile, vermittelt eine Vorstellung von der Trennung zwischen Körper und Geist, die oft bei Lehren zu finden ist, welche sich hauptsächlich auf den Körper und die Sinne konzentrieren. Zugegeben, die Anleitungen und der Ansatz legen mehr Gewicht auf mentale und emotionale Prozesse als auf den Körper, aber beachten Sie bitte, dass ein Schlüsselelement meiner Anleitungen die Achtsamkeit auf den Körper (als Basis) ist.

Der Anleitung, die während der Sitzung auftauchenden Gedanken und Gefühle zuzulassen, liegt meine Überzeugung zugrunde, dass Sie Ihrem Geist, so wie er ist, in der Meditation durchaus vertrauen können. Meditationsanleitungen, die nicht zulassen wollen, dass man denkt, reflektiert oder offen für das gesamte Erfahrungsspektrum ist, weisen gewöhnlich auf ein Misstrauen gegenüber dem menschlichen Geist hin. Manche Meditationsschüler äußerten mir gegenüber die Befürchtung, sie könnten während der Meditation vielleicht zu stark abschweifen. Sie fürchten, das freie Umherschweifen des Geistes könne sie anfällig für negative Gedanken, problematische Gefühle oder unkontrollierbare Bedürfnisse machen, ja es könne dem Wahnsinn, der Depression oder dämonischen Besetzungen Tür und Tor öffnen (ja, ich habe Letzteres mehr als einmal zu hören bekommen).

Wieso können wir unserem Geist in der Meditation also vertrauen? Diese Frage kann nur beantwortet werden, wenn man eigene Erfahrungen damit macht, Gedanken und Gefühle während der Sitzung zuzulassen und somit selbst erlebt, ob solch ein Ansatz tatsächlich vertrauenswürdig ist. Ich könnte versuchen, Sie zu überzeugen, Ihrem Geist zu vertrauen, aber das würde ja nur bedeuten, dass Sie *mir* vertrauen. Vertrauen in ein Geschehen oder einen Menschen zu entwickeln ist oft ein langer Prozess des Kennenlernens (in unterschiedlichsten Situationen), in dessen Verlauf man feststellt, dass die jeweilige Person meistens Dinge tut, die unterstützend und hilfreich sind. Genauso ist es mit unserem Geist in der Meditation. Wenn sich nach einer Zeit des Kennenlernens in der Meditation herausgestellt hat, dass Ihr Geist Dinge tut, die hilfreich und unterstützend sind, kann er für Sie vertrauenswürdig werden.

Das Konzept des bedingten (oder abhängigen) Entstehens

Aus der Perspektive des Dharma-Lehrens ist das wichtigste Konzept in meinen Meditationsanleitungen das „bedingte Entstehen", also die Lehre des Buddha, dass sich unsere Erfahrungen aus Ursachen und Bedingungen ergeben und nicht durch ein Selbst, ein anderes Wesen, Gott oder Schicksal hervorgerufen werden. Diese komplexe Lehre kann schlicht in folgendem Satz zusammengefasst werden: „Wenn ein Ding entsteht, entsteht auch ein anderes", das heißt, nichts entsteht isoliert oder für sich allein. Was auch immer wir an Leid oder Freude erleben, entsteht durch Ursachen und Bedingungen, von denen uns manche überhaupt nicht bekannt oder bewusst sind. Aber wir können beginnen, mehr darüber zu erfahren, wie unsere Gedanken und Gefühle von Ursachen und Umständen in unserem Leben erzeugt werden, und dieser Zugang zur Meditation erweitert unser Wissen darüber.

Wenn Sie der Anleitung folgen, Ihre Gedanken und Gefühle in der Meditationssitzung zuzulassen, öffnen Sie Ihre Meditationspraxis für das innere Erleben und die äußere Welt. Alles, was in Ihrem Leben geschieht, wird in Ihre Sitzungen hineinreichen, genauso wie Ihr gewohnheitsmäßiger Blick auf sich selbst, auf andere und die Sie umgebende Welt. Auch Ihre innere Welt ist nicht statisch. Sie machen eine Erfahrung nach der anderen, haben ein Gefühl nach dem anderen, einen Gedankengang nach dem anderen, folgen verschiedenen Assoziationen, selbstauferlegten Geboten, Strategien, die Sie entwickelt haben, oder geben sich manchmal offen und empfänglich dem Fluss der Ereignisse hin. Solange Sie leben und fühlen, taucht stets irgendetwas in Ihrer inneren Welt auf und bleibt dort, so lange es will. Was es auch sein mag – es ist kein isoliertes Geschehen, sondern geschieht in Abhängigkeit von anderen Dingen. Das ist es, was wir als abhängiges oder bedingtes Entstehen (Bedingungen und Ursachen) in der Meditation bezeichnen.

Aber das Konzept des bedingten Entstehens könnte Sie daran hindern zu entdecken, wie Sie die Dinge wirklich sehen, wenn Sie es so verstehen, dass Sie die Dinge gemäß dieses Konzepts sehen *müssen*. Wenn Sie beispielsweise bei einer bestimmten Erfahrung nicht überzeugt sind, dass sie durch Bedingungen zustande kam, sondern glauben, dass sie durch das Selbst hervorgerufen wurde, dann ist das bei unserem Ansatz völlig in Ordnung, weil Sie die Dinge eben tatsächlich so sehen. Genauso ist es, wenn Sie an Gott, an das Schicksal, Astrologie oder irgendein anderes System glauben, das Ursachen und Bedingungen für Sie erklärt. Ich empfehle Ihnen dann, diesen gewohnten Erklärungsmodellen Ihrer Welt auf den Grund zu gehen, sie zu untersuchen, anstatt zu versuchen, das Konzept des bedingten Entstehens einfach zu übernehmen und Ihre Erfahrungen aus dieser Perspektive zu betrachten. Wenn Sie so vorgehen, können Sie etwas über das bedingte Entstehen Ihrer bisherigen Sichtweisen lernen.

5

Widersprüchlichkeit

Vielleicht haben Sie wie ich bemerkt, dass da ein nagender Widerspruch existiert zwischen dem, was ich über Meditationsanleitungen gesagt habe und meiner eigenen Erfahrung mit dem Beobachten des Atems, wie ich es Ihnen im ersten Kapitel geschildert habe. Als ich anfing, mit der Anleitung zu arbeiten, beim Atem zu bleiben, blieb ich dabei. Meine Aufmerksamkeit entfernte sich nicht davon. Ich könnte behaupten, dass mein Geist, so wie er sich in der Meditation verhielt, und die Meditationsanleitungen im Einklang waren. Das unablässige Fokussieren auf den Atem funktioniert tatsächlich. Zumindest funktionierte es anfangs für mich, als ich mit dieser Anleitung zu meditieren begann. Aber ich kam irgendwann an einen Punkt, wo mir das Beobachten des Atems nichts mehr gab. Das ist keine ungewöhnliche Situation für Menschen, die in der Lage waren, Meditationsanleitungen ohne Einschränkung oder Widerstände zu befolgen, die aber viele Jahre später nicht mehr mit dieser Praxis arbeiten.

Es ist ein Unterschied, ob man eine Meditationspraxis verlernen will, die man vergeblich zu bewältigen versuchte, oder ob man sie verlernen will, nachdem man sie lange Zeit problemlos ausgeübt hat. Warum sollte jemand eine Meditationspraxis verlernen wollen, die für ihn funktioniert? Vielleicht denken Sie, es müssten bestimmte Umstände eingetreten sein, die jemanden unzufrieden machen oder zu einer Desillusionierung mit einer wunderbar funktionierenden Meditationspraxis geführt haben. Oder ist es vielleicht einfach nur Zeit, weiterzuziehen?

Während meiner Hauptphase der Beobachtung des Atems konnte ich jedes Ein-und Ausatmen über die gesamte Länge einer Meditationssitzung wahrnehmen. Aber nachdem ich ein paar Monate lang versucht hatte, diese Art des Gewahrseins in vielen Sitzungen aufrechtzuerhalten und mir dies auch gelungen war, verlor ich einfach das Interesse daran. Ab und zu tauchten Körperempfindungen auf und dominierten mein Erleben, und ich ließ sie zu. Ich wurde, besonders nachdem ich mit der Mahasi-Sayadaw-Methode begonnen hatte, in das Gewahrsein von Klängen hineingezogen, und ich nahm die Unterschiede in jedem Vogelgezwitscher oder Insektengezirpe wahr, wie auch die vielen, von Menschen verursachten Geräusche, z. B. von Motoren, Radios, Lautsprechern und so weiter.

Ein langsamer, allmählicher Veränderungsprozess vollzog sich, als ich mit der Mahasi-Methode arbeitete: Ich begann ihre Philosophie, ihre Psychologie und ihr System, Erfahrungen zu interpretieren, zu hinterfragen. Ich hörte auf, meine Erfahrungen zu benennen und richtete meine Aufmerksamkeit nicht mehr auf irgendein vorgegebenes Meditationsobjekt. Was blieb übrig? Ich konnte immer noch zum Atem zurückkehren.

Aber ich konnte auch zu meinem sitzenden Körper zurückkehren. Das faszinierte mich mehr als der Atem. Ich war still, inaktiv. Ich konnte einfach dasitzen und der Erfahrung des Sitzens gewahr sein. Es gab nichts, woraus ich etwas hätte machen können.

Doch dann setzte eine unerwartete Entwicklung ein: Ich hatte Gedanken und Gefühle, nicht bloß Körperempfindungen und Reaktionen (Anziehung und Abneigung). Sie haben sich vielleicht gefragt, wohin sich meine Gefühle bei all dieser Meditiererei als buddhistischer Mönch verflüchtigt hatten? Meine Frau lebte als Nonne in Indien und Nepal, und erst als ich meine Gedanken und Gefühle in meinen Meditationssitzungen wirklich zuließ – und nicht versuchte, sie einfach nur zu registrieren oder durch sie hindurch zu atmen oder mich auf sie als bloße Empfindungen zu konzentrieren – begann ich die Trauer, den Verlust, das Bedauern und meine Einsamkeit zu spüren. Ich öffnete mich für meine Wut, meine Verletztheit, meine Angst und meine Sehnsucht. Ich glaubte nicht länger daran, dass ich solche Gefühle nicht haben sollte. Als ich über Buddhas Lehren in Pali meditierte, kam ich mehr denn je zu der Überzeugung, dass solche Gefühle zu haben eine wesentliche Voraussetzung für das Verstehen seiner Lehre ist. Und während ich still mit diesen Gefühlen saß, lernte ich, sie auszuhalten und schließlich ruhig und behutsam zu erforschen.

Aus der Perspektive dieses neuen Zugangs zur Meditationspraxis betrachtet, machte das Beobachten des Atems keinen Sinn. Jedes Mal, wenn ich daran dachte, mit meiner Aufmerksamkeit wieder zum Atem zurückzukehren, wurde mir bewusst, dass ich sie damit von einem Gedankengang oder einem Gefühl abzog, bei dem ich bleiben musste, um zu lernen, es genauer anzuschauen. Atemmeditation schien meiner Abneigung, mit meinen Gefühlen zu sein, entgegenzukommen. Sie wurde nicht mehr gebraucht, war im Weg. Und so verschwand das Beobachten des Atems aus meiner Praxis – wie fast alles, was man mich formal gelehrt hatte.

Eine Meditationspraxis aufgeben, die nicht funktioniert

Es mag Ihnen so vorkommen, als sei es eine einfache und klare Sache, eine Meditationspraxis aufzugeben, die ein innerer Kampf war. Und dass man, sobald sich etwas Leichteres, Sanfteres auftut (oder etwas, das einfach besser für einen ist), unmittelbar das Alte aufgeben und das Neue annehmen könne. Die Frage, warum das nicht so oft geschieht, führt uns direkt zum Kern dessen, was mit *Meditation verlernen* gemeint ist. Es geht nie einfach nur darum, eine Praxis aufzugeben und eine neue zu beginnen. Man muss mit jeder Meditationspraxis, die zu erlernen wir uns einst bemüht haben, durch einen *Prozess* des Verlernens gehen, selbst wenn unser Bemühen nicht ganz so ernsthaft war.

Wenn Meditationsanleitungen vermittelt werden, werden sie mit dem Versprechen weitergegeben, dass sie bei korrekter Anwendung zu einem bestimmten Ergebnis führen. Manchen Leuten wird Erleuchtung versprochen, teilweises Erwachen, Linderung von Stresssymptomen oder Schmerzen, bessere Konzentrationsfähigkeit, Glück, Seligkeit, innerer Frieden, ein umfassendes Gefühl des Wohlbefindens oder Erfolg, wenn sie an der Anleitung festhalten und sie beharrlich und vor allem präzise befolgen, so wie sie vom Lehrer oder den Lehrern innerhalb dieser Tradition gelehrt wird.

Das bringt manche Meditierende ernsthaft in die Klemme. Selbst wenn es ihnen Probleme bereitet, der Anleitung zu folgen, bleibt, wenn sie damit aufhören, das Gefühl zurück, nicht in den Genuss der Verheißungen dieser Methode zu kommen. Sie haben versagt. Das tägliche Scheitern an der Meditationspraxis verblasst vor dem Hintergrund des monumentalen Scheiterns in Bezug auf das Erreichen des versprochenen Endergebnisses. Jeder hat schon einmal von jemandem gehört, der viele Jahre mit einer bestimmten Methode erfolglos meditiert hat – und eines Tages passierte es doch! Die ganzen Anstrengungen und seelischen Qualen hatten sich am Ende doch gelohnt! Es ist also ziemlich verbreitet, zu denken: „Das kann mir auch passieren, wenn ich nur lange genug bei dieser Meditationspraxis bleibe."

Vielleicht haben Sie darin versagt, das von der jeweiligen Lehre verheißene Ziel zu erreichen, aber in Wahrheit hat die Meditationspraxis als Mittel zur Verwirklichung der Lehre versagt. Vielleicht sind Sie von sich enttäuscht, weil Sie so früh aufgegeben haben, aber woher wissen Sie, dass Ihnen, nur weil andere angeblich dieses Ziel durch eine bestimmte Meditationspraxis erreicht haben, dasselbe widerfahren wird? Möglicherweise gelangen Sie mit Hilfe einer anderen Praxis an denselben Punkt, aber Sie werden es nicht wissen, bis Sie die andere Methode ausprobiert haben. Wenn Sie auf Biegen und Brechen an einer Praxis festhalten in der Hoffnung, dass irgendwann der Durchbruch kommt, bleiben andere Möglichkeiten ungenutzt.

Natürlich gibt es noch viele andere Gründe, die Sie möglicherweise an einer Praxis festhalten lassen, die nicht funktioniert oder Ihnen Probleme bereitet. Vielleicht sind die Meditationsanleitungen und die versprochenen Ergebnisse in Ihren Augen so einleuchtend, dass diese Art zu meditieren einfach die einzig wahre zu sein scheint. Oder Sie haben durch die Ausübung einer bestimmten Praxis Erfahrungen gemacht, die Sie ermutigt oder sogar auf gewisse Weise Ihr Leben verändert haben, während Sie gleichzeitig das Gefühl hatten, die Praxis nicht korrekt oder nicht gut genug ausführen zu können. Weitere wichtige Motive sind das Vertrauensverhältnis zum Lehrer, der Glaube an die jeweilige Tradition oder die Religion, die Sie dazu bringen, weiterhin eine Reihe von Meditationsanleitungen zu befolgen, welche Sie andernfalls möglicherweise lieber aufgeben würden. Wie Sie sehen, gibt es diesen und jenen Grund, an einer bestimmten Praxis festzuhalten. Und welchen Grund gibt es, diese Meditationspraxis zu verlernen?

Eines der gewichtigsten Motive für das Verlernen einer bisher ausgeübten Meditationspraxis ist die eigene Bereitschaft, sich diese Praxis und die Art und Weise, auf die man sie ausübte, ehrlich anzuschauen. Es funktioniert aber nicht, indem man eine Praxis völlig verwirft und direkt mit einer neuen beginnt. Sie müssen tatsächlich zunächst mit dem weitermachen, was Sie bisher gemacht haben. Deshalb sage ich allen, die zu mir kommen und bereits eine bestimmte Praxis ausüben: „Meditieren Sie, wie Sie es gewohnt sind." Und dann füge ich hinzu: „Es ist natürlich auch erlaubt, diese Praxis während der Meditationssitzung *nicht* auszuüben. Sie können andere Methoden ausprobieren, von denen Sie gehört haben oder Sie können es mit den Anleitungen für Anfänger versuchen, die ich anbiete."

Somit ist es Ihre Entscheidung, was Sie in den Meditationssitzungen tun. Manchmal meditieren Sie vielleicht auf Ihre gewohnte Art, und manchmal experimentieren Sie mit etwas anderem. Ihre gewohnte Praxis bleibt dann nicht länger die einzige. Sie kann anderen Methoden gegenübergestellt und mit ihnen verglichen werden. Sie wurde ihrer exklusiven Stellung, die einzig wahre (oder beste) Art des Meditierens zu sein, enthoben.

Wir kommen also einmal mehr in die Lage, weitere Optionen in der Meditation zu haben. Es geht dabei allerdings nicht darum, eine Methode nach der anderen zu erlernen und sich ein Repertoire an Meditationsmethoden zuzulegen, von denen Sie dann nach Belieben irgendeine in der Sitzung aus dem Ärmel schütteln können. Es ist im Grunde viel einfacher. Vergessen Sie nicht: Hier geht es um das *Verlernen* von Meditation und nicht darum, sich eine ganze Palette neuer Techniken und Strategien anzueignen. Die Wahlmöglichkeiten, die Sie vielleicht in Ihren Sitzungen wahrnehmen, hängen davon ab, worauf Sie Ihre Aufmerksamkeit richten und was Sie beabsichtigen.

So könnte beispielsweise jemand, der es gewohnt ist, den Atem zu beobachten, anfangen, die achtsame Wahrnehmung des Körpers in seine Praxis zu integrieren. Nehmen wir an, er hat in seinen Sitzungen über einen Zeitraum von mehreren Monaten ausschließlich den Atem beobachtet und es war ihm sporadisch gelungen, mit seiner Aufmerksamkeit jeweils mehrere Minuten beim Atem zu bleiben. In der restlichen Zeit ertappte er sich dabei, dass seine Gedanken um die Ereignisse des Tages kreisten, was gewöhnlich unangenehm und ärgerlich für ihn war, weil es sich bei diesen Ereignissen oft um Gespräche handelte, in denen er etwas Falsches gesagt hatte. Während er nun achtsam dasitzt und seine Gedanken und Gefühle in seine Meditation „einlässt", bemerkt er, dass er jedes Mal, wenn er über Dinge nachzudenken beginnt, die er gesagt hat, den starken Impuls verspürt, seine Aufmerksamkeit auf den Atem zu lenken. Früher hätte er dann einfach gedacht, er würde ja nur gewissenhaft der Anleitung folgen, zum Atem zurückzukehren, aber jetzt erkennt er, dass er die Technik der Atembeobachtung als Fluchtweg benutzt hat – als Möglichkeit, seinem Bedauern und seinen Sorgen und Befürchtungen auszuweichen. Durch diesen Moment der Selbsterkenntnis (, in welchem ihm bewusst wird, wie er die Anleitung, beim Atem zu bleiben, benutzt hatte,) kann er sich, wenn eine schmerzhafte Erinnerung hochkommt, jetzt entweder dafür entscheiden, dabeizubleiben, sie auszuhalten und etwas daraus zu lernen oder sich davon zu entfernen, indem er zum Atem zurückkehrt. Er trifft nun eine bewusste Wahl, wo zuvor nur Gewohnheit war.

Es ist wichtig, in den Meditationssitzungen Wahlfreiheit zu haben, um Meditationsanleitungen vergleichen zu können, aber dadurch allein kommt noch kein Prozess des Verlernens in Gang. Es ist die innere Auseinandersetzung mit der eigenen Meditationspraxis, die die Tür zum Verlernen öffnet.

Brücken zu anderen Praktiken

Um sich in Richtung einer weniger strukturierten Meditationspraxis zu bewegen, müssen Sie vielleicht eine Brücke finden, die Sie von Ihrer gewohnten Praxis zu einer offeneren, zulassenderen Art des Meditierens führt. Solche Brücken könnten das bisher in der Meditation Erreichte teilweise zunichte machen, weshalb die Leute oft zögern, sie zu beschreiten, wenn sie sie gefunden haben oder darauf aufmerksam gemacht wurden. Aber ohne eine solche Brücke kann es sein, dass Sie die bisherige Praxis einfach durch eine neue ersetzen, anstatt durch den Prozess des Verlernens zu gehen, und dass es dann mit der neuen Methode im Großen und Ganzen weitergeht wie mit der alten.

Wenn Sie beispielsweise bisher praktiziert haben, sich auf Körperempfindungen zu fokussieren, mit der Absicht, Emotionen im Körper zu lokalisieren und wahrzunehmen, müssen Sie vielleicht eine Brücke finden, um Emotionen wieder psychisch zu erfahren, so wie Sie es wahrscheinlich vor dem Erlernen der oben genannten Technik getan haben. Eine solche Brücke könnten Sie finden, indem Sie Ihre Aufmerksamkeit auf die Stimmung lenken, die mit der jeweiligen Empfindung einhergeht. Eine weitere Brücke könnte sein, auf den Ton zu achten, der innerlich damit verbunden ist und so zu lernen, die Gefühle innerhalb Ihres Gedankenflusses zu identifizieren.

Vielleicht fragen Sie sich, warum Sie verlernen sollten, Emotionen als körperliche Empfindungen wahrzunehmen. Dafür gibt es mehrere Gründe. Zum einen sind Gefühle wie Angst, Verlangen, Hass und

Traurigkeit gewöhnlich von Bildern, Eindrücken und Gedanken begleitet. Wenn man sich ausschließlich auf die physischen Empfindungen solcher Emotionen fokussiert, werden die psychischen Elemente der Erfahrung verdeckt und gehen verloren. Und dann geschieht Folgendes: Sie nehmen Gefühle nur wahr, wenn sie sich körperlich manifestieren. Das ist mit der Vorstellung verbunden, dass das gerade existierende Gefühl nachlassen, verschwinden oder losgelassen wird, wenn man einfach beobachten kann, wie die physischen Empfindungen kommen und gehen, ohne sich damit zu verbinden.

Indem Sie Emotionen in körperliche Empfindungen umwandeln, bringen Sie sie in eine andere Form. Das heißt, Sie transformieren sie. Das scheint zunächst eine gute Idee zu sein. Es macht Ihre Gefühlswelt einfacher. Es konkretisiert Gefühle und kann genutzt werden, um sie zu kontrollieren. Es ist einfacher zu versuchen, sich von den Körperempfindungen zu distanzieren oder, umgekehrt, sich auf sie zu fokussieren und tiefer hineinzugehen. Aber sind diese körperlichen Empfindungen wirklich dasselbe wie Gefühle? Sie können ein wichtiger Teil Ihrer emotionalen Erfahrung sein, aber sie sind nicht die ganze Geschichte. Indem Sie diese Umwandlung von Emotionen in körperliche Empfindungen allmählich rückgängig machen und vertrauter mit den Gedanken, Erinnerungen und Absichten werden, die ebenfalls Teil Ihrer emotionalen Erfahrung sind, können Sie die ganze Wahrheit sehen – oder zumindest so viel davon, wie Sie zu diesem Zeitpunkt verkraften können.

6

Meditationserfahrungen in Worte fassen

Verwenden Sie, wenn Sie über eine Meditationserfahrung sprechen, die Terminologie Ihrer spirituellen Tradition oder Gemeinschaft oder drücken Sie die Erfahrung in Ihren eigenen Worten aus? Die meisten Meditierenden, die eine formale Meditationsmethode praktizieren, neigen dazu, die spezifischen Begriffe ihrer Meditationsgruppe oder Tradition zu verwenden. Die Sprache, mit der wir beschreiben, was in einer Meditationssitzung vor sich geht, ist oft angelernt. Sogar Menschen, die nie zuvor meditiert haben oder die für sich allein auf der Grundlage von CDs oder Büchern meditieren, lernen, sich in Bezug auf ihre Meditationspraxis und die damit verbundenen Erfahrungen auf eine bestimmte Weise auszudrücken.

Die Art der Sprache, die dabei benutzt wird, ist oft konzeptuell, metaphorisch und abstrakt. Ein breites Spektrum an Emotionen wird oft in einer Kategorie zusammengefasst: Rage, Verachtung, Groll, Hass, Rachegefühle und so weiter werden oft alle als „Wut“ bezeichnet. Gedanken werden in Begriffen klassifiziert, die zwangsläufig darauf hinweisen, dass sie in der Meditation nichts zu suchen haben: *der planende Affen-*

verstand, Ablenkungen, Vergangenheit oder Zukunft, Fantasien, Tagträume und das „geistige Abschweifen" – ein Ausdruck, der häufig in den Anleitungen vorkommt.

Bei buddhistischen Meditationsrichtungen, insbesondere der Vipassana-Meditation, gibt es eine Tendenz, die *Abhidhamma* (höheren Lehren) als Maßstab dafür zu benutzen, wie Menschen Meditationserfahrungen betrachten oder über sie sprechen sollten. Die *Abhidhamma* wird von buddhistischen Gelehrten im Allgemeinen als eine Lehre betrachtet, die einige Jahrhunderte nach Buddhas Tod verfasst wurde. In der frühen Abhidhamma-Phase konzentrierte man sich größtenteils auf die Sprache, die man benutzen sollte, wenn man über den Dharma (die Lehren des Buddha) spricht und unterschied zwischen der „bildhaften" und ungenauen Sprache, die der Buddha bei seinen Diskursen verwendete und der präzisen Terminologie der Abhidhamma-Texte. Wie der ehrwürdige U Revata in seiner Einleitung zu Bhikku Bodhis und Mahathera Naradas Übersetzung des *Comprehensive Manual of Abhidhamma* feststellt:

> Der Buddha bedient sich frei der didaktischen Mittel, die erforderlich sind, um seinen Zuhörern die Lehren verständlich zu machen. Er benutzt Vergleiche und Metaphern; er ermahnt, rät und inspiriert; er schätzt die Neigungen und das Aufnahmevermögen seiner Zuhörerschaft ein und passt seine Präsentation der Lehren so an, dass sie auf fruchtbaren Boden fallen.
>
> [Während die] *Abhidhamma* keinerlei Rücksicht auf die persönlichen Neigungen und kognitiven Fähigkeiten der Zuhörer nimmt; sie macht keine Zugeständnisse an bestimmte pragmatische Erfordernisse. Sie offenbart die Architektur der Wirklichkeit auf eine abstrakte, formalistische Weise, absolut bar jeglicher literarischen Ausschmückungen und pädagogischen Erwägungen.

Der Buddha benutzt allgemein gebräuchliche Wörter wie „Person" und „Selbst", während die *Abhidhamma* in Bezug auf innere Erfahrungen von „Elementen" und deren Eigenschaften, Beziehungen und Funktionen spricht. Buddha gebraucht auch eine Vielfalt von Wörtern, um Nuancen von Erfahrungen, Wahrnehmungen und Verstehen zu vermitteln, während die *Abhidhamma* die Bedeutung von Wörtern systematisch reduziert, so dass sie in für die Doktrin relevante Kategorien passen. Wo der Buddha eine Erfahrung mit Hilfe von Gleichnissen, Bildern und einer ungewöhnlichen Wortwahl beschreibt, gibt die *Abhidhamma* dem Schüler einen einzigen Begriff für die Erfahrung vor und kategorisiert diesen in einem Klassifizierungssystem von Paaren, Dreiergruppen und längeren Listen. Es ist ein System, das dem abstrakten Denker und jenen entgegen kommt, die nach Ordnung im eigenen Inneren suchen.

Die Sprache des Buddha

Buddha gebrauchte Wörter, bildhafte Sprache, Metaphern und Gleichnisse, um über die meditativen Erfahrungen zu sprechen, die er und andere in seiner Umgebung gemacht hatten. Manche buddhistische Gelehrte glauben, dass seine ursprüngliche Sprache eine Form des alten Magadhi war, das sich später mit bestimmten Merkmalen anderer regionaler Sprachen vermischte und sich zum Pali entwickelte. Später wurden Buddhas Worte in eine Mischform des Sanskrits übertragen und im Laufe der Jahrhunderte in viele asiatische und in neuerer Zeit in westliche Sprachen übersetzt.

Buddha zog es vor, meditative Erfahrungen in seinen eigenen Worten zu beschreiben und auszudrücken und griff manchmal auf Begriffe aus anderen zeitgenössischen Lehren zurück, wobei er diese wie ein Muttersprachler gebrauchte. Er musste weder ein Wörterbuch benutzen noch andere Übersetzungen zu Rate ziehen noch Gelehrte (Pandits) konsultieren, um mit ihnen über die Bedeutungen der von ihm gewählten Wörter und Begriffe zu diskutieren – aber wir müssen das tun, wenn wir uns daran machen, seine Sprache zu lernen. Hinsichtlich des Pali und der in dieser Sprache geschriebenen Texte sind wir heute in der Situation, dass wir nur versuchen können, zu rekonstruieren, was der Buddha meinte, wenn er all diese wundersamen Dinge sagte, denn es gibt heute niemanden, der diese Sprache so kennt oder beherrscht, wie sie zu Buddhas Zeiten gesprochen oder verstanden wurde (besonders wenn man bedenkt, dass er in einem Dialekt sprach, der heute größtenteils nicht mehr existiert).

Das bedeutet natürlich nicht, dass es sinnlos ist zu versuchen, diese Lehren zu verstehen. Es bedeutet einfach, dass die Sprache, die er benutzte, wenn er über seine Meditationserfahrungen sprach, nicht die Sprache ist, die wir heute gebrauchen. So wie er seine eigene Sprache fand, um zu beschreiben, was er erlebte und verstand, müssen wir unsere eigene Sprache finden, denn mithilfe unserer Muttersprache (oder einer zweiten Sprache, die wir vielleicht fließend beherrschen) sind wir in der Lage, unsere Erfahrungen unabhängig zu benennen und beschreiben. Und dabei gibt es dann nur wenige oder gar keine Unsicherheiten in Bezug auf die Bedeutungen der von uns gewählten Wörter oder Begriffe.

Aus diesem Grund verzichte ich inzwischen beim Unterrichten von Meditation größtenteils auf Pali-Begriffe und ihre englischen Entsprechungen, obwohl ich manchmal beim Dharma-Lehren darauf zurückgreife, weil ich in diesem Kontext Buddhas Lehre vermittle und seine Sprache nach bestem Wissen übersetze. Aber wenn wir über unsere eigenen inneren Erfahrungen sprechen und darüber, wie wir sie verstehen, ist es viel besser, eine Sprache zu benutzen, die uns leicht fällt und unsere Gedanken und Gefühle authentisch wiedergibt, als eine, mit der wir „auf Kriegsfuß“ stehen.

Der „Haken“ bei der Verwendung bestimmter Wörter zur Beschreibung von Erfahrungen

Wir benutzen oft die Wörter „Fantasie“ und „Tagträumen“, um Phasen zu beschreiben, in denen wir uns in Gedanken über etwas verloren haben, was zunächst eine rein mentale Situation zu sein scheint. Beispielsweise wenn wir in Gedanken ein Gespräch noch einmal durchgehen und uns passende Antworten überlegen; an der Lösung eines Problems, an einem Aufsatz, einer Geschichte oder einem Buch arbeiten; uns zukünftigen Reichtum, Glück oder Erfolg vorstellen; sexuelle Gedanken oder Fantasien haben oder wenn unser Geist einfach wie aus dem Nichts irgendein ungewöhnliches oder unsinniges Szenario entwirft.

Im Hinblick auf Gedanken von „Ablenkungen“, „Vergangenheit oder Zukunft“ oder „Affengeist“ zu sprechen, führt oft zu einer Ablehnung und Abwertung der eigenen Gedanken in der Meditation. Diese Begriffe werden benutzt, um zu beschreiben, inwieweit die Gedanken mit den Anleitungen und Konzepten der Meditationspraxis übereinstimmen. Im Rahmen einer Praxis, bei der man versucht, ununterbrochen den Atem zu beobachten, werden Gedanken sicherlich als Ablenkung erfahren. Versucht man, durch das Gewahrsein des Atems im gegenwärtigen Moment zu sein, werden sich die meisten Gedanken entweder auf die Vergangenheit oder die Zukunft beziehen, ausgenommen jene, die uns daran erinnern, im Moment zu sein oder zum Atem zurückzukehren. Und der Ausdruck „Affengeist“ ruft ein Bild von einem Affen wach, der im eigenen Kopf Amok läuft. Ich denke, er wird oft als Kurzformel benutzt, wenn man sagen will: „Ein Gedanke jagt den anderen; ich kann meine Gedanken einfach nicht unter Kontrolle bringen.“

Das gilt auch für Begriffe wie „Planen“ und „Denken“, sie sind, wie auch die Wörter, die Sie zur Schilderung von Gefühlen benutzen, kaum infrage zu stellen, weil man anscheinend der eigenen Erfahrung nahekommt, wenn man solche Begriffe benutzt. Aber man bemüht sich nicht um detailliertere Beschreibungen dessen, was abläuft, wenn man bemerkt, dass man am Planen und Denken ist.

Das führt uns zu dem wichtigen Punkt, dass man sich nicht tiefer mit dem Inhalt der eigenen Erfahrung auseinandersetzt. „Planen“ und „Denken“ sind allgemeine Begriffe, die auf den Prozess hinweisen sollen, durch den man gerade geht. Aber wie kann der Prozess vom Inhalt getrennt werden? Wenn Sie versuchen, das Denken zu beobachten, ohne den Inhalt der Gedanken zu beachten, wird der Prozess (oder Akt) des Denkens zum Objekt Ihres Gewahrseins und so zum Inhalt

Ihrer Erfahrung. Meditierende, die in ihrer Praxis Denken als „Denken, Denken" registrieren, werden vielleicht feststellen, dass sie, nachdem sie eine Weile gedacht haben, nur sehr wenig von dem erinnern, an was sie gedacht haben, denn sie haben ja überhaupt nicht auf den Inhalt geachtet. Aber sie erinnern sich daran, dass sie gedacht haben.

In der Sprache der Vipassana-Tradition haben sie sich mit der mentalen Pforte der Erfahrung verbunden, wobei das Denkorgan angeblich funktioniert wie alle anderen Sinnespforten mit ihren Objekten des Gewahrseins. So wie die Augen Formen sehen, denkt der Geist Gedanken. Man braucht sich nicht um den Inhalt der Gedanken zu kümmern, denn in der Vipassana-Tradition werden Meditierende überwiegend dazu angeleitet, ihre Aufmerksamkeit von Sinnesobjekten auf die Sinnespforten zu verlagern. Sie lernen also, der Aktivität des Denkens gewahr zu sein und neigen dazu, alle Gedanken als gleichermaßen unerwünscht zu betrachten. So wird nicht nur das, woran man denkt, für irrelevant gehalten, sondern auch die Beschäftigung damit, insbesondere dabeizubleiben und es genauer zu untersuchen (noch mehr Denken) wird als fehlerhafte Praxis angesehen.

Im Hinblick auf das Erkennen, Beschreiben und Verstehen Ihrer Erfahrung ist aber genauso wichtig, woran Sie denken, wie der Denkprozess an sich. Tatsächlich kann die Art Ihrer Gedanken Ihren Denkprozess beeinflussen. Dasselbe gilt für das Planen. Nehmen wir an, ich denke an eine bestimmte Person, mit der ich mich nach dem Meditationskurs treffen werde, aber mir graut davor, sie zu treffen und ich überlege, was ich sagen und tun werde, wenn ich die Person sehe. Wenn solche Erfahrungen in der Meditation lediglich mit einem Wort als „Denken" oder „Planen" benannt werden, dann ist einem nicht wirklich bewusst, was zu diesem Zeitpunkt innerlich los war – in diesem Fall die Furcht vor jemandem und das Planen oder Vorwegnehmen des Gesprächsablaufs. Aber wenn Sie sich fragen, was Sie geplant haben und die Erfahrung so beschreiben, wie ich es gerade getan habe, kann Ihnen wieder bewusst werden, was in Ihrem Kopf vor sich ging. Hier kann Ihnen also das Gedächtnis helfen, etwas über Erfahrungen zu wissen, die zuvor nur mit einem einzigen Begriff kategorisiert wurden.

Wie wir über körperliche Erfahrungen sprechen

Meditationsschüler/innen werden im Allgemeinen angeleitet, körperliche Erfahrungen mit einem einzigen Wort zu beschreiben. Empfindungen sind heiß oder kalt, stechend oder dumpf, angenehm oder unangenehm, vibrierend oder kribbelnd. Der Körper fühlt sich leicht oder schwer an, durchlässig oder weit. Die Atmung ist rasselnd oder geräuschlos, langsam oder schnell, entspannt oder mühsam.

Das scheint die angemessene Art zu sein, über unsere körperlichen Empfindungen zu sprechen. Wenn wir einen Arzt aufsuchen, berichten wir ihm über unsere Empfindungen mit genau diesen beschreibenden Vokabeln. Aber wenn wir aufgefordert werden, unsere körperlichen Empfindungen noch detaillierter zu beschreiben, stellen wir vielleicht fest, dass es uns am geeigneten Vokabular mangelt und wir auf Vergleiche zurückgreifen müssen: „Der Schmerz war stechend und breitete sich wie Splitter aus."

Das ist auch so, wenn wir im Rahmen unserer Meditationspraxis über körperliche Empfindungen sprechen oder schreiben. Wir müssen oft kreativ sein, um geeignete Worte zu finden oder uns brauchbare Vergleiche einfallen lassen, um die Empfindungen genauer beschreiben zu können. Und dabei entwickeln wir auch eine feinere Wahrnehmung in Bezug auf unsere körperliche Erfahrung. Eine Empfindung, die man zuvor vielleicht als „Schwere" beschrieben hat, wird zu „geerdet und massiv wie ein Berg". Solche Beschreibungen klingen vielleicht so, als würde man sich von der körperlichen Erfahrung entfernen, aber das ist in Wirklichkeit gar nicht der Fall. Mit dieser Beschreibung kann die Erfahrung durch die zusätzlichen Adjektive und den Vergleich sowohl Personen klar vermittelt werden, die selbst bereits ähnliche Erfahrungen gemacht haben, als auch solchen, bei denen das nicht der Fall war.

In diesem Kapitel ging es um die Sprache, die in diesem Buch zur Beschreibung der Erfahrungen von Meditierenden verwendet wird. Anstatt die Erfahrungen dieser Menschen auf einen einzelnen Begriff zu reduzieren oder ihnen Interpretationen überzustülpen, werde ich versuchen, sie so weiterzugeben, wie sie sie mir berichtet (oder in ihren Tagebüchern aufgezeichnet) haben. Ich schlage vor, dass Sie, wenn Sie über diese Erfahrungen lesen, Ihre eigenen Meditationserfahrungen (oder ähnliche Erfahrungen außerhalb der Meditation) Revue passieren lassen und dieses Material benutzen, um darüber zu reflektieren, was in Ihren Sitzungen vor sich geht.

7

Persönliche Geschichten

In vielen östlichen Traditionen werden Meditationsschüler/innen davon abgehalten, sich mit ihren persönlichen Geschichten zu beschäftigen, während man ihnen gleichzeitig Geschichten über erleuchtete oder erwachte Individuen präsentiert. Es wird Wert darauf gelegt, dass die Schüler und Schülerinnen die mit der jeweiligen Meditationspraxis oder Tradition verbundenen Geschichten verinnerlichen und sich die historischen Gestalten und deren Erfahrungen zum Vorbild nehmen, um sich weiterzuentwickeln. Als Weg und Ziel der Meditation gilt oft die Überwindung der persönlichen Geschichte, die Überwindung des Egos. Gleichzeitig werden ihre Lebensgeschichte und persönlichen Angelegenheiten oft als unwichtiger, falsch oder illusionär erachtet.

Im Gegensatz dazu legt die westliche Psychologie im Allgemeinen Wert auf unsere persönliche Geschichte, so wie die meisten von uns. Wenn also östliche Meditationspraktiken, die auf der Ideologie basieren, dass das Ego transzendiert werden muss, und psychologisch aufgeklärte Meditierende aus dem Westen aufeinandertreffen, geschieht normalerweise Folgendes: Die persönlichen Geschichten werden aus der Meditationspraxis „verbannt", denn man strebt ja zu einer transzendentalen Wirklichkeit hin.

Zunächst scheint es eine großartige Idee zu sein, Urlaub von unseren alltäglichen Sorgen, Verpflichtungen, Komplexen, Zwängen und all diesen Dingen zu nehmen und an einem transzendentalen Strand ein Sonnenbad zu nehmen, eingelullt vom Ein- und Ausströmen des Atems oder vom Klang eines Mantras. Wenn man diese tiefe Zufriedenheit in diesen „Ferien" erst einmal erlebt hat, zieht es einen natürlich dorthin, man möchte mit dem Transzendentalen eins werden. „Das ist tatsächlich die Essenz der östlichen Meditationspraxis", denke ich einen Moment lang bei mir, und dann erinnere ich mich daran, wie oft ich dieses „Urlaubsparadies" schon besucht habe, aber jedes Mal musste ich wieder nach Hause zurückkehren. Und die Rückkehr fiel mir nie leicht, denn ich wollte meinen Urlaubsort ja von vorneherein gar nicht verlassen. Ich wollte für immer dort bleiben. Aber leider konnte es eben nur so lange dauern, wie es dauerte.

Für den buddhistischen, von den Dharma-Lehren durchdrungenen Praktizierenden stellt sich diese Erfahrung aber vielleicht ganz anders dar, als meine transzendentale, in die ich für einige Augenblicke eintauchte. Als Vipassana-Praktizierender habe ich den sonnigen Strand direkt hier und jetzt vor mir, indem ich mit der Aufmerksamkeit bei jedem Ein- und Ausatmen bleibe. „Das ist alles, was existiert", sage ich mir, „ich habe keine Vergangenheit und keine Zukunft. Jeder Moment kommt und geht. In diesem Fluss, in dem ein Moment verschwindet und der nächste auftaucht, gibt es kein Selbst, dessen man gewahr sein muss, kein Selbst, das gewahr ist. Es ist reines Gewahrsein, der Vergänglichkeit aller Dinge bewusst. Und wenn ich aus diesem Urlaub zurückkehre, obwohl ich eigentlich lieber für immer dort geblieben wäre, tröstet mich das Wissen, dass sich alles verändert, auch wenn ich noch an dieser flüchtigen Erfahrung festhalte und sie für die einzige Wahrheit der Existenz halte."

Jetzt kommt der Lehrer daher, der das *Verlernen* von Meditation lehrt, und sieht in diesen beiden Szenarien eben nur „Geschichten" über

Meditation – und noch dazu persönliche. Aus unerfindlichen Gründen wird irgendeiner akzeptablen Geschichte über meditative Zustände, Erfahrungen und Erkenntnisse ein höherer Wert beigemessen und mehr vertraut als der eigenen, die doch ehrlicher und realistischer ist. Sind sich Meditationsschüler/innen eigentlich darüber im Klaren, dass sie ihre persönlichen Geschichten des inneren Aufruhrs, Wachstums, Scheiterns, Glücks und so weiter gegen die Hoffnung eintauschen, das Ziel von jemand anderem zu erreichen? Es mag zunächst nicht so aussehen, weil es sich so anhört, als würde die Person nur ihr Ego überwinden und eins mit dem Transzendenten werden, was doch vollkommen akzeptabel klingt. Aber halt, einen Moment! Dieses Einswerden mit dem Transzendenten geschah einer bestimmten Person, keiner abstrakten Wesenheit. Diese erleuchtete Person war ein Mensch, jemand, der seine Geschichte schrieb wie jeder von uns und, mit Verlaub, – eine persönliche Geschichte über seine meditativen Erfahrungen verfasste, in denen sich zufällig verschiedene Elemente der Geschichten über Transzendenz aus seiner Meditationstradition wiederfinden.

Sie könnten nun einwenden – und ich ebenfalls –, dass diese Person radikal und dauerhaft durch die Erfahrung verändert wurde, die sich in ihrer Geschichte widerspiegelt, was ja die Authentizität der transzendentalen Erfahrung und die Gültigkeit der Geschichte beweise. Dieser Beweis muss sich aber im Laufe der Zeit erst noch erhärten. Da wir nicht in den Kopf dieser Person schlüpfen können, können wir nicht wissen, was darin vorgeht, es sei denn, sie erzählt uns etwas darüber. Und was sie uns erzählt sind Geschichten, auch wenn sie als Fakten, Wahrheiten und Realitäten formuliert werden.

Vielleicht halten wir uns an diesen Geschichten fest, betrachten sie als Essenz der Meditationspraxis einer bestimmten, von uns gewählten Tradition und hoffen, dass wir, indem wir uns an sie erinnern und ihre Methoden anwenden, mit der darin enthaltenen Wahrheit in Berührung kommen. Dazu müssen wir aber glauben, dass die Geschichten von Erleuchtung, Erwachen oder von höheren Bewusstseinszuständen auf einer erfahrenen Wahrheit beruhen, die zu entdecken den Menschen möglich ist. Es muss etwas Wahres geben, das uns die Geschichten näherbringt. Diese Wahrheit ist nicht die Geschichte, die darüber verfasst wurde. Sie ist die Erfahrung.

Persönliche Erzählungen

Unsere persönlichen Geschichten haben jedoch einen eindeutigen Wahrheitsgehalt. Sie beruhen auf Erfahrung, aber nicht den körperlichen oder Sinneserfahrungen, die man in der Meditation schätzen lernt. Durch persönliche Geschichten zieht sich ein Faden aus Themen, Charakteren, Überzeugungen, Handlungen und Nebenhandlungen, kurz, sie enthalten alle Zutaten einer Geschichte. Als solche können sie dramatisch, lustig, ironisch, verrückt oder realistische Beschreibungen sein. Sie können untersucht und kritisch analysiert werden (beispielsweise, wenn man seine Geschichten aus einer Meditationssitzung erinnert und aufschreibt). Sie neigen dazu, sich in der Meditation (und außerhalb) immer wieder abzuspulen und wie bei einer endlos wiederholten Situationskomödie im Fernsehen genießen wir die Episoden, die wir mögen und lassen andere, die wir nicht mögen, über uns ergehen oder wechseln einfach den Sender.

Unsere Geschichten nehmen in der Meditation so viel Zeit in Anspruch – warum lassen wir sie also nicht in unsere Sitzungen hinein? Warum überlassen wir nicht unseren inneren Erzähler(n)/innen die Bühne und lassen sie spielen? Sie tun es ja ohnehin, ohne um Erlaubnis zu fragen. Und vielleicht können wir ja, indem wir ihr Spiel tolerieren, etwas über uns selbst lernen.

Ich empfehle Praktizierenden oft, auf die Stimme des Erzählers oder der Erzählerin zu achten, auf seine oder ihre Sprechmuster, Wortwahl und Tonlage. Es geht darum, dem oder derjenigen näher zu kommen, der oder die in Ihrem Kopf spricht. Ist es Ihre eigene Stimme? Oder bedienen Sie sich bei dieser speziellen Geschichte der Stimme eines anderen?

Eine klare Vorstellung vom Erzählenden zu haben ist die eine Sache. Wenn wir eine Geschichte erzählen, sprechen wir zu einem Publikum.

Wir wenden uns mit unserer Erzählung an eine bestimmte Person oder eine Gruppe von Menschen. Ihre Wortwahl kann Ihnen einen Hinweis darauf geben, wer dieses Publikum ist. Eine weitere Möglichkeit, das Publikum aus dem Schatten und näher an die Bühne zu holen, besteht darin, diesen inneren Monolog als Aufführung für jemanden zu sehen – nicht nur für sich selbst. Vielleicht möchten Sie von jemandem Aufmerksamkeit bekommen. Sie wollen, dass eine bestimmte Person diese Geschichte hört, nicht einfach irgendjemand.

Viele dieser Geschichten sind keine Monologe. Vielleicht stellen Sie fest, dass Sie in Ihren Meditationssitzungen in ziemlich intensive Dialoge verwickelt werden können. Solche Gespräche können Wiederholungen von realen Unterhaltungen sein mit unterschiedlichen Optionen oder Resultaten, oder es können völlig neue Schöpfungen sein, die auf früheren basieren. Es können auch Debatten sein oder einfach nur Geplauder.

In den Meditationstagebüchern, die ich bekomme, berichten Leute manchmal von Unterhaltungen mit mir. In dem Wissen, dass ich ihre Tagebücher lese, sprechen sie darin direkt zu mir und beginnen einen Dialog beim Schreiben. Anstatt diese Beziehung, die hier zwischen einem Schüler/einer Schülerin und mir hergestellt wird, zu ignorieren, möchte ich lieber darüber sprechen. Die Geschichte über Ihre Beziehung zu Ihrem Lehrer ist wichtig, und ich glaube, dass man sie bei dem Prozess, den ich das *Verlernen von Meditation* nenne, anschauen muss.

Realität und Fantasie

Das führt mich zum weiten Feld der Realität und Fantasie in unseren Geschichten. Wenn schon unsere realen Geschichten in der Meditation als Zeitverschwendung betrachtet werden, dann müssen Fantasien ja eine noch größere Zeitverschwendung sein. Es fällt Meditationsschüler(n)/innen in der Regel viel schwerer, eine Fantasie in ihren Meditationssitzungen zu tolerieren, als die innere Beschäftigung mit einem realen vergangenen Ereignis.

Ich vermeide im Allgemeinen lieber das Wort „Fantasie“, wenn ich über imaginierte Szenarien spreche, die in Meditationssitzungen auftauchen, denn Fantasien werden in den meisten meditativen Traditionen abgewertet.

In der westlichen Psychologie ist es hingegen seit jeher Tradition, dass man sich seine Fantasien anschaut, um zu sehen, was sie über uns aussagen – ob sie nun auf wahren Ereignissen beruhen oder unserer Vorstellung entspringen. Unsere Vorstellungen sind oft genau jene Geschichten, die unsere Unzufriedenheit mit uns selbst und anderen aufrechterhalten – sie sind die innere Last, die wir mit uns herumschleppen. Sie dienen uns als Grundlage für unsere Träume und Erwartungen, und wenn wir sie nicht genauer untersuchen, folgen wir oft den Zukunftsszenarien, die wir uns zusammengereimt haben. Wir können sie nicht einfach beseitigen, indem wir versuchen, unseren Geist daran zu hindern, in die Vergangenheit oder Zukunft abzudriften. Diese Geschichten gehen oft zu tief, um sie durch eine vorübergehende Vermeidungsstrategie zum Schweigen zu bringen.

Meditation eignet sich perfekt dazu, mit unseren „Geschichten“ zu sitzen und sie besser kennenzulernen. Sie werden oft hochkommen, warum sie also nicht einfach einladen? Indem wir sie zunehmend tolerieren und bei diesem Prozess des Kennenlernens geduldig sind, stellen wir vielleicht fest, dass das gar keine so schlechte Art ist, einen Teil der Meditationssitzung zu verbringen. Und es ist durchaus möglich, dass wir es nun, da wir ernsthaftes Interesse für sie aufbringen, als nützliche und wertvolle Praxis empfinden, sie zu erforschen.

Welcher Geschichte sollen wir folgen?

Wenn wir mit einer jener Techniken meditieren, die Denken nicht zulassen, stellt sich nicht die Frage, welcher Geschichte man folgen sollte. Doch wenn wir uns erlauben, während unserer Sitzungen über Dinge nachzudenken, hätten wir vielleicht gerne ein paar Kriterien im Hinblick darauf, welchen Geschichten wir Aufmerksamkeit schenken sollten und welche wir außen vor lassen können. Das muss durch Versuch und Irrtum gelernt werden, indem wir ein Risiko eingehen und einer Geschichte nachgehen, um zu sehen, wohin sie uns führt. Eine der besten Möglichkeiten zu entscheiden, welcher man Aufmerksamkeit schenken sollte, ist meiner Meinung nach, sich von der Geschichte auswählen zu lassen. Das heißt, einfach dem zu folgen, was in besonderem Maße Ihr Interesse erregt. Oft sind das sich wiederholende Gedanken und Gefühle, die sie Ihrer Meinung nach zur Genüge angeschaut, ausreichend besprochen oder vollkommen verarbeitet haben. Die traurige Wahrheit ist aber, dass nichts wirklich vollkommen verarbeitet wird, und dass diese Themen gerne während der Meditation auftauchen. Anfangs werden Sie also, wenn ein solches Thema in einer Sitzung hochkommt, sich ihm vielleicht widersetzen und versuchen, Ihre Aufmerksamkeit auf etwas anderes zu lenken. Wenn Sie dann feststellen, dass das nicht funktioniert, können Sie zunächst einfach Ihr Gefühl, das Thema meiden zu wollen, wahrnehmen. Sie müssen nicht tiefer einsteigen. Tatsächlich wird Ihnen durch das Wahrnehmen der Gefühle, die dieses Thema in Ihnen auslöst, die Geschichte bewusst, die Sie sich erzählen, um das Thema zu meiden. Vielleicht lautet sie, dass Sie das Thema bereits ausreichend bearbeitet haben oder dass Sie bezüglich des Themas zu einer anderen Meinung gelangt sind, beispielsweise der, dass es zu banal ist und keine weitere Aufmerksamkeit verdient. Bei dem, was Sie sich erzählen, geht es manchmal auch um Angst oder Scham. Wenn Sie sich dann eine Weile mit den Geschichten und Ausflüchten auseinandergesetzt haben, die Sie davon abhalten, sich dem wiederholt auftauchenden Thema zu widmen, stellen Sie vielleicht fest, dass Sie ohne großen Widerstand in das Thema einsteigen können, wenn es wieder auftaucht.

Wir sind gewöhnlich der Ansicht, dass uns ein banaler oder alltäglicher Gedankengang – wie beispielsweise eine Liste machen, eine Unterhaltung Revue passieren lassen, etwas organisieren oder über ein zukünftiges Ereignis nachdenken – nicht viel lehren kann. Da uns solche Dinge nicht interessant genug erscheinen, übergehen wir sie gewöhnlich, indem wir solche Gedankengänge in der Meditation abbrechen. Aber ich möchte

Sie dazu ermutigen, sie genauer zu untersuchen. Was zunächst banal erscheint (was einfach nur ein Urteil über etwas ist, von dem man nicht viel weiß), kann sich in einen Gedankengang verwandeln, der zu einer tiefen Einsicht führt.

Im Allgemeinen empfehle ich, die Themen spontan während der Meditation hochkommen zu lassen, anstatt bestimmte Themen in die Sitzung mitzubringen, um sie anzuschauen. Aber gelegentlich haben mir Leute erzählt, dass einige der wichtigsten Themen ihres Lebens nie während einer Meditationssitzung hochkommen. Sobald sie sich hinsetzen, beschäftigt sich ihr Geist mit etwas anderem oder wird still und die Dinge, die in ihrem Leben wirklich wichtig sind, tauchen nicht auf. Wenn das bei Ihnen über einen längeren Zeitraum so ist, könnte es hilfreich sein, damit zu experimentieren, mit einem Thema in die Sitzungen hineinzugehen. Am effektivsten ist es natürlich, sich genau dann zum Meditieren hinzusetzen, wenn man gerade innerlich mit dem betreffenden Thema beschäftigt ist. Das könnte bedeuten, dass Sie zu einer ungewöhnlichen Zeit oder in ungewohnter Umgebung meditieren oder andere Dinge unterbrechen müssen, die Sie gerade taten. Vielleicht sind Sie beispielsweise mit jemandem in Streit geraten und möchten über Ihre Gefühle meditieren. Oder Ihnen wird in Bezug auf ein unerwünschtes Verhalten etwas bewusst und Sie haben das Gefühl, es im Augenblick deutlicher wahrzunehmen, so dass jetzt der perfekte Zeitpunkt wäre, um damit „zu sitzen".

Was uns die Erinnerung erzählt

Ich habe im Lauf der Jahre viele Meinungen zur Praxis der Rückschau auf Meditationssitzungen gehört, der Praxis also, im Nachhinein über die Sitzung zu sprechen und ihren Verlauf in einem Tagebuch festzuhalten. Einer der Haupteinwände gegen diese Praxis bezieht sich auf die „Genauigkeit" der Wiedergabe von Erfahrungen. Einige Leute neigen zu dem Pauschalurteil, dass meditative Erfahrungen (oder Erfahrungen generell) nicht exakt mit Worten ausgedrückt werden können. Manche gehen ins andere Extrem und vertreten den Standpunkt, dass die Sprache, die wir zur Beschreibung einer Erfahrung benutzen, diese perfekt beschreiben kann.

Ein Extrem legt den Schwerpunkt auf die Wahrheit und Realität von Worten und Ideen, während das andere die Wahrheit der Erfahrung in den Vordergrund stellt. Die meisten meditativen Lehren werden die Sichtweise der „Wahrheit der Erfahrung" vertreten, während sie gleichzeitig großes Gewicht auf die Wahrheit ihrer Worte und Ideen legen. Wenn ich also mit einem Schüler spreche, der argumentiert, dass all dieses Erinnern und Aufzeichnen weit von der Erfahrung entfernt sei, stimme ich vorbehaltlos zu. Aber nachdem ich zustimmend mit dem Kopf genickt habe, erwidere ich gewöhnlich, dass wir unsere Erfahrungen sowieso in Worte fassen, und dass die Sprache, die wir dabei im Allgemeinen benutzen, vielleicht noch weiter von den Erfahrungen, die sie beschreiben soll, entfernt ist als das, was wir in unserem Tagebuch niederschreiben. Längere, beschreibende Sätze und Formulierungen liefern mehr Informationen als einzelne Begriffe. Natürlich kann die Beschreibung einer Erfahrung nicht absolut exakt sein. Tatsache ist aber, dass wir die Erfahrung entweder völlig vergessen werden, wenn wir sie nicht beschreiben oder dass wir ihr der Form halber ein Etikett aufdrücken – was uns in beiden Fällen mit einer unzulänglichen Geschichte über die Erfahrung zurücklässt.

Bedenken Sie also bitte, dass Sie, wenn Sie sich die Erfahrung ins Gedächtnis rufen und in Ihren eigenen Worten wiedergeben, tatsächlich weniger von der Erfahrung entfernt sind.

Der Prozess des Tagebuchschreibens bringt seine eigenen Probleme mit sich. Er kann dazu führen, dass Sie Ihre Erfahrungen ausufernd kommentieren und das, was Sie aufschreiben wollen, immer wieder umformulieren. Manche Leute schreiben also ihre Gedanken über das Tagebuchschreiben auf und „verfluchen" mich gelegentlich dafür, dass ich ihnen die Aufgabe gestellt habe, über ihre Sitzungen zu schreiben. So sehr ich mir auch wünsche, dass die Leute diesen Nebeneffekt tolerieren können, so verstehe ich auch durchaus, wenn er sie stört und die Sitzungen zu beherrschen beginnt. Um diese unerwünschte Nebenwirkung abzumildern, könnten Sie vor oder während der Sitzung beschließen, hinterher nicht Tagebuch zu führen. Aber nach der Sitzung können Sie dann einfach Ihr Tagebuch aufschlagen und anfangen zu schreiben oder aber bei Ihrer Entscheidung bleiben und nicht über diese Sitzung schreiben. Ich empfehle auch gar nicht, jede Sitzung schriftlich festzuhalten; Sie können es hin und wieder tun.

Ich werde oft gefragt: „Was kann ich mit meinem Tagebuch anfangen?" Ein Tagebuch zu führen ermöglicht es uns, auf einen bestimmten Zeitraum der Meditationspraxis zurückzuschauen, um entweder einen Überblick über den eigenen Prozess zu bekommen oder um sich darauf vorzubereiten, mit einem Lehrer über die Sitzungen zu sprechen. Wenn Meditierende kein Tagebuch führen, können sich ihre Sitzungen zu einem verschwommenen Durcheinander vermischen, wobei vielleicht eine einzelne Schlüsselerfahrung herausragt. Und dann passiert es häufig, dass sich die Leute nur an bestimmte, besondere Erfahrungen erinnern und fast alles andere vergessen, was sie in ihrer Meditationspraxis erlebt oder durchgemacht haben. Es ist dann schwierig, etwas aus den vergangenen Sitzungen zu lernen. Ein Tagebuch zur Hand zu haben, hilft dem Gedächtnis auf die Sprünge und wird Sie gelegentlich veranlassen, unmittelbar über Ihre Meditationssitzung zu reflektieren.

Ihr Tagebuch kann auch nützlich sein, um sich auf Gespräche mit dem Lehrer vorzubereiten. Sie haben damit ein Dokument in der Hand, auf das Sie sich während des Gesprächs beziehen können. Wenn Sie dann über die Sitzung berichten – entweder, indem Sie den entsprechenden Tagebucheintrag vorlesen, oder gelegentlich einen Blick darauf werfen, um Ihrem Gedächtnis auf die Sprünge zu helfen – werden Sie sich oft noch an weitere Einzelheiten aus der Sitzung erinnern. Und wenn der Lehrer dann Fragen stellt, kann es sein, dass Dinge, die an der Peripherie Ihres Bewusstseins blieben und nicht den Weg ins Tagebuch fanden, während des Gesprächs ans Licht kommen. Die Sitzung wird bereichert, und Sie können aus dieser Reflexion häufig etwas über sich selbst und den meditativen Prozess lernen. Die Ergebnisse dieses Nachforschens können in spätere Sitzungen einfließen.

8

Qualitäten

Manche Qualitäten werden eher durch das Verlernen von Meditation entwickelt als durch andere, traditionellere Praktiken. Meditation zu verlernen kann für manche Leute tatsächlich eine gute Möglichkeit sein, sich auf eine Weise zu verändern, die sie anerkennen und schätzen – allerdings nicht unbedingt auf eine von ihnen beabsichtigte Weise.

Die geistigen Qualitäten, die man beim Verlernen von Meditation entwickelt, sind nicht unbedingt die gleichen wie beim Praktizieren von Vipassana, Zen oder tibetischen Meditationsmethoden. Jemand, der die verschiedenen buddhistischen Schulen und Richtungen und ihre Methoden untersucht hat, würde wahrscheinlich bestätigen, dass sich die Qualität der Achtsamkeit, die bei der Mahasi-Methode entwickelt wird, von der geistigen Weite des Dzogchen unterscheidet, dass das Erkennen der Bedeutung eines Koans nicht mit der Erforschung des Wesens der Gedanken, Gefühle, Wahrnehmungen und Empfindungen zu vergleichen ist; und dass es einen Unterschied gibt zwischen dem Beobachten jedes Ein- und Ausatmens und der fokussierten Aufmerksamkeit, wenn man sich auf eine Körperempfindung konzentriert und den Assoziationen folgt, die einem dazu in den Sinn kommen.

Bevor Sie weiterlesen, könnten Sie sich die Frage stellen, welche Qualitäten (oder Fähigkeiten) Sie durch die bisher von Ihnen praktizierten verschiedenen Methoden entwickelt haben. Das Verlernen von Meditation wird sie Ihnen nicht nehmen, sondern Ihnen eher helfen, sie zusammen mit anderen Qualitäten weiterzuentwickeln. Wenn Sie also Ihre Konzentrationsfähigkeit durch das Beobachten des Atems geschult haben, werden Sie diese hart erarbeitete Fähigkeit nicht verlieren, indem Sie *Meditation verlernen*. Sie werden aber über diese Art der Konzentration etwas lernen, das Ihnen zeigt, dass sie in manchen Situationen von Vorteil ist, in anderen dagegen nicht. Indem Sie sie genauer untersuchen, werden Sie die Einschränkungen und Nachteile dieser Art der Konzentration sowie ihre Stärken erkennen. Dasselbe gilt für die Achtsamkeit, die Sie vielleicht entwickelt haben, für das Bemühen und die Disziplin, die Sie aufgebracht haben und die Einsichten, die Sie hatten. Im Rahmen der unterschiedlichen Methoden, die Sie praktizierten, wurden diese Qualitäten auf eine bestimmte Weise entwickelt. Ich hoffe, dass Sie es angenehm, positiv und erbaulich finden können, diesen Qualitäten weitere hinzuzufügen, die sich dann wie neue Zutaten in einem Lieblingsrezept entfalten könnten.

Ihre Erfahrungen zulassen

Bei den meisten Meditationsmethoden werden die Leute dazu angeleitet, den Geist zur Ruhe zu bringen, bevor sie sich mit intensiven Emotionen auseinandersetzen. Die innere Ruhe erlaubt ihnen dann, ihre Gefühle zuzulassen. Aber wenn sie dahin kommen, ist das intensive emotionale Material nicht mehr intensiv. Es ist abgeschwächt, fern, flüchtig. Wer sich in diesem Zustand befindet, ist im Allgemeinen recht zufrieden damit, die intensiven Emotionen nicht mehr fühlen zu müssen. Die Praxis wird dann zu einem Weg, emotionale Intensität hinter sich zu lassen und in einen Zustand der inneren Ruhe zu gelangen, anstatt die Gefühle anzuschauen. Die geistige Qualität, die hier entwickelt wird, ist „Gleichmut".

Viele Leute meditieren, um genau in diesen Zustand der Ruhe und Gelassenheit zu gelangen, was ist also verkehrt daran? Nichts, wenn die Absicht oder das Ziel darin besteht, ruhig zu werden und keine Gefühle zu erleben. Aber wenn man etwas über intensive Gefühle lernen will, damit man nicht mehr so sehr davon beherrscht wird, dann ist es doch sicher nicht ganz richtig, sich stets auf eine Qualität zu verlassen, die es einem unmöglich macht, solche Gefühle anzuschauen. Wenn es notwendig ist, ruhig zu werden, um intensive Gefühle tolerieren zu können, kann das dazu führen, dass man die innere Auseinandersetzung mit solchen Gefühlen aufschiebt. Es könnte sogar die Vorstellung begünstigen, dass es unnötig ist, sich mit solchen Gefühlen auseinanderzusetzen, solange man sie mit Hilfe der Meditation besänftigen kann. Die harte Realität ist jedoch, dass intensive Gefühle immer wieder plötzlich auftauchen – manchmal, wenn man am wenigsten darauf gefasst ist –, und dann könnten Sie vielleicht feststellen, dass die Techniken, die funktionierten, wenn es darum ging, ruhig zu werden, nicht immer funktionieren.

Der Weg, mit einer Erfahrung *zu sein* – so wie sie ist – setzt voraus, dass wir eine größere Toleranz für solche Erfahrungen entwickeln. Es ist in der Meditation anfangs nicht unser Ziel, intensive, unannehmbare Gedanken und Gefühle auszuhalten. Anfangs wollen wir sie unter Kontrolle bringen oder loswerden. Das ist verständlich. Und wenn uns bestimmte Techniken dabei helfen, dann probieren wir sie natürlich aus. Aber diese Techniken machen uns vielleicht nur ruhig, anstatt uns zu helfen, genügend Toleranz für schwierige Gefühle zu entwickeln.

Das Entwickeln von Toleranz ist ein allmählicher Prozess. Man kann es nicht erzwingen. Wenn Sie sich dazu zwingen, etwas zu ertragen, was Sie Ihrer Meinung nach aushalten können müssen, wie beispielsweise Schmerzen in den Knien während der Meditation, führt das oft zu einem Kampf gegen den Schmerz und zur Wut darüber. Dasselbe gilt für den Versuch, Gefühle wie Angst, Wut oder Trauer auszuhalten. Diesen schwer zu ertragenden Erfahrungen müssen wir uns behutsam nähern, nicht mit Gewalt. Wir müssen Geduld mit uns haben und sollten uns nicht unter Druck fühlen, durch diese schwierigen Dinge hindurchzugehen.

Viele von Ihnen, die schon seit längerer Zeit meditieren, stellen vielleicht fest, dass eine kleine Veränderung im Umgang mit Ihren Gedanken und Gefühlen während Ihrer Sitzungen es ihnen leichter macht, sie mehr zu tolerieren. Diejenigen unter Ihnen, die mit den Anleitungen in diesem Buch zu meditieren begannen, merken vielleicht, dass sie innerlich bereits „umgeschaltet“ haben, ohne besonders darüber nachdenken zu müssen.

Hier einige Tagebucheintragungen von einem Langzeit-Meditierenden, der an einem meiner Retreats teilnahm:

> ERSTE SITZUNG: Ich bemerkte heute eine Veränderung in meiner Praxis, denn ich konzentrierte mich weniger auf den Atem und fing an, andere Dinge wahrzunehmen, die in meinem Körper vor sich gingen. Ich nahm eine Art permanentes Klingeln wahr, das sich wie ein Geräusch von außen anhörte, aber aus dem Inneren meines Gehirns zu kommen schien – zwischen den Ohren. Mir ist kürzlich bewusst geworden, dass ich dazu neige, meinen inneren Dialog zu stoppen, indem ich ihn mitten in einem Satz abbreche, um zu dem zurückzukehren, was ich für einen meditativen Zustand halte. Heute hatte ich die Absicht, mir dessen vor der Meditation bewusster zu werden und das Resultat war, dass ich das Gefühl hatte, mehr zulassen zu können. Ich bemerkte, dass ich dazu neige, einen Gedanken zu stoppen, wenn ich sowieso fast damit „durch“ bin, also lasse ich die Gedanken nun eher vollständig zu. Ich habe anscheinend immer eine Menge erotischer Gedanken oder Vorstellungen, innere Bilder von nackten Freundinnen, die auftauchen und wieder verschwinden. Auch diese ließ ich zu. Gegen Ende der Meditation schien alles recht friedlich zu werden, und die Abstände zwischen den Gedanken wurden größer. Ein subtiles Gefühl von innerem Frieden und Freude breitete sich aus und ich wollte nach der halben Stunde gar nicht aufhören. Ich bemerkte, dass ich während der Meditation darüber nachdachte, was ich über die Sitzung schreiben würde, und ich glaube nicht, dass ich viel über die Dinge geschrieben habe, über die ich nachgedacht hatte.

ZWEITE SITZUNG: Die heutige Sitzung würde ich mit dem Wort „neutral" beschreiben, und es scheint, dass dieses Wort auch das allgemeine Gefühl beschreibt, das ich in letzter Zeit hatte. Es gab keine emotionalen „Ausschläge", es war ein Zustand von Ruhe und Frieden. Ich werde immer besser darin, meine Gedanken bis zum Ende zuzulassen und dann den Raum wahrzunehmen, der zwischen den Gedanken entsteht. Ich mache während der Sitzung eine Menge Pläne, doch hinterher werden die Pläne nicht in die Tat umgesetzt und deshalb frage ich mich, warum ich beim Meditieren so oft plane. Es fühlt sich gut an, dazusitzen und nichts zu tun, denn es ist die Zeit im Tagesablauf, wo keine Forderungen an mich gestellt werden: Ich muss nichts Bestimmtes tun oder sein. Ich bin sehr geduldig im Hinblick auf das Tempo, in welchem sich die Dinge verändern – was oft sehr langsam zu geschehen scheint.

In diesen Sitzungen hat der Meditierende nicht nur wahrgenommen, wie er seine Gedanken stoppte, was Teil seiner früheren Meditationspraxis war, sondern er lernt auch, die Gedanken bis zum Ende zuzulassen. Grundsätzlich trägt das Abbrechen der Gedanken mitten im Satz nicht dazu bei, mehr Offenheit für das Denken in der Meditation zu entwickeln, sondern eher zum Gegenteil. Indem er Zukunftspläne und sexuelle Fantasien in seinen Sitzungen zulässt, stellt er fest, dass sie einfach ihren Lauf nehmen, ihn aber nicht für den Rest der Sitzung in Anspruch nehmen, wie man befürchten könnte. Sein Geist beschäftigt sich dann auch wieder mit anderen Dingen oder gelangt in einen anderen Zustand. In diesem Prozess entwickelt er auch andere Qualitäten, beispielsweise Geduld mit sich selbst und dem Tempo seiner Meditation sowie das Interesse, seinen planenden Geist zu verstehen, anstatt nach Möglichkeiten zu suchen, ihn zum Schweigen zu bringen.

Natürlich gibt es auch „höllische Sitzungen", die ungleich schwerer zu ertragen sind, als die oben beschriebene. Mein Rat in solchen Fällen: Wenn Sie sich von einem Gefühl, einem Szenario oder inneren Bild, bestimmten Gedanken oder einer Erinnerung überfordert oder überwältigt fühlen, dann zwingen Sie sich nicht, dabei zu bleiben. Bleiben Sie so lange dabei, bis Sie es nicht mehr aushalten und lenken Sie Ihre Aufmerksamkeit dann auf etwas, das Sie erdet, wie beispielsweise die Stelle, wo sich Ihre Hände berühren oder den Atem oder irgendetwas, das Ihnen in solchen Momenten schon als Anker gedient hat. Erden Sie sich für eine Weile, und wenn die Gefühle, Gedanken oder Erinnerungen zurückkehren, setzen Sie sich wieder mit ihnen auseinander. Vielleicht müssen Sie in der Sitzung immer wieder ein- und aussteigen, bis Sie feststellen, dass Sie diese intensiven inneren Erlebnisse besser tolerieren können und demzufolge weniger das Bedürfnis haben, Ihre Aufmerksamkeit auf einen „Anker" zu richten (auf etwas, das Sie erdet).

Im Laufe der Zeit sind Sie dann vielleicht nicht nur in der Lage, solche „grauenhaften" und „turbulenten" Meditationsphasen auszuhalten, sondern beginnen möglicherweise auch zu verstehen, wodurch sie aufrechterhalten werden, wie im folgenden Tagebucheintrag beschrieben. Er stammt von einem anderen Meditierenden, der früher eine Praxis ausübte, bei der man emotionale Erfahrungen benennt und sich dann davon distanziert. Nachdem er einige Jahre intensiv mit mir gearbeitet hatte, verlor er seine innere Distanz und die Kontrolle über solche intensiven Erfahrungen. Er lässt sich nun darauf ein und kann sie in hohem Maße tolerieren.

> In den letzten Tagen habe ich nicht meditiert. Nach ein paar richtig guten Tagen mit meiner Freundin hatten wir einen Streit. Ich weiß noch nicht einmal genau, worum es eigentlich ging. Ich fühlte mich herabgesetzt, nicht gut genug. Alte Gespenster. Meditierte an dem Abend, als es passierte, weil ich nicht schlafen konnte. Hatte die Nacht zuvor auch schlecht geschlafen. Ich wartete, bis sie gegangen war und setzte mich dann zum Meditieren hin. Der Körper ist in Aufruhr, mein Herz klopft, mir dreht sich der Magen um, ich will eigentlich nicht meditieren. Anfangs Gedanken über den Streit, er läuft innerlich noch einmal ab, sie sagt, ich gäbe mich mit zu wenig zufrieden, ich nähme es hin, schlecht behandelt zu werden, weil ich

an meinem Job festhalte (sie ist eine Kollegin), ein Gedanke jagt den nächsten. Ein bisschen Wut kommt hoch, aber hauptsächlich Trauer und Angst. Bin mit den Gedanken wieder beim Streit: Vielleicht hat sie ja recht, was ich mitten in der Auseinandersetzung auch sagte; vielleicht gebe ich mich mit zu wenig zufrieden und lasse mir zu viel gefallen, vielleicht werde ich mich nie ändern –, so dass sie an mir zweifelt und sich fragt, ob sie mit so jemandem zusammen sein will. Schmerzliche Gedanken an sie am Morgen –, als sie mir sagte, ich solle gehen, ich hätte ihr das Herz gebrochen. Fühle mich körperlich wirklich schlecht, will aufstehen, im Darm rumort es, ich hoffe, dass ich gleich zur Toilette muss. Denke auch daran, dass ich heute mehr meditieren werde. Andere, weniger intensive Gedanken an andere Dinge, die ich heute tun werde, die erledigt werden müssen. Beschließe, eine halbe Stunde zu sitzen, wie ich es mir vorgenommen habe. Gehe in Gedanken eine Liste von Dingen durch, die heute getan werden müssen. Öffne die Augen und schaue mich um, schaue auf die Uhr und sitze für die restlichen 10 Minuten; bin ein bisschen ruhiger, aber immer noch aufgewühlt.

Nach einer Auseinandersetzung, einer Enttäuschung, einem Angstzustand oder irgendeinem anderen Ereignis, das uns aus dem Gleichgewicht gebracht hat, zu meditieren, kann als Heilungs- und Lernprozess sehr hilfreich sein, wenn wir genügend Toleranz entwickeln können, um mit den auftauchenden Gedanken und Gefühlen zu *sein*. Wie das oben beschriebene Szenario zeigte, wurde der Meditierende gegen Ende der Sitzung ruhiger, weil er die intensiven Gefühle aushielt und nicht versuchte, sie zu kontrollieren oder loszuwerden. Wie vieles, auf das ich in diesem Buch hinweise, steht dieses Muster im Gegensatz zu jenem, das oft als korrekte Meditationspraxis propagiert wird. Seine innere Ruhe folgt auf einen Gefühlssturm – es geht nicht darum, einen ruhigen Unterschlupf zu schaffen, um dem Sturm auszuweichen.

Innere Qualitäten sind miteinander verknüpft. Die Fähigkeit zur Akzeptanz entwickelt sich nicht ohne andere, unterstützende Qualitäten, welche wiederum von ihr unterstützt werden. In den nächsten beiden Szenerien werde ich näher auf zwei weitere Qualitäten eingehen, die man beim Verlernen von Meditation entwickelt: Freundlichkeit und Interesse.

Freundlichkeit

Ich betrachte Freundlichkeit als wichtige Qualität beim Verlernen von Meditation. Es geht hauptsächlich darum, behutsam und freundlich auf die eigene Härte, Gereiztheit, Wut und Ungeduld zu antworten, wenn solche Gefühle da sind. In diesem Sinne ist das zunächst eine Absicht, denn Sie erinnern sich daran, sanft und freundlich mit den belastenden Gefühlen, den selbstkritischen inneren Stimmen oder den Aufmerksamkeit heischenden Gedanken umzugehen. Nach einer Weile kann sich in Ihnen eine freundliche Haltung entwickeln, ohne dass Sie sich daran erinnern müssen, und wie viele solcher Qualitäten, die wir wachrufen oder in der Meditation üben, kann sie dann auch in Situationen auftauchen, wo wir sie am wenigsten erwarten und wo sie am dringendsten gebraucht wird.

Wir alle wissen, wie sich Freundlichkeit anfühlt, selbst wenn wir in der Kindheit nicht viel davon zu spüren bekamen oder wenn wir traumatische Erlebnisse hatten, die die weichere Seite des Menschseins verdeckten. Freundlichkeit bedeutet, sanft und fürsorglich zu sein, wenn ein anderer Mensch verletzt ist oder leidet. Es bedeutet, zugewandt und verständnisvoll mit jemandem umzugehen. Das spiegelt sich nicht nur in einer sanften Stimme wider, sondern auch in einem sanften, behutsamen Verhalten, das die freundliche Person vertrauenswürdig erscheinen lässt.

Indem wir unsere Gedanken und Gefühle in der Meditation weder stoppen noch unterdrücken, ebnen wir den Weg für einen freundlichen, behutsamen Umgang mit unserer Erfahrung. Wenn Gedankengänge absichtlich abgeschnitten werden, ist das oft ein verletzender Akt. Wird es aggressiv getan oder auch nur mit minimalem Zwang, unterstützt und fördert es die Tendenz, Gedanken eher loswerden, anstatt näher kennenlernen und verstehen zu wollen. Inwieweit wir in der Lage sind, die eigenen Gedanken und Gefühle kennenzulernen, hängt von unserer Fähigkeit ab, bei ihnen zu bleiben, und die hängt wiederum von unserer Fähigkeit ab, sie da sein zu lassen. Wenn wir unsere Erfahrung freundlich im Gewahrsein halten, kommen und gehen Gedanken in ihrem eigenen Rhythmus. Wir kultivieren Freundlichkeit, nicht die angstbesetzte Getriebenheit durch innere Kräfte, welche wir nicht kontrollieren können.

Wie Sie sehen können, besteht im Hinblick auf Ihre Erfahrung ein Zusammenhang zwischen Freundlichkeit und den Qualitäten Toleranz und Interesse, jenen anderen beiden Eigenschaften, mit denen wir uns in diesem Kapitel beschäftigen. Freundlichkeit stellt eine emotionale Verbindung zwischen ihnen her. Ohne eine freundliche Haltung beim Erforschen Ihrer Erfahrung könnten Sie aus einer inneren Getriebenheit nach Antworten und Resultaten suchen und Schlussfolgerungen ziehen, die Sie dann gegen sich wenden. Man kann Gefühle, Schmerz, unerwünschte mentale Zustände und Ähnliches mit einer Krieger-Mentalität aushalten, wobei das Aushalten von Schmerz bis an die eigenen Grenzen ein Kriterium der Selbstüberwindung ist. Bleibt man andererseits mit Freundlichkeit bei schmerzhaften Dingen, das heißt, antwortet man freundlich auf die eigenen Reaktionen auf den Schmerz und das, was er mit sich bringt, fühlt es sich eher an, als würde man den Schmerz umarmen und Trost spenden, anstatt die eigenen Reaktionen und Gefühle starr unter Kontrolle zu halten.

Das Interesse an Ihren Erfahrungen

Wie viel im Zusammenhang mit einer meditativen Praxis auch über Erkenntnis, Verstehen, Weisheit, Wissen und das Erforschen von Erfahrungen gesprochen wird – die simple Qualität, die all dem zugrunde liegt, wird dabei selten thematisiert. Meditationslehrer und Traditionen mögen unterschiedliche Ansichten darüber haben, was diese grundlegende Qualität ist, aber ich wage zu behaupten, dass wir durch unser *Interesse* an unseren Erfahrungen zu Einsichten, Verständnis und Weisheit im Hinblick auf diese Erfahrungen gelangen. Das steht natürlich im Gegensatz zu der Vorstellung, dass man nur eine erleuchtende Erfahrung (mit den entsprechenden Erkenntnissen) haben müsse und dann alles klar sei – dass es daher nicht notwendig sei, seine Zeit damit zu verschwenden, banale und inakzeptable Erfahrungen anzuschauen. Meiner Meinung nach ist das Gegenteil der Fall: Indem wir unsere banalen und inakzeptablen Erfahrungen mit Offenheit und Interesse betrachten, werden Einsichten und tieferes Verstehen möglich.

Bevor Sie aber Ihre banalen und unerwünschten Erfahrungen mit Interesse, Staunen und Neugier betrachten können, müssen Sie sich vielleicht zunächst einfach den Aspekten Ihrer Meditationspraxis zuwenden, zu denen es Sie hinzieht. Ich möchte Sie nicht ermutigen, Interesse an Dingen vorzutäuschen, die Sie nicht wirklich interessieren. Es ist effektiver mit den Dingen zu beginnen, zu denen Sie sich ganz von selbst hingezogen fühlen, wie in den Meditationssitzungen einer Frau beschrieben, die seit einigen Jahren nach dieser Methode meditiert.

> ERSTE SITZUNG: Irgendwann richtete sich meine Aufmerksamkeit auf meine Augen … sie waren angespannt, wie immer, wenn ich denke. Als meine Aufmerksamkeit auf sie gerichtet war, löste sich die Spannung etwas. Mein ganzes Gesicht wurde weicher. Dann drangen Geräusche durchs Fenster und meine Aufmerksamkeit sprang dorthin, weil die Geräusche nicht eindeutig zu identifizieren waren. Es war, als würde ich interessiert beobachten, wie der Wahrnehmungsprozess einsetzte. Es war ein tiefes, dröhnendes Geräusch. Ich bemühte mich nicht, es zu identifizieren. Ich ließ es einfach langsam in mein Bewusstsein dringen, und das dauerte ein paar Minuten.

> ZWEITE SITZUNG: Am Anfang war da ein Wust aus unterschiedlichen Dingen, die passiert waren. Aber während ich beobachtete

> oder mich erinnerte, zog sich wie ein roter Faden die ganze Zeit eine Frage durch die Sitzung: „Wie kann ich das wissen?“ Etwas tauchte auf, mein Verstand packte es in eine Geschichte, aber fast unmittelbar stellte ich die Erfahrung infrage oder zumindest das „Etikett“ oder die Ansicht. Ich kann mich nicht an alles erinnern und es ist jetzt schwer in Worte zu fassen, aber folgende Erfahrung könnte als Beispiel dienen: Ich spüre einen Druck auf der Brust, den ich eine Weile beobachte. Ich denke: „Druck auf der Brust“, aber sofort ist da dieses „Vielleicht-auch-nicht“-Gefühl. Ich nähere mich dem Druckgefühl von einer anderen Ebene und spüre, dass es vielleicht „Freude“ ist. Ich denke: „Das ist Freude“, aber dann meldet sich wieder dieses „Vielleicht-auch-nicht“-Gefühl. Ich gehe tiefer hinein und denke: „Das ist meine Energie“ und dann noch tiefer und denke: „Das ist das Gefühl, lebendig zu sein“. All das spielte sich in sehr kurzer Zeit ab, und es waren nicht unbedingt Gedanken. Aber zum Schluss bleibt nur das Gefühl oder die Empfindung, ohne Etikett oder eine Ahnung, was es ist oder wer es ist, einfach nur die Empfindung … und dann ging es weiter. Ich erinnere mich, dass ich es wie einen Häutungsprozess empfand und am Ende sehr wenig Ichgefühl da war – nur die Empfindungen, die irgendeinen natürlichen Prozess der Bloßlegung durchlaufen hatten.

Die Meditierende beobachtete ihre Art, Erfahrungen zu benennen mit genügend Interesse, so dass sie anfing, die Benennungen infrage zu stellen. Normalerweise werden Meditierende angeleitet, die Beschaffenheit ihrer Empfindungen zu untersuchen oder zu beobachten, wie die Atemzüge kommen und gehen oder andere allgemeine Dinge, die damit zusammenhängen, aber nicht, sich die Benennungen oder Etiketten genauer anzuschauen, die sie zur Beschreibung von Erfahrungen benutzen. Wenn Sie beim Verlernen von Meditation aber Ihrem Interesse folgen, führt es Sie zu jedem Aspekt Ihrer Erfahrung, nicht nur zu einem Teilaspekt. Schließlich stellt der oder die Meditierende fest, dass ein interessanter Bereich die Neugier an verwandten Aspekten geweckt hat und geht so zu einem anderen Bereich weiter. An etwas interessiert zu sein ist normalerweise eine dynamischer Prozess, aber wir neigen dazu, unser Interesse zu kontrollieren, so als lauerten in der Erforschung neu hinzukommender Bereiche, die unsere Neugier wecken, irgendwelche Gefahren. Indem wir unserem Interesse erlauben, sich auf diese Weise auszudehnen und zu entwickeln, werden auch solche Aspekte unserer Erfahrung interessant, die uns zuvor nichtssagend oder langweilig erschienen.

Hier der Tagebucheintrag einer anderen Frau:

> Eine Menge Gedanken über Dinge, die ich heute vorhabe. Die Gedanken wandern ziellos. Dann eine Phase zielgerichteter Gedanken, ein Interesse: die Idee für ein Kunstobjekt. Verfolgte die Idee eine Weile, entwickelte sie weiter, visualisierte das Objekt.
>
> Irgendwann dachte ich an Frühstück – spürte, wie meine Energie „einhakte" bei der Vorstellung der Dinge, die ich essen wollte – ziemlich subtil und schnell, und dann fand genauso schnell und sanft eine innere Abkehr von dieser Energie des Wollens statt – einfach ein Abwenden, vielleicht mit einem Gedanken verbunden wie „Oh, ich muss dem jetzt nicht nachgehen." Ein subtiles, aber eindeutiges Gefühl, wie es ist, auf etwas zu verzichten, es einfach aufzugeben – eine Entspannung, ein Sich-Öffnen. Dann der Impuls, da näher heranzugehen … mehr von diesem Gefühl der Leichtigkeit erleben zu wollen … dann größeres Interesse, sich die andere Seite dieser Dynamik anzuschauen, das Gefühl der inneren Unruhe hinter dem Wollen. Blieb eine Weile dabei … eigentlich hatte ich dieses Gefühl zuerst wahrgenommen, bevor ich entschied, es anzuschauen.

Zu Beginn der Sitzung verfolgt die Meditierende die Idee für ein Kunstprojekt bis zum Ende, die ganz selbstverständlich ihr Interesse weckt, da sie ja Künstlerin ist. Aber wenn sie dann anfängt, ans Frühstück zu denken, eine vergleichsweise banale Angelegenheit, weckt die Wahrnehmung eines subtilen Verlangens ihr Interesse. Ihre erste Reaktion ist, die Gedanken an das Frühstück loszulassen, was zu einer Entspannung und

Öffnung in Bezug auf dieses Thema führt. Es fühlt sich leicht an, aber so sehr sie sich auch mehr von diesem Gefühl der Leichtigkeit wünscht, ihr Interesse an der anderen Seite der Erfahrung, nämlich dem Gefühl der inneren Unruhe, das hinter dem Wollen steckt, ist größer.

Die subtile Natur dieser Qualitäten

Qualitäten wie Akzeptanz, Freundlichkeit und Interesse sind vielleicht so subtil, dass sie in der Meditationspraxis weitgehend unbemerkt bleiben. Vielleicht werden sie deutlicher in Phasen, wo etwas, das normalerweise da wäre, wie beispielsweise das Gefühl, unter Druck zu stehen oder Druck auszuüben, abwesend ist. Möglicherweise realisieren Sie erst nach der Sitzung, dass Sie ein intensives Gefühl oder einen unangenehmen Gedankengang ausgehalten haben. Und vielleicht erkennen Sie noch nicht einmal besonders an, dass Sie etwas ausgehalten haben, was in der Vergangenheit schwer auszuhalten war, denn Sie haben dabei ja sehr wenig getan. Sie sind vielleicht nur etwas länger und mit größerer Akzeptanz und Geduld bei dieser Erfahrung geblieben.

Weil viele Meditierende gesagt bekommen, dass positive, heilsame Qualitäten sich in der Meditation bemerkbar machen, indem wir Praktiken ausüben, um sie zu generieren, wird den Qualitäten, die sich von selbst ergeben, weniger Aufmerksamkeit geschenkt. Wenn sich Freundlichkeit ganz von selbst einstellt, weil die Bedingungen dafür stimmen, fühlt sich das vielleicht eher so an, als würden wir im Hinblick auf unsere Erfahrung ein bisschen weicher – und nicht wie ein klar definierter Zustand der *Freundlichkeit*. Sie gehen vielleicht einfach sanft und entspannt mit sich selbst um und bezeichnen es gar nicht als Freundlichkeit. Oder Sie stellen plötzlich fest, dass ein altes Verhaltensmuster in einem Szenario während der Sitzung auftaucht, und anstatt ihm auszuweichen werden Sie neugierig darauf. Es mag Ihnen nun nicht unmittelbar in den Sinn kommen, dass die Qualität des Interesses entstanden ist, aber das spielt keine Rolle: Wir müssen diese subtilen Qualitäten nicht jedes Mal identifizieren, wenn sie auftauchen. Wir müssen einfach nur anerkennen, dass sich solche Qualitäten von Zeit zu Zeit in unseren Sitzungen bemerkbar machen und dass wir ihnen, indem wir sie kultivieren, erlauben, unsere Meditationspraxis zu beeinflussen.

TEIL II

Sackgassen, Blockaden und stille Räume

9

Sackgassen und Blockaden in der Meditation

Während ich hier sitze und diesen Abschnitt über „Sackgassen und Blockaden" schreibe, wandern meine Gedanken zum Schnee, der über Nacht draußen gefallen ist. Inzwischen liegt er 60 cm hoch und morgen soll noch mehr herunterkommen. In der Zwischenzeit muss ich mir überlegen, wie ich mein Auto aus den Schneemassen befreien kann. Soll ich mit der Schneeschaufel dran gehen? Denn ich habe nichts anderes. Oder soll ich jemanden anrufen, der es mit einem Schneepflug freiräumt? Das würde bedeuten, dass ich mit einem mir bis dahin unbekannten Menschen in Beziehung treten muss, und vorher wird meine Frau sicherlich Erkundigungen über alle Schneepflug-Dienste in der Stadt einholen wollen, indem sie bei ihren Freundinnen herumfragt. Sollte ich vielleicht zum Nachbarn hinübergehen und ihn bitten, mir seinen Schneebläser auszuleihen? Aber das könnte auch zu Verwicklungen führen. Was wäre, wenn ich mein Auto einfach unter den Schneemassen belassen und abwarten würde, bis der Schnee schmilzt? Das könnte allerdings Wochen dauern.

Während dieser Zeit wäre ich von anderen abhängig, um an Nahrungsmittel, Post und andere Dinge des täglichen Bedarfs zu kommen; und der Müll würde sich allmählich im Haus ansammeln. Glücklicherweise haben wir genügend Vorräte an Lebensmitteln, Feuerholz und anderen lebensnotwendigen Dingen, um gut eine Woche überleben zu können, aber wir müssten immer noch eine Lösung für die Post und den Müll finden. Und jetzt ist die Frage: Wie gehe ich mit der Sackgasse um, in der ich stecke?

Ich könnte einfach beschließen, mich überhaupt nicht mit dem Gedanken zu befassen, mein Auto aus den Schneemassen zu befreien und stattdessen meine Zeit darauf verwenden, an diesem Buch zu arbeiten. Es könnte durchaus ein Vorteil sein, dass ich zurzeit eingeschneit bin, weil ich mich dann aufs Schreiben konzentrieren kann. Aber wenn ich das Problem auf sich beruhen lasse und nichts tue, überlasse ich die Lösung Einflüssen, die außerhalb meines freien Willens liegen; ich verlasse mich vielleicht darauf, dass sich die Umstände mit der Zeit schon ändern werden und ich dann mein Auto wieder bewegen kann. Diese Herangehensweise setzt Geduld, eine gewisse Opferbereitschaft und das Vertrauen voraus, dass sich am Ende schon alles zum Guten wenden wird.

Nehmen wir einfach einmal an, dass das auch eine akzeptable Möglichkeit wäre, mit Sackgassen oder Blockaden in der Meditation umzugehen. Anstatt gegen die Erfahrung des Feststeckens anzukämpfen, lenken Sie Ihre Aufmerksamkeit auf etwas, das Sie tun können und das sowohl positiv als auch produktiv ist. Anstatt sich auf die schlechte Stimmung oder die wütenden Gedanken zu konzentrieren, kommen Sie nach ein paar Minuten, in denen Sie still sitzen, Ihre Aufmerksamkeit auf den Atem oder auf Gedanken der liebenden Güte oder einen Koan oder ein Mantra richten, in ein inneres Gleichgewicht. Sie lenken Ihre Aufmerksamkeit auf etwas, das Ihnen ermöglicht, Ihre Meditationszeit produktiv zu nutzen, anstatt sich auf etwas zu fixieren, das ganz offensichtlich zu viel Zeit und Mühe kosten und Ressourcen erfordern würde, die Sie im Moment nicht haben. Bei der schlechten Laune zu bleiben wäre etwa vergleichbar mit dem Ausgraben meines Autos mit einer Schneeschaufel, während die

Konzentration auf eine sinnvolle Meditationstechnik der Entscheidung entspräche, meine Zeit am besten zu nutzen, indem ich schreibe.

Doch sogar wenn ich die Tatsache ignoriere, dass ich mein Auto nicht bewegen kann, muss ich in naher Zukunft in dieser Angelegenheit etwas unternehmen. Im Lauf des Tages werde ich in regelmäßigen Abständen an mein Dilemma mit dem Auto erinnert – meistens, wenn ich eine Pause beim Schreiben mache und über Dinge nachdenke, die ich erledigen muss. Das Problem verschwindet nicht einfach dadurch, dass ich in etwas anderes vertieft bin. Wenn ich aus diesem Zustand auftauche, ist es wieder da.

In Kreisen von Meditierenden trifft man recht häufig auf die Vorstellung, dass man, wenn man beim Atem oder im gegenwärtigen Moment bleibt oder lange genug eine vorgeschriebene Technik ausübt, eine transzendente Erfahrung, eine Verwirklichung oder tiefgreifende Veränderung im eigenen Sein erleben wird. Diese Transformation soll dann angeblich die verschiedenen negativen Stimmungen und Gedanken beseitigen, die Sie in den immer gleichen Handlungs- und Denkmustern festhalten. Diese Vorstellung ist außerdem mit der Überzeugung verbunden, dass Sackgassen oder Blockaden durch solche Erfahrungen und Erweckungserlebnisse überwunden werden, ohne in ihrer Tiefe erfahren oder untersucht werden zu müssen. Aber wie gesagt: Bringen Sie die Geduld und das Vertrauen auf und sind Sie bereit, die notwendigen Opfer zu bringen, um bei einer Meditationspraxis zu bleiben, die aus der Sackgasse herausführen soll, indem Sie Ihre Aufmerksamkeit auf etwas anderes richten als das Dilemma, in dem Sie gerade stecken?

Laut Duden ist eine Sackgasse „eine Zwangslage, aus der es keinen offensichtlichen Ausweg gibt“. Gemäß dieser Definition würde man sich in der Meditation in einer Sackgasse befinden, wenn es keinen „offensichtlichen“ Weg gibt, durch etwas hindurchzugehen. Die ganzen üblichen Methoden, die klugen Ideen und guten Ratschläge und korrekten Überzeugungen helfen einem nicht, durch etwas hindurchzukommen, in dem man feststeckt – seinem „Dilemma“. Man fühlt sich in einer Sackgasse gefangen. Man wird mit den eigenen Grenzen konfrontiert, der eigenen Unwissenheit, mangelnden Kreativität oder Einsicht.

Man kann solche Sackgassen leicht ignorieren, wenn man den Sinn und Zweck der Meditation darin sieht, die Anleitungen korrekt auszuführen und darauf vertraut, dass sich dadurch alle Hindernisse und Blockaden schon auflösen werden. „Was für eine Sackgasse?“, fragen Sie vielleicht, „meine Meditationspraxis läuft sehr gut.“ Natürlich tut sie das auf einer Ebene: nämlich auf der, wo Sie auf Ihre Praxis vertrauen und von deren Effektivität und Richtigkeit überzeugt sind. Aber ich frage mich, ob Sie sich vielleicht auf einer anderen Ebene festgefahren, verwirrt, begrenzt oder frustriert fühlen, ob es Gedanken, Gefühle oder Erinnerungen gibt, die in jeder Sitzung immer wieder auftauchen, oder ob bestimmte Geschichten, Themen und Probleme Sie einfach nicht loslassen wollen.

Mit einer Sackgasse oder Blockade arbeiten

Jede Meditationspraxis, die wir regelmäßig ausüben, führt früher oder später in eine Sackgasse. Oft wird uns schmerzlich bewusst, dass das, was vor Kurzem noch wunderbar funktionierte, uns plötzlich nichts mehr gibt. Der Meditationsschüler bekommt dann von seinem Lehrer üblicherweise den Rat: „Meditiere noch fleißiger“. Das bedeutet, die Anleitungen noch korrekter zu befolgen und noch mehr Zeit und Mühe in die Praxis zu investieren. Manchmal bietet der Lehrer oder die Lehrerin eine Strategie an, die er oder sie in einem ähnlichen Dilemma angewandt hat. Gelegentlich schlägt ein Lehrer auch vor, dass man eine „Meditationspause“ einlegen sollte. Dieser Vorschlag lässt außer Acht, dass man enorm viel lernen kann, wenn man bei seiner Blockade oder Sackgasse bleibt und sie genauer untersucht.

Da ich von vorneherein erwarte, dass Schüler und Schülerinnen in Sackgassen geraten, bin ich absolut bereit, mit ihnen daran zu arbeiten. Manche dieser Sackgassen sind für fast alle gleich und können mit dem oben beschriebenen Ansatz angegangen werden. Andere – und das ist der weitaus größere Teil – sind höchst individuell. Ich kann den Leuten allerdings nicht einfach sagen, was sie tun sollen, denn in irgendeiner Form „etwas dagegen zu tun" hält sie davon ab, das Dilemma zu akzeptieren und sich für die Hintergründe zu interessieren. Meine Herangehensweise in diesem Buch ist anders und völlig unorthodox.

Anstatt Ihnen aufzuzeigen oder zu raten, wie Sie mit einer Sackgasse arbeiten oder aus ihr herauskommen können, werde ich die Sackgassen genauer untersuchen, in denen sich verschiedene meiner Schüler wiederfanden. Vielleicht stellen Sie fest, dass Ihnen einiges bekannt vorkommt und Sie dadurch manche Aspekte Ihrer eigenen Blockaden besser verstehen.

Ich gebe zu, dass es bei Meditationslehrern eine gewisse Tendenz gibt, die wunderbaren Erfahrungen zu präsentieren, die Meditationsschüler mit ihren Methoden gemacht haben. Manchmal ist das der Grund für den Autor, sein Buch zu schreiben: um zu zeigen, wie gut seine Methode funktioniert. Das mag Sinn machen, wenn man eine bestimmte Technik vorstellt, aber bei einem Prozess des Verlernens gibt es Phasen, die wie Erfolge aussehen, andere, die wie Scheitern aussehen und solche, die in keine der beiden Kategorien passen. Wenn Sie dieses Buch mit Offenheit und Interesse lesen, dringen Sie zum Kern meines Ansatzes vor: zum Erforschen der Erfahrung des Meditierens.

10

Eine ausweglose Sackgasse

Cliff ist ein Mann in den Fünfzigern. Er interessiert sich hauptsächlich für Tibetischen Buddhismus und ist besonders angetan von Pema Chödröns Schriften. Er kam zu mir und war recht zufrieden mit seiner Meditationspraxis, er hatte kein Problem damit. Nachdem er an seinem Wohnort einen Tages-Workshop besucht hatte, beschloss er, ein Meditationstagebuch zu führen, das er mir dann schickte. Hier sein Bericht über seine Erfahrung:

> ERSTER TAG: Fing mit dem Beobachten der Empfindungen beim Atmen im Bauch und Herzbereich an. Die Sitzung begann ohne offensichtliche Probleme, außer dem Versuch, eine bequemere Haltung zu finden. Dachte darüber nach, wie ich es richtig machen müsste. War ziemlich ängstlich darauf bedacht, die Meditation korrekt auszuführen und versuchte einfach, den Gedanken und Gefühlen zu folgen, die mit der Angst verbunden waren, es falsch zu machen. Nahm meine Angespanntheit wahr, blieb aber präsent. Versuchte,

der Person gewahr zu sein, die diese Gedanken denkt und nach innen zu gehen. Bemerkte, dass mein linkes Bein einschlief. Verspürte große Angst, es falsch zu machen. Blieb wieder bei der Angst. War des ununterbrochenen Gedankenflusses gewahr. Die Sitzung endete und schien sehr schnell vorbeigegangen zu sein.

Diesem Bericht zufolge scheint Cliffs stärkste Blockade seine Angst zu sein, bei der Meditation etwas falsch zu machen. Sie taucht nach einem offenbar unproblematischen Beginn auf, als er die mit dem Atem verbundenen Empfindungen im Brustkorb beobachtet. Welche Praxis muss er seiner Meinung nach richtig machen? Was fürchtet er falsch zu machen? Das Beobachten des Atems? Oder das Zulassen seiner Gedanken und Gefühle während der Meditation und ihre bewusste Wahrnehmung?

ZWEITER TAG: Setzte mich hin und hatte Schwierigkeiten, eine bequeme Beinhaltung zu finden. Der Übergang war dann problemlos. Ich ging dazu über, den Atem und die damit verbundenen Empfindungen im Bauch und Herzbereich zu beobachten. Zerbrach mir den Kopf darüber, ob ich die Meditation korrekt ausführe. Mir wurde immer wieder bewusst, dass ich am Denken war, und sobald ich dessen gewahr wurde, löste sich der Gedanke auf; oder ich bemerkte, dass ich dachte und wurde „desjenigen“ gewahr, der es bemerkte. Versuchte, diese „Technik“ sanft anzuwenden und stellte fest, wie gut es sich anfühlte, freundlich zu sein und Urteile zu vermeiden; hatte eher ein Gefühl von Wärme und Heiterkeit. Fing an zu denken, dass ich bei der Meditation etwas falsch mache und meine Stimmung sank ein bisschen. Wurde dann des Denkens gewahr … Im weiteren Verlauf der Meditation verlor ich mich für längere Phasen in Gedanken, bevor mir bewusst wurde, dass ich dachte. Der Gedanke, ich würde die Meditation nicht richtig machen, tauchte immer wieder auf und machte mich traurig. Dann fühlte ich mich verwirrt, aber jedes Mal, wenn das Gefühl der Verwirrung aufkam, erlaubte ich ihm einfach, da zu sein, bis es sich auflöste. Fragte mich

> ein paarmal, wann die Meditation vorbei sei, aber ich widerstand der Versuchung, auf die Uhr zu schauen. Die Meditationssitzung schien schnell vorbeizugehen und endete früher als erwartet. Hatte allgemein das Gefühl, dass die Zeit kurz war. Ich ließ die Gedanken und Gefühle einfach zu, so wie sie auftauchten, und versuchte, jedem von ihnen mit Freundlichkeit zu begegnen, erlaubte jedem Gedanken oder Gefühl, sich zu entfalten … Am Ende der Sitzung war mein Zustand ungefähr derselbe wie am Anfang.

Diesem Tagebucheintrag entnehme ich, dass Cliff in seiner Sitzung drei verschiedene Techniken anwendet. Eine ist das Beobachten des Atems und der damit verbundenen Empfindungen im Brustkorb und Bauchraum – eine Praxis, die er unbedingt korrekt ausführen will. Bei der zweiten geht es darum, den Beobachtenden zu beobachten, eine Praxis, bei der man versucht, des Gewahrseins gewahr zu sein. Die dritte von ihm angewandte Praxis erwähnt er am Ende: das Zulassen des natürlichen Flusses der Gedanken und Gefühle – im Wesentlichen die Anleitung, die er von mir hatte. Jede dieser drei Methoden ist mit eigenen Regeln, Vorstellungen, Werten und Glaubenssätzen verbunden, und auch wenn es so aussieht, als könne man sie in einer Praxis zusammenführen, indem man sie nacheinander ausübt oder als Strategien benutzt, so zeigt sich doch in der konkreten Umsetzung, dass sie im Gegensatz zueinander stehen. Das Beobachten oder Gewahrsein des Atems ist mit anderen Regeln verknüpft als das Zulassen von Gedanken und Gefühlen. Das Beobachten des Beobachters der eigenen Erfahrung erfordert die konzentrierte Aufmerksamkeit, die man ansonsten auf den Atem richten würde und diese Art der Konzentration würde wiederum eine offenere und empfänglichere Haltung in der Meditation nicht unterstützen. Kein Wunder, dass Cliff sich verwirrt fühlte. Aber anstatt zu sehen, dass die Verwirrung ein wichtiger Aspekt seiner „Sackgasse“ ist, betrachtet er sie als etwas, das er besänftigen und überwinden muss.

DRITTER TAG: Ich begann meine Meditationssitzung, nachdem ich eine Kerze angezündet hatte, im Schneidersitz. Am Ende jeder Sitzung sind meine Beine normalerweise eingeschlafen, aber heute war es nicht so intensiv. Machte mir heute Sorgen darüber, dass ich keine Zeit auf das Beobachten der körperlichen Empfindungen verwandte, beispielsweise der Empfindungen in den Beinen, im Bauch und im Brustkorb. Dachte über ein Gespräch nach, das ich beim Abendessen mit einem Freund hatte, wurde des Denkens gewahr, und dann schienen sich die Gedanken aufzulösen. Als Nächstes dachte ich über eine Unterhaltung mit einer Frau nach, mit der ich mich neuerdings treffe. Wenn ich über solche Sachen nachdenke, ohne dessen gewahr zu sein, dass ich denke, verurteile ich mich für meine Unbewusstheit. Dann versuche ich freundlich zu sein, und dann fürchte ich wiederum, ich könnte zu freundlich sein und mich verlieren, wenn ich nicht urteile. Ein paarmal fühlte ich mich für kurze Zeit unruhig, aber dieses Gefühl ging vorbei. Die restliche Zeit über achtete ich nicht besonders auf meinen Atem. Die Meditation schien schnell vorbeizugehen und endete problemlos. Ich war überrascht, wie schnell die Zeit vergangen war. War ein bisschen enttäuscht, dass ich nicht irgendeine tiefe Erfahrung gemacht hatte.

Cliffs Beschreibung seiner Sitzung deutet auf eine subtile Veränderung in seiner Praxis hin. Er achtet nicht besonders auf seine Atmung und erlaubt sich, über verschiedene Dinge nachzudenken, ohne besonders darauf zu achten, dass er denkt. Er weiß, dass er damit die Regel bricht, bei jedem einzelnen Gedanken des Denkens gewahr zu sein, denn auch das scheint eine Praxis zu sein, die er ausgeübt hat. Er kritisiert sich dafür. Wenn er dann freundlich mit sich umgeht, fürchtet er, sich zu verlieren, wenn er nicht über sich urteilt. Könnte diese Sackgasse auch auf die Angst hinweisen, den Teil seiner selbst zu verlieren, der urteilt?

FÜNFTER TAG (VIERTER TAG übersprungen): Begann meine Sitzung mit einem Gefühl der Frustration, weil ich nicht weiß, wie ich diese Meditation machen soll. Fing mit dem Beobachten der Atembewegungen im Brustkorb und Bauchraum an. Dachte wieder über meine Frustration nach. Verurteilte mich dafür, dass ich wieder nachdachte. Erinnerte mich daran, freundlich zu sein und das Denken zu akzeptieren. Dann machte ich mich nieder, weil ich vergessen hatte, freundlich zu sein. Bemerkte, dass ich freundlich zu mir war und bekam dann Angst, dabei etwas falsch zu machen. Große Angst, nicht freundlich zu denken oder mir nicht zu erlauben, freundlich zu denken. Fühle mich sicherer, wenn ich urteile. Wenn ich urteile, weiß ich, wer ich bin. Kam immer wieder darauf zurück zu beobachten, wer denkt, was mich auf neue Gedanken bringt. Nahm noch einmal wahr, mit wie viel Angst es verbunden ist, freundlich zu mir zu sein. Wenn ich anfange zu denken, habe ich Angst, mich in der Freundlichkeit zu verlieren. Selbst während ich dies aufschreibe, empfinde ich Frustration. Ich mache das einfach nicht richtig. Machte mir viele Gedanken darüber, an was ich mich nach der Meditation erinnern sollte, um es aufzuschreiben. Der wichtigste Gedanke dabei war, dass ich weiß, wer ich bin, wenn ich mich für das Denken kritisiere oder verurteile. Wenn ich freundlich zu mir bin, bekomme ich Angst, weil ich nicht mehr weiß, wer ich bin. Bei einem Mangel an Kritik fühle ich mich unsicher nach dem Motto „Das kann doch nicht in Ordnung sein". Ich bemerke nicht wirklich eine Veränderung. Ich versuche einfach, freundlich zu sein. Der Fokus liegt auf der Freundlichkeit. Ich sehe das Denken immer noch negativ, selbst wenn ich versuche, freundlich zu sein. Achtete nicht mehr so sehr auf die Atmung, weil ich zu dem Schluss kam, dass es nicht das ist, was ich während der Meditation tun soll. Ich soll der Gedanken gewahr werden. Auf die Atmung in Brustkorb und Bauch zu achten, fühlt sich zu leicht und friedvoll an. Ich entschied, dass ich beim Gewahrsein der Gedanken bleiben müsste, was schwieriger ist und „Arbeit" erfordert. Am Ende der Meditation schmerzte mein linkes Bein, weil es eingeschlafen war. Ich war froh, als die Meditation zu Ende war.

In dieser Sitzung „arbeitet" Cliff aktiv mit meinem meditativen Ansatz und hält sich an die Anleitung, sanft und freundlich mit sich und seiner Erfahrung umzugehen. Das hat den unerwarteten Effekt, dass er Angst bekommt und eine Art Selbstverlust empfindet. Aber es zeigt ihm auch, dass er stark mit dem Urteilen identifiziert ist. Die Sackgasse wird deutlicher: Das meditierende Selbst ist auch ein urteilendes Selbst. Er fürchtet sich davor, freundlich, offen und zulassend zu sein. Er ist mit dem harten, kritischen und urteilenden Teil seiner selbst identifiziert.

Denken Sie einmal eine Weile über dieses Dilemma nach. Ich bin sicher, dass einige von Ihnen es sehr gut kennen. Diejenigen unter Ihnen, die in diese Sackgasse geraten sind, haben wahrscheinlich keinen „offensichtlichen" Ausweg gefunden.

Jede Meditationsanleitung, die man übernimmt, und sei es nur für ein paar Minuten, ist wahrscheinlich mit einer gewissen Härte verbunden. Man würde wahrscheinlich versuchen, die Anleitung, freundlich zu sein, mit gewisser Rigorosität umzusetzen. Cliff würde bei der Ausübung jeder beliebigen Meditationspraxis scheitern, denn selbst wenn er es für eine Weile richtig macht, wird es Zeiten geben, wo ihm das nicht so gut gelingt. Wenn man ihn auffordert, eine bestimmte Methode anzuwenden, wird sie automatisch zum Gegenstand seiner Kritik werden. Kurz, er kann nichts tun, denn er gerät bei allem, was er tut, in eine Situation, in der er sich selbst be- oder verurteilt.

Klingt das für Sie nach einer Sackgasse? Für mich schon. Wäre ich Cliffs Meditationslehrer (was ich ja tatsächlich zu der Zeit war, als er sein Tagebuch führte), müsste ich innehalten und über die Gesamtsituation reflektieren. Also halte ich jetzt einmal inne und reflektiere einen Moment. Dabei fällt mir ein, was eine langjährige Schülerin einmal über ihre eigenen Erfahrungen mit dem Urteilen sagte. Ihre Urteile waren für sie wie Schnappschildkröten. Jedes Mal, wenn sie an eine bestimmte Person oder Situation dachte, erinnerte sie die innere Haltung, die hinter dem Urteilen steckte, an eine zuschnappende Schildkröte. Es schien ganz automatisch zu passieren. Eine Erinnerung tauchte auf und – „schnapp" – folgte das Urteil. Sie setzte ihre Sitzungen fort, in denen sie nach den Leuten schnappte, an die sie dachte. Gelegentlich ertappte sie sich dabei, wie sie auch nach sich selbst schnappte. Wie löste sich das Ganze für sie auf? Sie fuhr einfach fort zu beobachten, wie sich dieser Prozess immer wieder wiederholte und fing irgendwann an, ihn interessant zu finden. Als sie dann wirklich verstanden hatte, wie „Urteilen" funktioniert, konnte sie es verlernen. Nicht völlig, aber soweit, dass es nicht mehr eine so ausweglose Sackgasse war.

Nur zu wissen, wie etwas im Moment funktioniert, reicht möglicherweise aber nicht aus, um aus der Sackgasse herauszukommen. In Meditationskreisen ist die Ansicht weitverbreitet, man müsse gar nicht die Geschichte hinter etwas kennen, das hochkommt – man müsse nur mit der gegenwärtigen Erfahrung dieser Sache *sein*. Ich sehe es aber so, dass wir beides kennen müssen: die gegenwärtige Manifestation und die Geschichte.

Das Erforschen der Vergangenheit erscheint vielen Meditationsschülern als zu „psychologisch". Das heißt, es scheint ein Weg zu sein, die Erfahrung mit noch mehr „Geschichten" zu befrachten. Nehmen wir beispielsweise das Urteilen. Ihre persönliche Geschichte damit müsste auch von Ihren Eltern, Lehrern, Freunden und Feinden handeln. Sie müsste auch von traumatischen Erlebnissen des Verurteilt- und Bestraft-Werdens handeln sowie von lang andauernden Phasen, in denen Sie sich minderwertig und unter ständiger, wachsamer Beobachtung einer urteilenden Autoritätsperson fühlten. Sie könnten innerlich noch einmal Situationen durchleben, in denen Sie beschämt, zurückgewiesen und gehänselt wurden oder das Gefühl hatten, etwas falsch zu machen. Situationen, an die Sie sich nur noch dunkel erinnern. Diese Konfrontation mit der Vergangenheit wäre unangenehm und könnte einen Schmerz an die

Oberfläche bringen, mit dem Sie sich momentan weder beschäftigen können noch wollen. Das ist in Ordnung. Sie müssen sich nicht zwingen, dorthin zu gehen.

Dennoch kann Vergangenes untersucht werden, wenn es ganz von selbst hochkommt. Dazu müssen Sie während der Sitzung nur offen für beiläufig auftauchende Erinnerungen sein und der Versuchung widerstehen, sie sofort einzuordnen oder zu interpretieren. Lassen Sie sich stattdessen darauf ein, die vergangenen Ereignisse oder die damit verbundenen Gefühle noch einmal zu durchleben, ohne etwas damit oder dagegen zu tun. Vielleicht passen die Erinnerungen nicht zu dem Thema oder der Angelegenheit, die Sie gerade anschauen und Sie müssen nicht mit Gewalt versuchen, eine solche Verbindung herzustellen. Nachdem Sie eine Weile mit den Erinnerungen „gesessen" haben, werden sich diese auflösen, verschwinden oder Sie zu einem weiteren Bereich führen, der untersucht werden kann, wie in der folgenden Beschreibung einer Sitzung, die mir ein Schüler kürzlich zuschickte.

> Gestern Abend hatte ich eine interessante Sitzung. Wie Sie wissen, quäle ich mich seit Monaten mit dem Schmerz der Einsamkeit herum, weil ich aus beruflichen Gründen von meiner Frau und meinen Kindern weggezogen bin. Gestern Abend wurde ich dann in einer langen Meditationssitzung (sie dauerte etwa zwei Stunden) in bislang ungekannter Schärfe mit meinen Einsamkeitsgefühlen konfrontiert. Eine Reihe von schmerzlichen Erinnerungen und Bildern tauchte auf, die mit der Trennung von geliebten Menschen zu tun hatten. Manche Erinnerungen bezogen sich auf die jüngere Vergangenheit, andere auf meine Teenager-Zeit und wieder andere auf meine frühe Kindheit. Fast alle diese Erinnerungen und inneren Bilder drehten sich um ein und dasselbe Thema: Ich konnte meine geliebten Menschen nicht „haben". Ich dachte an meine Eltern, nahe Angehörige, Freunde, Ex-Geliebte, meine Partnerin und meine Kinder. Eine der schwierigsten Erinnerungen bzw. Fantasien drehte sich um eine ehemalige Geliebte, die sich trotz unserer damals sehr starken

und leidenschaftlichen Verbindung gegen ein Zusammenleben mit mir entschieden und meinen Heiratsantrag abgelehnt hatte. In der gestrigen Sitzung fühlte ich mich wieder zurückgewiesen, verlassen, beleidigt, allein, wütend und eifersüchtig auf eine andere Person, die jetzt meine Geliebte „hat“, die doch eigentlich ich hätte „haben“ sollen. Wie bei den meisten Sitzungen waren die Inhalte auch bei dieser nicht chronologisch, es waren keine klar zusammenhängenden Geschichten. Sie waren eher wie kurze Ausschnitte – Ansammlungen von Gedanken, Erinnerungen, vorgestellten Zukunftsszenarien, die sich manchmal mit Wut, manchmal mit Schmerz mischten. Diese Geschichten kamen und gingen. Es gab stille, friedliche Phasen, und dann kam wieder eine andere Sache hoch. Manchmal tauchten auch Gedanken an meine Arbeit auf, aber sie waren eher selten. Mehrmals sank ich tief in einen dynamischen inneren Raum ein. Aber in der Sitzung ging es hauptsächlich um Geschichten, die damit zu tun hatten, dass ich meine geliebten Menschen nicht „hatte“. Das Erstaunliche daran ist, dass mir, während dieses innere Drama ablief, die ganze Zeit über bewusst war, dass all diese vermeintlich unausweichlichen Geschichten nur Reflexionen oder Schöpfungen meines eignen Geistes waren. Es war eine ganz neue Perspektive, aus der ich sah, wie diese schmerzlichen Erfahrungen miteinander verschmolzen, einander färbten und Erinnerungen bis in meine Kindheit beinhalteten oder aufleben ließen. Bis gestern Abend war da stets ein unterschwelliges, unklares Gefühl gewesen, das ich mit dem Etikett „Einsamkeit“ versehen hatte. Das war nicht mehr da. Ich beendete die Sitzung, nachdem die Geschichten ganz verblasst waren und ging zu Bett. In dieser Nacht schlief ich wie ein Baby und als ich heute Morgen aufwachte, war diese innere Unruhe der „Einsamkeit“ nicht da wie sonst meistens.

11

Eine teilweise überwundene Blockade

Gestern Abend hat ein Freund mit seinem Schneepflug den Schnee hinter unserem Geländewagen geräumt. Leider wussten wir davon nichts und bemerkten es erst heute Abend, als es zu spät war, um den Rest des Autos auszugraben. Außerdem hatte es wieder zu schneien begonnen. Unser Freund war davon ausgegangen, dass wir zum Auto hinaufgehen und sehen würden, dass der Schnee geräumt worden war. Als unser Hund noch lebte, sind wir auch bei starkem Schneefall jeden Tag mit ihm hinausgegangen, denn er liebte den Schnee. Aber seit er gestorben ist, gehen wir seltener spazieren und vermeiden es möglichst hinauszugehen, wenn der Schnee gefroren ist, weil es dann zu glatt ist. Als ich gegen Mittag Feuerholz von draußen hereinholte, hatte ich kurz daran gedacht zum Auto zu gehen, weil ich vor dem Nachbarhaus einen kleinen John-Deere-Schneepflug stehen sah. Ich wollte den Nachbarn fragen, ob er meine Einfahrt freiräumen könne, aber dann ließ ich es doch bleiben. Hätte ich es getan, wäre mir aufgefallen, dass der Platz hinter unserem Auto zwar geräumt war, die Räder aber immer noch unter Schnee und Eis begraben waren. Aber dann hätte ich mehrere Stunden damit zugebracht, Schnee zu schaufeln und wäre nicht dazu gekommen, am vorhergehenden Kapitel zu schreiben.

Ich war tatsächlich so ins Schreiben vertieft, dass ich kaum an Dinge wie Einkaufen, Müll wegbringen oder Besuche bei Freunden dachte.

Weil ich nichts tat und nichts vom gegenwärtigen Stadium des Problems wusste, das sich zu einer dauerhaften Blockade entwickelt hatte, hatte sich die Lage soweit verbessert, dass sich das Problem beinahe von selbst löste. Aber nur beinahe. Es bedurfte immer noch meiner Aufmerksamkeit, um vollständig gelöst zu werden. Und es musste jemand anders aktiv werden, um die Situation zu verbessern.

Lassen Sie mich dieses Bild auf den Umgang mit Sackgassen und Blockaden in der Meditation übertragen. Wenn man sich auf eine Technik fokussiert, beispielsweise das Beobachten des Atems, und das gegenwärtige Stadium eines Problems (das man bereits in der Meditation erlebt hat) ignoriert, kann das bis zu einem gewissen Grad helfen, aus einer Sackgasse herauszukommen – aber meiner Meinung nach nicht ganz. Als ich über die weitverbreitete Ansicht sprach, man könne eine Sackgasse ignorieren und darauf vertrauen, dass die angewandte Meditationsmethode die Blockade schon lösen würde, meinte ich nicht eine solche Situation. Das ist etwas anderes. Hier taucht die Blockade auf und verschwindet – man geht immer wieder hinein und hinaus. Wenn man eine Zeitlang frei davon ist, weiß man dennoch, dass man an irgendeinem Punkt wieder hineingerät. An diesem Punkt müssen Sie bereit sein, sie genauer anzuschauen. Dadurch könnte das Hindernis tatsächlich abgeschwächt werden, sodass es leichter zu handhaben ist.

Es gibt in der Tat ein Wechselspiel zwischen Hindernissen und ruhigen Intervallen. Dabei kann sich das Hindernis als irgendeine Art von Störung manifestieren, wie sie in der buddhistischen Literatur beschrieben wird. Diese Störung hindert uns daran, ruhig und fokussiert zu werden. Im Allgemeinen streben Meditierende einen Zustand der inneren Ruhe und des Wohlbefindens an. Sie sind gewöhnlich nicht daran interessiert, mehr über das zu erfahren, was die innere Ruhe stört, sondern wollen lieber wissen, wie sie Hindernisse überwinden und den Zustand des inneren Friedens erreichen können. Hauptsächlich aus diesem Grund meint man, es sei nicht der Mühe wert, solche Störungen genauer zu untersuchen und deshalb zeigen Meditierende oft kein Interesse an ihnen. Und doch kann eine Störung (beispielsweise innere Unruhe, Sorgen, Spannungen, Ängste) den Großteil einer Sitzung beanspruchen.

Eine Störung wird meiner Meinung nach dann zu einer Sackgasse, wenn sie immer wieder auf eine belastende und einschränkende Weise auftritt; wenn also, nachdem man von einer Phase des Verlangens oder des Hasses in einen Zustand des inneren Frieden gelangt ist, das Verlangen und der Hass nach der ruhigen Phase wieder auftauchen. Wenn Sie merken, dass Sie immer wieder zwischen innerer Ruhe und innerem Aufruhr hin- und herpendeln, stellen Sie vielleicht fest, dass das, was Sie als vorübergehende Störung betrachteten, tatsächlich „ein Dilemma ohne offensichtlichen Ausweg“ ist.

Ich könnte unzählige Berichte von Schülern über ihre Meditationssitzungen heranziehen, um das, was ich hier sage, zu untermauern, aber um es für Sie noch anschaulicher zu machen, werde ich das erste Tagebuch verwenden, das ich von einem Schüler bekam, mit dem ich nun seit fast fünf Jahren arbeite.

Er heißt Jonathan. Seine Meditationspraxis begann mit einigen Kursen in Achtsamkeitsbasierter Stressreduktion (MBSR), in denen er hauptsächlich lernte, sich auf den Atem im Bauchbereich zu konzentrieren. Danach nahm er an mehreren 10-tägigen Vipassana-Retreats nach Goenka teil, worauf einige Retreats bei einem amerikanischen Vipassana-Lehrer folgten. In den Seminaren übte er die Meditationspraxis so aus, wie man sie ihm beibrachte, und er betrachtete sich selbst als bereitwilligen und gelehrsamen Schüler, der eine formalisierte, strukturierte Technik braucht, um meditieren zu können. Nach den Retreats nahm er gewöhnlich wieder seine ursprüngliche Meditationspraxis auf: die Beobachtung des Atems. Aber auch dabei sorgte er sich stets, ob er alles richtig machte.

Als er mich zum ersten Mal kontaktierte, schlug ich ihm vor, eine Woche lang Tagebuch zu führen und es mir dann zu schicken. Hier seine Einträge:

> ERSTER TAG (40 Minuten): Fühlte mich weniger unruhig als in den vorhergehenden Sitzungen. Fragte mich: „Was soll ich eigentlich machen?" … „Auf was sollte ich achten, um es später aufschreiben zu können?" … Verlor mich in Bildern und Vorstellungen, an die ich mich größtenteils nicht mehr erinnere. Aber als mir bewusst wurde, dass ich irgendwohin abgedriftet war, empfand ich ein beunruhigendes Gefühl, das mit einer Angst vor Bestrafung verbunden war (so als hätte ich etwas vermasselt und wäre dabei erwischt worden [das heißt, von mir]). An diesem Punkt konzentrierte ich mich bewusst auf die Kontaktstellen. Dann tauchten noch mehr Gedanken auf wie „Mache ich das richtig?" Bemerkte, dass ich empfänglich für Geräusche von außen war, hatte das Gefühl, die Geräusche und gleichzeitig meine körperlichen Empfindungen im Gewahrsein halten zu können. Die Gedanken waren wie freie Assoziationen in Form von Bildern. Nahm damit verbundene Gefühle nicht eindeutig wahr.

Wie Sie aus diesem Tagebucheintrag ersehen können, brauchte Jonathan mehr Führung als die Anleitungen, die ich ihm anfangs gegeben hatte und in Kapitel 2 beschrieben habe. Selbst wenn ich ihm sagte: „Mach das und sonst gar nichts", lief es immer darauf hinaus, dass er sich am Ende fragte, ob er es korrekt machte. Diese Blockade in Bezug auf die Anleitungen nimmt in seiner Meditationspraxis einen großen Raum ein: Gibt man ihm wenig oder gar keine Struktur, fragt er sich besorgt, was er tun soll; gibt man ihm Struktur, macht er sich Sorgen darüber, ob er die Anleitung korrekt ausführt.

Er meditiert auch mit der Regel, den Geist nicht abschweifen zu lassen. Und diese Regel hindert ihn letztendlich daran, zu erkennen und verstehen, in welcher Sackgasse er steckt. Das Ganze ist ein wenig schwer zu erklären, aber versuchen Sie bitte trotzdem, meinen Ausführungen zu folgen. Zunächst einmal ist es unmöglich zu meditieren, ohne dass sich der Geist immer wieder von dem oder den vorgegebenen Meditationsobjekt(en) entfernt. Ihr Geist wird während der Sitzung oft abschweifen und Sie werden sowohl mit seltsamen, unerwünschten und unbefriedigenden Gedankengängen konfrontiert als auch mit vertrauten, annehmbaren und spannenden Gedanken. Sie haben tatsächlich nicht viel Kontrolle über das, was Sie denken, aber Sie haben mehr Kontrolle darüber, wie Sie auf diese Gedanken reagieren und wie Sie dann damit umgehen. Bei einer Meditationspraxis, in der Denken nicht akzeptiert ist, ist das Unterbrechen des Gedankengangs gleichzeitig ein Akt, mit dem man die eigene Erfahrung kontrolliert. Eine Regel, die besagt, man dürfe während der Meditation nicht denken, wenn man Fortschritte machen wolle, ist lediglich eine Rationalisierung für verschiedene Formen der Unterdrückung, Kontrolle und Verleugnung von Gedanken. Indem er seine Erfahrung zu kontrollieren versucht, gerät Jonathan in eine Zwickmühle: Er fragt sich entweder, was er tun soll oder ob er die Technik korrekt ausführt. Aus dieser Sackgasse führt nur ein Weg heraus: mit weniger Kontrolle zu meditieren. Nur dadurch verringert sich die Spannung zwischen den Anleitungen und dem Geist, so wie er ist.

> ZWEITER TAG (50 Minuten): Die Gedanken wandern fast ausschließlich zu Situationen am Arbeitsplatz. In einem Meeting sitzen, im Meeting sprechen und andere irgendwie beeindrucken. Sich selbst hervortun. Wenn das dann bewusst wird, folgt das Gefühl zu schrumpfen, niedergeschlagen und unbedeutend zu sein. Kehrte zu den Kontaktstellen zurück. Die innere Unruhe wurde stärker. Meine Gedanken wanderten zur Fernsehserie „Six Feet Under – Gestorben wird immer“. Als mir bewusst wurde, dass ich an die Serie dachte, kam Angst hoch. Kehrte zu den Empfindungen in meinen Händen und Beinen zurück und nahm eine hochgradige Unruhe im Körper wahr. Ein Gefühl, als wollte ich „aus der Haut fahren“. Meine Gedanken sprangen rasch hin und her, wurden dabei aber etwas ruhiger. Weniger Unruhe im Körper, wenn ich meinem Geist das erlaubte.

> Ein paarmal verweilte mein Geist bei der sanften, rhythmischen Bewegung meines Zwerchfells, blieb aber nicht lange dabei. Nickte kurz ein, wurde dann gewahr, dass ich Gedanken hatte, die mir Angst machten und Unruhe auslösten. Nicht die Gedanken an sich, aber die Erkenntnis, dass ich solche Gedanken gehabt hatte. Noch mehr Anspannung im Körper, dann Selbstgespräche: „Warum habe ich diese Gedanken?", „Was hat das zu bedeuten?" Es machte mir Angst, dass ich in der Meditation keinen Anker hatte. Nahm „im Hinterkopf" Musik wahr (Dylan).

In dieser Beschreibung der Sitzung wird offensichtlich, warum Jonathan nicht mit weniger Kontrolle meditieren kann. Es macht ihn unruhig und ängstlich, keinen Anker zu haben (nicht zum Atem zurückzukehren). Er lässt während der Meditation ein paarmal zu, dass seine Gedanken zu verschiedenen Dingen wandern: einer Situation am Arbeitsplatz, einer Fernsehserie, einem Lied, Gefühlen. Er berichtet, dass er sich weniger nervös, etwas ruhiger fühlt, wenn er zulässt, dass sein Geist von einer Sache zur nächsten springt. Aber dadurch, dass er sich in der Meditation diese Freiheit lässt, wird er auch mit Gedanken konfrontiert, die zu denken er sich fürchtet. Dennoch kommen diese Gedanken wie ungebetene Gäste. Wenn Sie in der Meditation empfänglich sind und Dinge zulassen, kann das sowohl zu innerer Ruhe als auch zu Unruhe führen und Dinge an die Oberfläche bringen, die in Ihrer bisherigen Meditationspraxis geleugnet oder nicht akzeptiert wurden.

Beachten Sie, dass er sich irgendwann mitten in der Sitzung für eine Weile ausklinkt. Ich bräuchte noch mehr Informationen, um mehr darüber sagen zu können, als dass es eine andere Art war, die Kontrolle zu verlieren – aber diesmal auf eine angenehme, entspannende Weise – obwohl er das vielleicht nicht zugeben würde, weil er „einnickte" und die Erfahrung eher mit Schlaf assoziierte (und wir alle wissen, dass Einschlafen während der Meditation gegen eine weitverbreitete Regel verstößt).

DRITTER TAG (45 Minuten): Bin fast unmittelbar der Kontaktstellen gewahr (Fußsohlen auf dem Boden, Hände ruhen auf den Oberschenkeln). Der Geist ist weniger chaotisch, die Gedanken springen nicht so schnell hin und her. Konnte anscheinend länger bei einem Szenario verweilen. Während der Sitzung wurde mein Geist ziemlich oft wieder still und konnte sich genau daran erinnern, wo er gewesen war, aber jetzt, beim Aufschreiben, kann ich das nicht. Die meisten Gedanken bezogen sich auf alltägliche Ereignisse, aber es gab auch Momente, wo die Angst im Schlepptau eines unerwünschten Gedankens kam. Während eines Großteils der Sitzung erlebte ich eine Spaltung zwischen tiefer Stille und Aktivität (gleichzeitig), sogar in Phasen der körperlichen Unruhe (Zittern im Körper). Ich beobachtete es von einem sehr stillen Raum aus. Ich erinnere mich an Momente, in denen Gedanken aufkamen wie „Ich könnte das sehr lange aushalten". Es war fast wie eine tiefe Entspannung inmitten der Unruhe. Meine Aufmerksamkeit richtete sich für kurze Zeit auf den Atem. Hatte das Gefühl, dass mit mir alles in Ordnung war, während ich alles in mich aufnahm (die Geräusche von oben, das Kommen und Gehen der Gedanken). Gegen Ende der Sitzung wurde mein Geist etwas „vernebelt". Verlor mich für längere Phasen in Gedanken, urteilte aber nicht so viel wie sonst (über mich) als ich „zurückkam".

Diese Meditation beginnt mit mehr Stille und Leichtigkeit als die vorhergehenden. Es scheint, dass Jonathan sein Erleben während der Sitzung nicht mehr kontrollieren muss. Er lässt seinen Geist bei einer Szene verweilen, solange er will und stellt fest, dass Denken und Fühlen mit der Erfahrung der Stille einhergehen können. Für eine Weile wandert seine Aufmerksamkeit zum Atem, aber auch das geschah ganz von selbst und nicht willentlich. Der Atem war wie alles andere, für das er empfänglich war oder bei dem er eine Zeitlang verweilte. Selbst als er am Ende der Sitzung „einnickte", urteilte er viel weniger als sonst darüber.

VIERTER TAG (50 Minuten): Nehme innerlich fast ständig Klänge wahr. Die Lieder in meinem Kopf schienen mehr Raum einzunehmen als sonst (Songs von Randy Newman). Die Gedanken wanderten zu verschiedenen Situationen, die mit meinen Kindern zu tun hatten. Verlor mich lange in diesen Gedankengängen, aber ein Teil von mir schien der Tatsache, dass ich dachte, gewahr zu sein. Als es mir bewusst wurde, konzentrierte ich mich eher sachlich wieder auf die Kontaktstellen. Ich urteilte kaum darüber, dass ich ins Denken abgedriftet war. Irgendwann wurde ich meiner Atmung gewahr, worauf ich mich verwirrt fragte: „Sollte ich mich auf den Atem konzentrieren? Folge ich der Anleitung, wenn ich das tue? Was zum Kuckuck soll ich tun? Und so weiter … Mehr Unruhe im Körper. Schaute ein paar Mal auf die Uhr. Nahm plötzlich eine große innere Ruhe wahr. Das überraschte mich.

Die Blockade macht sich in dieser Sitzung wieder bemerkbar, obwohl Jonathan das Denken weniger verurteilt. Er meditiert mit weniger Zwang und kehrt entspannter mit der Aufmerksamkeit zu den Kontaktstellen zurück (beispielsweise dahin, wo die Hände auf den Oberschenkeln ruhen). Aber als er merkt, dass er mit der Aufmerksamkeit beim Atem ist, beginnt die Verwirrung und mit ihr taucht auch die Sackgasse wieder auf (was von körperlicher Unruhe begleitet war). Wenn ich das lese, frage ich mich: „Warum kann er die Gedanken darüber, was er tun soll, nicht einfach nur bewusst registrieren oder beobachten, so wie andere Gedanken?“ Mit anderen Worten: Was ist der Haken, wenn er darüber nachdenkt, was er tun soll?

Hinter dieser Blockade steckt offensichtlich viel mehr als das Bedürfnis, seine Erfahrung zu kontrollieren. Nach dem, was er mir in einem Gespräch darüber sagte, scheint es etwas damit zu tun zu haben, dass er eine Autoritätsfigur braucht. Er kann nicht derjenige sein, der entscheidet, was er tun soll oder der bestätigt, dass er es richtig macht. Er braucht jemanden, der das für ihn übernimmt. Wenn er fragt: „Indem ich dies tue [den Atem beobachten], befolge ich doch die Anleitung [die ich von

Jason bekommen habe]?", drückt er das Bedürfnis aus, von mir gesagt zu bekommen, dass das Beobachten des Atems die Anleitung „ist" (oder „nicht ist"), die ich ihm gab. Er will, dass ich hier eine klare Anordnung gebe, und das kann ich nicht. Wenn das Gewahrsein des Atmens in seine Meditationserfahrung einfließt, dann ist das eben das, was er erlebt und ich würde ihn ermutigen, damit zu *sein*. Er zwingt sich nicht, den Atem bewusst wahrzunehmen und versucht auch nicht, ausschließlich des Atems gewahr zu sein. Und wenn er zwanghaft Atemmeditation üben würde, würde ich ihn auffordern, dessen gewahr zu werden und nicht, es zu stoppen.

Für manche Leute bin ich ein verwirrender Lehrer. Ich gebe es zu. Manchmal kann die Art eines Lehrers, Dinge zu vermitteln, zu einer Blockade in der Meditation beitragen. In diesem Fall kann meine Art zu lehren diesen Aspekt der Blockade ins Licht rücken. Denn wäre ich ein Lehrer, der formelle, strukturierte Meditationspraktiken lehrt, wäre Jonathan ständig mit der Frage beschäftigt, ob er meine Anweisungen korrekt ausführt. Da ich aber einen offenen, flexiblen, minimal strukturierten Meditationsansatz lehre, muss er die zusätzliche Unannehmlichkeit einer gewissen Verwirrung in Bezug auf die „richtigen" Anweisungen in Kauf nehmen. Das konfrontiert ihn mit einer Autoritätsperson, die keine klar definierten Anforderungen an ihn stellt. So etwas ist ungewohnt und beunruhigend. Also muss er mich gelegentlich als eine Art Lehrer sehen, der Anleitungen gibt, mit denen Schüler sowohl Erfolg haben als auch scheitern können. Ich kann diese Projektion akzeptieren. Das ist angesichts der Rolle, die ich innehabe, völlig natürlich. Dennoch muss ich ihn und andere Schüler, die sich in diesem Dilemma befinden, daran erinnern, dass es bei der *Recollective Awareness Meditation* keine „falsche" Erfahrung gibt.

> FÜNFTER TAG (35 Minuten): Anfangs fokussierte sich der Geist auf die Kontaktstellen. Ein angenehmes Gefühl, einfach bei der Stille zu bleiben (nicht soviel darüber nachzudenken, ob ich es richtig mache, auf was ich achten sollte, um es später in mein Tagebuch

zu schreiben und so weiter). Bemerkte, dass mein Geist in Fantasien abdriftete: Bei einer stand ich am oberen Ende meiner Straße und sah, wie eine Menge grüner Trauben hinunterrollte. Mir ist bewusst, dass ich die Trauben nicht daran hindern kann, wegzurollen. Ein Gefühl, keine Kontrolle zu haben. Es ähnelte sehr stark einem Traumzustand. Registrierte, dass die Angst „erwischt (überrascht) zu werden" dazu zu führen schien, dass sich mein Geist von den Kontaktstellen entfernte. Bin auch des Gewahrseins gewahr (fühlte sich an wie mehrere Ebenen des Gewahrseins), dass ich hin- und hergerissen bin zwischen den Kontaktstellen, dem Zittern im Körper, der Angst und einer blitzschnellen Aktivität im visuellen Feld (alles gleichzeitig). Mein Geist begann dann zu analysieren, versuchte, sich zu vergewissern, ob das, was ich gerade erlebe, Angst ist oder etwas anderes. Bemerkte, dass meine körperliche Unruhe noch zunahm, während ich das herauszufinden versuchte. An diesem Punkt öffnete ich die Augen, blickte mich um und schaute auf die Uhr. Für den Rest der Sitzung war der Körper sehr unruhig. Ein subtiles Zittern fast im ganzen Körper. Dachte „Vielleicht kommt es vom Kaffee, den ich getrunken habe." Doch die meiste Zeit über war ich froh, dass ich in der Stille einen Ausgangspunkt hatte, von wo aus ich meine Erfahrung beobachten konnte.

In dieser Sitzung verschwindet die Sackgasse oder Blockade wieder einmal und Jonathan ist sich ihrer Abwesenheit bewusst. Sie ist nicht für immer verschwunden, da sie in den folgenden Jahren in seinen Tagebucheinträgen immer wieder auftaucht. Sie kommt und geht, ist aber noch ziemlich tief verwurzelt, denn sein Bedürfnis nach Struktur und Sicherheit in seiner Meditationspraxis hat viel tiefere und verzweigtere Wurzeln als ihm bewusst ist.

12

Einen Weg aus der Sackgasse finden

Heute ist ein schöner, sonniger Tag, ein bisschen wärmer als gestern, und es sind etwa 5 Zentimeter Neuschnee gefallen, der den Boden und die Bäume bedeckt. Während die Sonne höher steigt, fallen Schneeklumpen von den Bäumen. Der Schnee auf dem Boden und um unser Auto herum ist weicher und leichter zu schaufeln, obwohl er jetzt ein bisschen dichter und deshalb schwerer ist. Meine Frau und ich werden versuchen, das Auto freizubekommen. Wir werden auf die Gerätschaften zurückgreifen, die uns zur Verfügung stehen und auf unser Wissen darüber, was wir früher in ähnlichen Situationen getan haben. Angesichts unserer Entschlossenheit, die Sache zu Ende zu bringen, werden wir hoffentlich heute Nachmittag in die Stadt fahren können. Sollte es uns nicht gelingen – was durchaus möglich ist – müssen wir bis nach dem nächsten Sturm warten, der für heute Abend angekündigt ist. Es soll ein schwerer Sturm sein und vielleicht müssen wir danach noch einmal 30 Zentimeter Schnee räumen.

Wir konzentrieren unsere Bemühungen auf den Bereich um die Räder. Die großen, am Rand abgeflachten Schneeschaufeln sind dort schwer zu handhaben und so holt meine Frau ein paar Gartengeräte herbei: Eine Handschaufel, ein paar kleine Pflanzschaufeln und einen Stock, um den Schnee um die Räder herum aufzulockern. Obwohl das Auto von allen Seiten von Schneemassen umgeben ist, gehen wir auf die Knie und graben vorsichtig die Räder aus. Manchmal werden die freigeschaufelten Stellen teilweise wieder von Schnee gefüllt, der von den Ästen der Bäume herabfällt, also schaffen wir zwischendurch größere Schneehaufen mit der Schneeschaufel weg. Es geht zunehmend leichter, weil der Schnee unter der gefrorenen obersten Schicht locker und leicht ist. Wir brauchen ungefähr eine Stunde, um das Auto soweit freizulegen, dass wir es starten und zur Straße hochfahren können.

Blockaden in der Meditation sind gewöhnlich umfangreicher, komplexer und schwieriger zu handhaben als wir denken. Gewahrsein kann uns helfen, sie etwas abzumildern, zu akzeptieren, auszuhalten und zu untersuchen. Wir können sogar gleichzeitig so viel innere Ruhe entwickeln, dass die Blockade vorübergehend verschwindet. Dieser Prozess erfordert Geduld und Beharrlichkeit. Irgendwann wird die Meditation trotz der Blockade oder Sackgasse fruchtbarer werden und weniger frustrierend sein, und Sie sehen allmählich ein Licht am Ende des Tunnels. Dann ist die Zeit gekommen, tiefer zu gehen und bis zu den Wurzeln der Blockade vorzudringen.

Das ist eine heikle Arbeit, die Geschick und Behutsamkeit erfordert. Denken Sie aber daran, dass es keine allgemeingültigen Instruktionen gibt, keine Strategien, die nachweislich für jeden funktionieren.

(Schwere und leichte) Sackgassen und Blockaden

Die meisten Blockaden fühlen sich anfangs schwer überwindbar an, aber wenn Sie beim Verlernen Fortschritte machen, werden sie normalerweise leichter, man kann sie besser tolerieren und hindurchgehen. Das hat damit zu tun, dass ja gerade die Angewohnheiten, die Sie nun verlernen, der Blockade ihre Schwere gaben. Und wenn man diese Gewohnheiten verlernt, zeigen sich meistens kreative und intuitive Wege, mit der Blockade umzugehen.

Eine schwerwiegende Blockade wird leichter, sobald Sie in Bezug auf die Meditationsanleitungen „lockerer" werden und sich mehr Flexibilität zugestehen. Wenn die Blockade dann etwas durchlässiger wird, können Sie vielleicht gewisse Ansichten und Überzeugungen in Bezug auf eine bestimmte Praxis hinterfragen und diese Praxis nicht nur aufgeben, weil sie nicht funktioniert, sondern auch Ihre Vorstellung über die Korrektheit oder Richtigkeit dieser Praxis etwas lockern. Und wenn die Blockade noch durchlässiger wird, stellen Sie vielleicht sogar fest, dass die Praxis, die für Sie nicht funktioniert hat, auf eine andere Weise wieder auftaucht und dass Sie sie für kurze Zeit praktizieren, ihre positiven Seiten erfahren und sie dann loslassen können. An diesem Punkt ist die Blockade nicht mehr wirksam, und anstatt nun das Gefühl zu haben, dass Sie einen großen Durchbruch erlebten, fühlen Sie sich vielleicht einfach nur ein bisschen leichter, so als wäre eine Last von Ihren Schultern genommen worden. Meditation ist wirklich so leicht und angenehm, wie Sie gehofft hatten.

Viele Sackgassen und Blockaden ergeben sich einfach aus den Vorstellungen und mentalen Konstrukten, die um sie herum erzeugt werden, und oft sind diese schwerer zu durchschauen, als die, die mit der Meditationspraxis an sich verbunden sind. Solche mentalen Konstrukte können mit den persönlichen Vorstellungen von der Wirklichkeit, des Wesens der Existenz, der Wahrheit und so weiter zu tun haben. Es können auch persönliche Geschichten über Ihr Leben sein oder über die Menschen, die darin vorkommen. Oder es können Begründungen, Rechtfertigungen und Erklärungen für unterschiedliche Verhaltensweisen oder Einstellungen sein, die Ihr Leben bisher unterschwellig bestimmt haben. Es ist ein interessantes Forschungsgebiet, zu dem das Verlernen von Meditation Sie unweigerlich hinführen wird.

Transformierende Konzeptualisierung

Transformierende Konzeptualisierung ist das, was ich als den Rahmen bezeichne, den ich entwickelt habe, um jene mentalen Konstrukte genauer erforschen zu können, die dazu beitragen, eine Blockade aufrechtzuerhalten. Es ist eine Möglichkeit, zu untersuchen, was wir über bestimmte Erfahrungen zu wissen glauben. Was wir über uns selbst, über andere oder die Welt als wahr betrachten, kann uns lange Zeit in einer Sackgasse festhalten.

Einer der wichtigsten Glaubenssätze, der hinterfragt werden muss, bevor ein transformierender Prozess der Konzeptualisierung wirksam werden kann, ist die Vorstellung, dass ein Verstehen jenseits von Begriffen der „reinen" Sinneserfahrung entspringt. Wenn diese Überzeugung unhinterfragt bleibt, werden Sie für diesen Prozess nicht offen sein, der tatsächlich auf das das Gegenteil hinweist: Auf die Ebene jenseits von Begriffen gelangt man durch Gewahrsein, Urteilsvermögen und Erforschen der eigenen Erfahrung. Eine weitverbreitete Vorstellung ist, dass Buddha die Menschen gelehrt habe, auf eine Weise der Sinne gewahr zu werden, die zur ausschließlich reinen Sinneserfahrung für jemanden führt, der Befreiung erlangt hat. Manche Leute gehen sogar noch weiter: Sie beziehen die präverbale Entwicklungsstufe der Kindheit ein und meinen, ein befreiter Geist wäre wie der eines Kleinkindes – frei von jeglichen Begriffen. Aber wir können uns nicht zurückentwickeln zu einer Welt ohne Begriffe, wenn wir erst einmal begonnen haben, Begriffe zu benutzen. Ich glaube, dass es in Buddhas Lehre in Wirklichkeit um eine Entwicklung des Geistes durch Verfeinerung und Klärung des Prozesses der Konzeptualisierung ging – bis zu einem Punkt, wo man schließlich, unabhängig von Konzepten und Begriffen, auch frei von Glaubensvorstellungen ist, welche durch Begriffe entstehen. Um dorthin zu gelangen, müssen Sie sich jedoch auf die Entdeckungsreise machen: Sie müssen Ihre Glaubenssätze, Ansichten und Erfahrungsmodelle genau anschauen und untersuchen. Hier haben wir einen weiteren Aspekt des Verlernens von Meditation.

Wie funktioniert also dieser transformierende Prozess der Konzeptualisierung? Es gibt dabei drei grundlegende Schritte:

1. Das Benennen einer Erfahrung
2. Die Beschreibung der benannten Erfahrung
3. Das Untersuchen der Geschichte hinter dieser Erfahrung

Die Erfahrung benennen

Der erste Schritt des Prozesses, bei dem wir Begriffe für unsere Erfahrungen finden, besteht darin, ihnen einen Namen zu geben. Das tun wir gewöhnlich auf zwei Arten. Bei der ersten lernen wir zunächst einen Begriff und versuchen, ihn in unserer Erfahrung wiederzufinden. „Zweifel" wäre beispielsweise so ein Begriff. Wenn wir dann eine Erfahrung machen, die zum Begriff Zweifel passt, so wie wir ihn verstanden haben, nennen wir diese Erfahrung „Zweifel".

Die zweite Art, unsere Erfahrungen in Begriffe zu übertragen funktioniert so, dass wir eine Erfahrung machen und sie benennen, während sie sich manifestiert (oder einige Zeit später). Sie sitzen beispielsweise da und meditieren und sind so frustriert wegen der Meditationsanleitungen, dass Sie zu dem Schluss kommen, dass diese Form der Meditation nichts für Sie ist. Sie benennen das vielleicht nicht während der Erfahrung, aber wenn Sie später darüber nachdenken, bezeichnen Sie sie schließlich als „Zweifel".

Normalerweise würden Sie es bei diesem ersten Schritt der Konzeptualisierung belassen, insbesondere, wenn Ihr Lehrer oder die anderen Meditierenden dieses Wort als korrekte Bezeichnung für diese Erfahrung akzeptierten. Das Wort „Zweifel" könnte sogar Teil des Vokabulars der Meditationspraxis sein, die Sie erlernt haben, wie auch sein Gegenteil: „Vertrauen". Wenn Sie den Begriff „Zweifel" benutzen, halten Sie sich vielleicht für einen Zweifler oder werden von anderen Mitgliedern der Gemeinschaft dafür gehalten. Diese Art der Konzeptualisierung eignet sich recht gut dafür, Etiketten zu vergeben und sich selbst mit dem jeweiligen Etikett zu identifizieren.

Die benannte Erfahrung beschreiben

Der zweite Schritt dieses Prozesses beginnt da, wo man anfängt, die benannte Erfahrung detaillierter zu beschreiben. Dadurch könnte man einige Dinge über die Erfahrung herausfinden, die der Aufmerksamkeit entgehen, wenn nur ein einzelner Begriff dafür benutzt wird. Sie könnten beispielsweise beschreiben, wie Sie versuchen, die Anleitung so gut Sie können zu befolgen und trotzdem immer wieder von Gedanken und Gefühlen abgelenkt werden. Oder Sie erleben beim Verlernen von Meditation Phasen der Verwirrung, weil Sie nicht wissen, was Sie während der Sitzung tun sollen. Sie könnten sich auch fragen, ob dieser Ansatz planlos oder kontraproduktiv ist. Indem Sie das, was Sie „Zweifel" nennen, genauer beschreiben, kann Ihnen bewusst werden, dass Sie mit diesem Begriff eine Reihe unterschiedlicher Erfahrungen benannt haben, die sich vielleicht in einigen Aspekten ähneln, sich aber dennoch nicht genau gleichen.

Möglicherweise stellen Sie beim Beschreiben Ihrer Erfahrungen auch fest, dass in Bezug auf die Sprache, die Sie zur Beschreibung Ihrer Erfahrung wählen, Verwirrung herrscht, insbesondere, wenn die Worte aus einem bestimmten System stammen wie beispielsweise den buddhistischen Lehren – das heißt, wenn die Worte, die Sie benutzen, um Ihre Erfahrungen auszudrücken, nicht Ihre eigenen sind. Sie stellen vielleicht fest, dass die Erfahrung auf einmal anders klingt, wenn Sie anfangen, Ihre eigenen Worte zu benutzen. Sie beschreiben beispielsweise eine Erfahrung des Zweifels mit den Worten „Bin verwirrt darüber, was ich tun soll" und eine andere mit „Bin nicht überzeugt von der Gültigkeit dieser Lehre".

Indem Sie Erfahrungen gründlicher und detaillierter beschreiben, entdecken Sie möglicherweise Dinge darüber, die Ihnen zuvor entgangen waren. Es passiert mehr als das Offensichtliche – nicht alle unsere Erfahrungen können sprachlich erfasst werden, wenn wir sie nur mit einem einzigen Wort beschreiben. In einem einzelnen Wort wird ein Teilaspekt der Erfahrung ausgedrückt, zu dem dieses Wort passt – aber es passt möglicherweise nicht zu den anderen Aspekten der Erfahrung.

Oft überspringen wir den Schritt des Benennens und beginnen gleich mit der Beschreibung. Wir tun das, wenn wir für ein Gefühl oder eine Empfindung nicht das richtige Wort finden können und stattdessen anfangen, die Erfahrung ausführlicher zu schildern. Die Konzeptualisierung geschieht dann durch eine Beschreibung und nicht durch ein einzelnes Wort. Aber wir machen uns die Mühe der ausführlichen Schilderung oft nur, um ein einzelnes Wort für die Erfahrung zu finden, so als ob jede Erfahrung einen bestimmten Namen hätte, den wir nur herausfinden müssten. Bei unserem Prozess der transformierenden Konzeptualisierung können Sie „mit leeren Händen" kommen und die Beschreibung, die Geschichte, das Gedicht oder Bild für das stehen lassen, was die Erfahrung für Sie bedeutet.

Wenn Sie sich eine Meditationssitzung ins Gedächtnis rufen, fassen Sie vielleicht Teile der Erfahrung in Worte oder stellen sie sich bildlich vor und benutzen Umschreibungen. Vielleicht verwenden Sie zur Beschreibung von Erfahrungen auch nur einzelne Wörter oder Begriffe, obwohl das Wort möglicherweise nur ein Platzhalter für eine weit umfassendere und vielschichtigere Wahrnehmung der Erfahrung ist. Allgemeine Merkmale der Erfahrung können ins Gedächtnis dringen, wie beispielsweise die Beschaffenheit eines bestimmten inneren Zustandes, der Ton der Stimme, die eine Geschichte erzählt, die Atmosphäre des Raumes oder Ortes oder die Stimmung, die während der Sitzung vorherrschte. Die einzelnen Elemente der Meditationssitzung, ihre Höhen und Tiefen, die Qualitäten, die da waren und jene, die abwesend waren, sind nur einige Dinge, die Eingang in die Beschreibung finden. Die Beschreibung einer Sitzung kann alles enthalten, was in ihr passierte und trotzdem unvollständig sein.

Viele Elemente Ihrer Sitzungen werden sich nicht in Worte oder Bilder kleiden, aber dennoch im Gedächtnis haften. Sie können sie sich kaum selbst vollkommen klar machen, geschweige denn anderen Menschen vermitteln. Aber sie fließen alle in Ihre Beschreibung ein.

Die Beschreibung und die Erfahrung, welche sie beschreibt, werden miteinander verknüpft, beispielsweise wenn Sie, während Sie über eine Erfahrung sprechen, den Begriff dafür benutzen. Wenn Sie zum Beispiel „eine *Verwirrung* darüber, was ich während der Meditation tun soll" beschreiben, kann diese Beschreibung auch auf andere, ähnliche Erfahrungen angewandt werden und kann sogar während der Erfahrung dazu dienen, ihrer gewahr zu werden. Oder sie können solche Erfahrungen kurz und bündig mit einem Wort als „Verwirrung" registrieren.

Hier hat sich ein transformierender Prozess der Konzeptualisierung entwickelt. Die Benennung oder der Begriff für eine Erfahrung ergibt sich jetzt aus ihrer Beschreibung und sowohl der Begriff als auch die Beschreibung werden benutzt, wenn man über die Erfahrung spricht. Der Prozess der Konzeptualisierung kann dann noch weiter gehen, wobei sich neue, ehrlichere Beschreibungen daraus ergeben, dass man bei der Erfahrung bleibt. Dann kann es sein, dass die Benennung, die man benutzt hat, um die Erfahrung zu bezeichnen, infrage gestellt und als unzulänglich empfunden wird, so dass nach einer neuen Benennung (oder Beschreibung) gesucht wird. Im Laufe des Prozesses könnte das Benennen sehr schwierig und das Beschreiben oder Umschreiben Ihrer Erfahrung zum einzig gangbaren Weg werden, Ihre Erfahrungen zu schildern.

Die Geschichte hinter einer Erfahrung untersuchen

Um die Geschichte hinter einer Blockade zu untersuchen, muss man letztere in einem bestimmten Maße erfahren haben, mit ihr vertraut sein und sie mit Hilfe der ersten beiden Schritte des transformierenden Prozesses der Konzeptualisierung beleuchten. Das ist immer noch möglich, wenn die Blockade relativ dicht, aber nicht, wenn sie unüberwindbar ist, denn in einem solchen Fall würden Sie höchstwahrscheinlich frustriert werden. Es muss eine Phase geben, in der Sie nicht völlig in der Blockade gefangen sind, damit Sie sie auf eine Weise untersuchen können, die ich nun beschreiben werde.

Zusätzlich zu den Blockaden, die mit Begriffen wie „Zweifel" zusammenhängen, haben wir unsere persönliche Geschichte mit Vertrauen (in etwas oder jemanden) oder dem Gegenteil: Misstrauen gegenüber Menschen, Autoritäten, Religionen und so weiter. Es kann sich unser persönliches Verhältnis zu der Religion, mit der wir aufwuchsen, offenbaren. Wir könnten uns daran erinnern, wie wir im Rahmen dieser Religion behandelt wurden, was wir durch sie lernten sowie an die Überzeugungen und Moralvorstellungen, die sie uns mitgab und die uns auch heute noch beeinflussen. Es muss aber keine Religion sein, vielleicht ist es die Erinnerung an einen Verein, ein Team, eine Organisation, eine Institution oder eine Situation – wo man an ein Programm oder eine Person „glauben" musste –, die das Empfinden von Misstrauen zu unterstützen oder zu nähren scheint. Vielleicht rebellieren Sie reflexhaft gegen Autoritätsfiguren, während andere Menschen ganz selbstverständlich einer Person vertrauen, die eine Autorität darstellt. Ihre persönliche Geschichte kann auch irgendwo zwischen diesen beiden Extremen angesiedelt sein: Sie sind vorsichtig in Bezug auf das, was Sie glauben, haben das Bedürfnis, Fragen zu stellen und die Dinge nach und nach zu überprüfen oder Sie sind bereit, einer Person zu vertrauen, nachdem Sie deren Charakter oder Motive bei mehr als einer Gelegenheit beobachtet haben.

Unsere Geschichten mit verschiedenen Lehren spielen eine bedeutsame Rolle bei der Aufrechterhaltung der Blockade des Zweifels, und es kann sein, dass sie schwerer aufzuspüren oder zu untersuchen sind, als die persönlichen Geschichten, mit denen wir vertrauter sind. Vielleicht leben wir mit der relativ einfachen Geschichte, dass wir alles über die Lehre, die wir praktizieren, glauben und sie nicht infrage stellen sollten, weil sie von jemandem stammt, der weiser und spirituell höher entwickelt ist als wir selbst. Aber diese Sichtweise führt zu einer Abhängigkeit vom

Lehrer, der Lehrerin und seiner oder ihrer Tradition und lässt gewöhnlich keine kritischen Gedanken über die jeweiligen Praktiken und Lehren zu. Die Überzeugung, dass wir unseren Lehrer nicht anzweifeln sollten (die in vielen buddhistischen Traditionen ziemlich stark ist), macht die Erfahrung des Zweifels zu einem Konfliktherd, löst die Angst aus, vom Lehrer abgelehnt zu werden und sich einen anderen suchen zu müssen. Würden nur mehr Meditationslehrer verstehen, welche wichtige Rolle Zweifel, Verwirrung und kritisches Denken bei der Entwicklung des Schülers zu Unabhängigkeit und Autonomie spielen, könnten sie diese Prozesse vielleicht als etwas Gesundes für das Individuum betrachten anstatt als Ablehnung ihrer Lehren oder gar als Verrat an ihnen selbst.

Im Laufe dieses Prozesses gibt es häufig Konflikte mit Geschichten, aber dieser konfliktreiche Prozess ist wichtig für jeden, der die Vorstellungen und Konzepte, welche er oder sie im Rahmen seiner Meditationspraxis übernommen hat, gründlich untersuchen will. Wenn wir allmählich weniger an verschiedene Geschichten glauben, die unsere Blockaden aufrechterhalten, ist das nicht einfach bloß eine Ablehnung dieser Geschichten, sondern ein Gewahrwerden des Einflusses, den diese Geschichten auf unsere Praxis hatten. Sie können weiterhin die Lehrer und die von ihnen vermittelten Lehren respektieren und wertschätzen, während Sie gleichzeitig immer weniger daran glauben und stattdessen immer mehr dahinter blicken. Manche Leute haben vielleicht hauptsächlich deshalb einen Widerstand gegen das Verlernen von Meditation, weil sie nicht wissen, wie sie eine Lehre oder die Methode eines Lehrers hinterfragen können, ohne sie gleichzeitig abzulehnen. Es ist ziemlich wahrscheinlich, dass Sie im Laufe dieses Prozesses einige Elemente Ihrer Meditationspraxis sowie einige Vorstellungen und Konzepte aufgeben werden, aber die wertvollen und unersetzlichen Elemente werden weiterhin Teil Ihrer Praxis bleiben.

Bei diesem Prozess der transformierenden Konzeptualisierung werden neue Geschichten Eingang in Ihre Meditationspraxis finden, solche, die auf den neuen Beschreibungen basieren und der neuen Art, die Dinge zu sehen. Diese neuen Geschichten können Ihnen aus Sackgassen heraushelfen. Solche Geschichten, und es können viele sein, funktionieren, solange sie frisch und lebendig sind, verlieren aber oft ihren Einfluss auf Erfahrungen, wenn sie abgedroschen und zu Konzepten werden, die mit der eigentlichen Erfahrung nichts mehr zu tun haben.

Eine erste transformierende Konzeptualisierung

Gegen Ende meiner Zeit als buddhistischer Mönch in Sri Lanka durchlief ich (nach dem Verlernen von Meditation) diesen Prozess der transformierenden Konzeptualisierung. Nachdem ich die von Mahasi Sayadaw vermittelte Praxis, die darin bestand, jeden Moment meines Erlebens einfach zu registrieren, größtenteils verlernt hatte, begann ich, bestimmte Diskurse Buddhas zu studieren, in denen auf verschiedene Elemente unserer geistigen Welt Bezug genommen wird. Zusätzlich las ich in der *Abhidhamma,* insbesondere in dem Buch, das ich in einem der vorhergehenden Kapitel erwähnte: *A Comprehensive Manual of Abhidhamma*. Das Modell, das ich dann benutzte, um meine meditativen Erfahrungen zu verstehen, basierte vorwiegend darauf, dass jede Erfahrung benannt wird und man diesen Namen oder Begriff dann in Bezug zu etwas setzt, das tatsächlich existiert, so wie es in diesen Texten zu finden ist.

Überzeugt, dass Verlangen zusammen mit einer angenehmen Empfindung verbunden ist, registrierte ich angenehme Empfindungen und sah das Verlangen, das zusammen mit ihnen aufkam. Überzeugt, dass Wut mit unangenehmen Empfindungen verbunden ist, nahm ich unangenehme Empfindungen mit dieser Assoziation im Kopf wahr. Indem ich das tat, war ich überzeugt, dass ich das Wesen von Verlangen und Wut (oder Abneigung) verstand, und indem ich meine Erfahrungen als solche benannte, drang ich zum Kern dieser Erfahrungen vor. Gleichzeitig mit dem Benennen dieser Erfahrungen sah ich sie kommen und gehen, selbst wenn sie scheinbar eine Weile anhielten, da ich die Gewohnheit entwickelt hatte, alle meine Erfahrungen in aufeinanderfolgende Momente einzelner, separater Ereignisse aufzuspalten. Ich wurde zum eifrigen Beobachter, der jeden Moment, wie er kam und ging, bewusst wahrzunehmen versuchte und jeden einer Benennung zuordnete, die zu einem System der Benennungen gehörte, welche man entweder in Buddhas Diskursen oder in der später entstandenen *Abhidhamma* fand.

Ich stellte fest, dass ich diese Praxis des Benennens meiner Erfahrungen hauptsächlich während meiner Geh-Meditation oder zu anderen Zeiten außerhalb einer Meditationssitzung anwandte. In den Sitzungen benannte ich größtenteils Erfahrungen, die sich als Verunreinigungen oder Blockaden darstellten, und manchmal benannte ich subtilere oder positivere Bewusstseinszustände, obwohl ich diese meistens unbenannt ließ. Ich war mehr an den subtilen positiven Zuständen interessiert und deshalb reflektierte ich mehr über sie, erforschte sie gründlicher, und mir fielen Beschreibungen für sie ein. Die unheilsameren geistigen Zustände waren für mich uninteressanter, aber in Übereinstimmung mit der Meditationskultur, in der ich mich bewegte, war es mein Ziel, sie zu überwinden, zu reduzieren oder zu transzendieren. Sie zu benennen, während sie auftauchten, war die akzeptierte Art und Weise, mit ihnen zu arbeiten.

Nachdem ich einige Monate auf diese Weise meditiert hatte, kam mir in den Sinn, einen Unterschied zwischen Hindernissen und unheilsamen mentalen Zuständen zu machen. Das mit einem Hindernis verbundene Sinnesverlangen war im Grunde dasselbe wie der „mentale Zustand des Verlangens, das von einer angenehmen Empfindung begleitet ist“, bis auf einen wichtigen Unterschied: Ersteres dauerte länger an und machte es schwierig, in einen ruhigen, fokussierten Zustand zu gelangen. Der mentale Zustand des Wünschens konnte viel kürzer sein, vielleicht nur ein paar Sekunden dauern und hinderte meinen Geist nicht daran, zur Ruhe zu kommen und sich zu fokussieren. Ich wurde nicht so sehr von vorübergehenden geistigen Zuständen in Anspruch genommen, denn sie konnten sogar auftreten, wenn ich ruhig und konzentriert war, ohne meinen inneren Frieden zu beeinträchtigen. Während mich andererseits ein Hindernis für eine Weile in den Fängen hatte und ich hindurch gehen musste, bevor mein Geist zur Ruhe kommen konnte.

Als ich diese Konzeptualisierung auf eine andere Emotion anwandte, die in der Meditation auftauchte, nämlich Wut, entdeckte ich bald, dass während der längeren Phasen von Wut viel mehr vor sich ging, als mit dem Wort „Wut" ausgedrückt werden konnte. Ich hatte geglaubt – so wie man es mich gelehrt hatte –, dass die Erfahrung vieler Stunden, in denen ich über irgendetwas in meinen Meditationssitzungen aufgebracht war, sich einfach nur aus dem Kommen und Gehen von Momenten der Wut zusammensetzte, das fälschlicherweise als wütendes Selbst betrachtet wurde, und dass ich, könnte ich die Wut einfach nur als das Kommen und Gehen solcher Momente sehen, frei von ihr würde. Nachdem ich beim Meditieren ein paar Mal Phasen durchgemacht hatte, in denen Wutgefühle mehrere Stunden anhielten und wahrnahm, was ich tatsächlich fühlte (anstelle dessen, was ich eigentlich als diese Erfahrung benennen sollte), erkannte ich rasch, dass während dieser langen Phasen Momente von Angst, Verletztheit, Raserei, Einsamkeit, Traurigkeit, Bedauern, Schuld, Abneigung und so weiter auftauchten. Ich erkannte allmählich, dass es da kein Hindernis der „schieren" Böswilligkeit (Wut) gab – ein solches Hindernis musste sich aus anderen Gefühlen zusammensetzen, zwischen denen eine Wechselwirkung bestand und die die ganze Sache aufrechterhielten.

Aber ich glaubte noch an viele der anderen „Geschichten" des Theravada-Buddhismus und merkte schließlich, dass ich über Monate hinweg einen übernommenen Glaubenssatz nach dem anderen infrage stellte. Ich lockerte zunehmend meine Meditationspraxis, um mir zu erlauben, gründlich über diese Glaubenssätze nachzudenken und herauszufinden, ob sie sich in meiner Erfahrung bestätigten. Kein Aspekt der buddhistischen Doktrin war vor dieser Art der Untersuchung sicher. Ich stellte die Gültigkeit der Vier Edlen Wahrheiten infrage, die drei Eigenschaften der Existenz (Vergänglichkeit, Leiden und Nicht-Selbst) und ganz allgemein, ob die Befreiung des Geistes überhaupt möglich ist. Ich gelangte zu der Überzeugung, dass keine der Lehren als Konzept wahr ist – es sind nur Geschichten, die den Menschen helfen sollen, geistig gesünder und glücklicher zu leben. Das ist das genaue Gegenteil dessen, was ich anfangs glaubte.

Eines Tages las ich diese berühmte Passage im Lankavatara-Sutra, einem Mahayana-Text: „Vom Tag seines Erwachens bis zu seinem Eingang ins Nirvana hat der Buddha keine Glaubenslehre verkündet." Das hallte tagelang in meinem Bewusstsein nach. Es machte Sinn für mich. Der Buddha hat keine Doktrin gelehrt. Er lehrte, was er selbst als einen Weg erfahren hatte, auf welchem sein Geist Ruhe fand und aufhörte, für sich und andere Leid zu verursachen. Sein Weg beruhte nicht auf einem System von richtig klingenden Glaubenssätzen, sondern auf einem Wissen, das seiner eigenen Erfahrung entsprang. Die Wahrheit der eigenen Erfahrung ist die Wahrheit der Lehre. Und die Begriffe zur Beschreibung eigener Erfahrung sind einfach nur die unvollkommenen Möglichkeiten, die uns zur Verfügung stehen, um darüber zu reflektieren und zu sprechen. Als mir dies bewusst wurde, ergab das, was der Buddha gelehrt hatte, für mich wieder einen Sinn. Ich hatte es gründlich untersucht, was soweit ging, dass ich es verwarf, um es dann aber aus einer völlig anderen Perspektive wieder neu zu verstehen: von dem Punkt aus, wo ich die Meditationspraktiken und die damit verbundenen Konzepte, die mir beigebracht worden waren, verlernt hatte. Indem ich durch diesen transformierenden Prozess der Konzeptualisierung ging – in vielen Momenten mit unterschiedlichen Blockaden und Hindernissen – war ich in der Lage, diesen Ansatz zum Verlernen von Meditation zu entwickeln. Es ist keine Methode oder Strategie, die Sie anwenden können, sondern eine Qualität (oder ein Prozess), die (den) Sie erwerben und verfeinern können.

13

Mühelose Stille

In einen Zustand der inneren Ruhe zu gelangen ist ein ziemlich einfacher Prozess. Es geschieht in der Meditationspraxis durch das Beobachten des Atems, das Rezitieren eines Mantras oder indem man einer geführten Meditation folgt. Wenn Sie eine dieser Methoden praktizieren, wird Ihr Geist schließlich zur Ruhe kommen und die störenden, ablenkenden Gedanken treten in den Hintergrund. Was gibt es da zu verlernen?

Ich war auch nicht der Meinung, dass es da etwas zu verlernen gäbe, bis ich anfing, diese ganze Vorstellung, man müsse sich anstrengen, um innerlich ruhig zu werden, infrage zu stellen. Wenn ich sehr unruhig, ängstlich oder angespannt war und meinen Geist unbedingt zur Ruhe bringen wollte, hatte das Bemühen, meine Aufmerksamkeit auf den Atem zu lenken, etwas Getriebenes, fast Verzweifeltes – ich stand unter Druck. Dann wurde mir klar, dass dieser unruhige Geist ja derselbe war, der sich bemühte, und dass es deshalb kein Wunder war, dass meine Versuche, mit der Aufmerksamkeit beim Atem zu bleiben, etwas Erzwungenes und Aggressives hatten. So reagiere ich, wenn ich unruhig und aufgeregt bin. Ich werde ungeduldig, und wenn ich dann etwas tue, tue ich es auf eine aggressive Weise, nicht langsam oder gelassen, wie ich es tun würde, wenn ich innerlich ruhiger wäre.

Es ist paradox, langsam, ruhig und freundlich zu agieren, wenn man unruhig, angespannt oder ungeduldig ist.

Für die meisten Meditationsanfänger/innen ist eine geführte Meditation, bei der Vorstellungen wie „die Gedanken loslassen", „tiefer in den Körper einsinken", „mit dem Rhythmus des Atems gehen", mit sanfter, beruhigender Stimme gesprochen werden, der direkteste Weg zur Verringerung der Anspannung am Anfang einer Meditationssitzung. Aus sich selbst heraus durch das bloße, stille Wahrnehmen des Atems innerlich ruhig zu werden ist vielleicht schwieriger als sich von einem entspannten, zuverlässigen Sprecher zum Atem hinführen zu lassen, obwohl Sie auch manchmal Ihr eigener Führer sein und auf eine Weise zu sich selbst sprechen können, die Ihnen hilft, sich in den Atem hinein zu entspannen. Dem Rhythmus des Atems zu folgen kann an sich schon ziemlich entspannend oder gar hypnotisierend sein.

Viele der Meditationstechniken, die die Leute praktizieren, um den Geist zur Ruhe zu bringen, sind Hypnose-Techniken so ähnlich, dass ich mich frage, worin da überhaupt die Unterschiede bestehen. Eine geführte Meditation, die einen Trancezustand induzieren soll, unterscheidet sich gewiss kein bisschen von einer verbalen Hypnose-Induktion, außer dass es dabei keine post-hypnotischen Suggestionen gibt – aber was ist mit der Anleitung, den Atem an den Nasenlöchern oder im Bauchraum bewusst wahrzunehmen? Ist das eine Hypnose-Induktion, um einen Zustand der inneren Ruhe zu erreichen?

Die Antwort hängt von der angewandten Technik ab, davon wie sie angewandt wird und was man dabei erlebt.

Atemzüge zu zählen oder wahrzunehmen und sie mit „Einatmen" – „Ausatmen" zu benennen ist eine der Hypnose ähnliche Technik. Sie fassen den Vorgang des Atmens in Worte und bringen die Atmung damit oft in einen regelmäßigen Rhythmus. Sie folgen den Worten genauso wie den Atemzügen, was Ihre Aufmerksamkeit stärker auf den Atem fokussiert als es ohne Zählen oder Worte der Fall wäre. Wenn Sie das oft genug tun, stellen Sie fest, dass sich Ihr Geist an diesen Prozess des Ruhigwerdens gewöhnt. Und im Allgemeinen ist der erlebte Zustand der Ruhe dann jedes Mal derselbe. Diese Methode, einen Zustand innerer Ruhe herbeizuführen, ist ziemlich berechenbar und verlässlich, das heißt, wenn Sie sich nicht gerade in einem psychischen Zustand (oder einer äußeren Umgebung) befinden, der (oder die) Sie daran hindert, sich auf den Atemvorgang und die Worte, mit denen Sie ihn benennen, zu konzentrieren. Wenn das der Fall ist, kann es allerdings nicht nur sein, dass die Methode nicht funktioniert, sondern dass es sogar zu einer frustrierenden, spannungsreichen Übung wird, die letztendlich zur Enttäuschung führt.

Vielleicht bringt man Ihnen auch bei, sich, anstatt mit Hilfe von Worten auf den Atem fokussiert zu bleiben, auf die Empfindungen beim Atmen zu konzentrieren – entweder auf den Lufthauch an den Nasenlöchern oder auf das Heben und Senken der Bauchdecke oder des Zwerchfells. Anfangs mag das von Worten begleitet sein, beispielsweise „Einströmen" und „Ausströmen" oder „Heben" und „Senken", aber Sie versuchen, der körperlichen Empfindungen des Atmens gewahr zu sein und so treten die Worte in den Hintergrund und Sie nehmen einfach nur wahr, wie sich der Bauch beim Heben und Senken anfühlt oder wie der Atem an der Oberlippe wie eine Feder vorbeistreicht oder in die Nasenlöcher einströmt wie eine sanfte Brise durch ein geöffnetes Fenster. Wenn Sie beim „natürlichen Atem" bleiben (wie S. N. Goenka es nennt), stellen Sie möglicherweise fest, dass er nicht regelmäßig ist und, weit davon entfernt „hypnotisch" zu sein, sowohl zwingend als auch beunruhigend sein kann. Ihre Aufmerksamkeit folgt dann etwas, das ein bisschen ungezügelter ist als die kontrollierte und entspannende Atmung, die durch Worte und Konzentration gezähmt wurde, was aber oft mühevoller ist, weil keine Worte in die Erfahrung „eingebaut" werden und Sie mit Ihren störenden, ablenkenden, urteilenden Gedanken sitzen müssen. Das hat sicher nichts mit Hypnose zu tun.

Während der Meditation beim natürlichen Atem zu bleiben, kann in einen Zustand der inneren Ruhe führen, aber das ist nicht der einzige Zweck: Es kann auch zu anderen meditativen Erfahrungen führen. Atemmeditation dieser Art wird also nicht nur gelehrt, um den Geist zur Ruhe zu bringen, sondern auch, um allem gewahr zu werden, was man erlebt. Wenn Sie eine Meditationssitzung mit solchem Gewahrsein des Atems beginnen, wissen Sie nicht, wohin es führt: zur Ruhe oder zu etwas anderem. Bei den hypnotischen Formen der Atemmeditation kennen Sie ziemlich genau die Richtung, in die Ihre Meditationssitzungen gehen sollten, denn Sie manipulieren und beeinflussen die Meditation in diese Richtung.

Nun gibt es aber einen dritten Weg, auf welchem Ihr Geist in der Meditation zur Ruhe kommen kann. Sie haben ihn bereits in den vorhergehenden Kapiteln und vielleicht auch in Ihren Meditationssitzungen kennengelernt. Er ist mühelos und ergibt sich einfach. Es steckt auch keine Technik dahinter. Aber das bedeutet nicht, dass es für uns nichts zu tun gibt. Eine Menge *Verlernen* ist nötig, damit wir wirklich auf diesen anderen Weg, in der Meditation in einen ruhigen Zustand zu kommen, vertrauen und ihn akzeptieren können.

Abdriften und Aufwachen

Vor ungefähr 15 Jahren schrieb ich einen Artikel mit dem Titel „Abdriften und Aufwachen" und veröffentlichte ihn in einem kleinen Newsletter, den ich damals regelmäßig verschickte. In diesem Artikel versuchte ich zu beschreiben, welche positiven Seiten es habe, wenn wir zulassen, in unseren Meditationssitzungen in den Schlaf abzudriften. Ich werde das nun in den nächsten Kapiteln noch einmal ausführen, diesmal aber detaillierter und umfassender. Die eigentliche Idee dahinter ist, dass wir, wenn wir uns wirklich erlauben, in der Meditation abzudriften, nicht wirklich einschlafen, sondern stattdessen den Schlaf nur oberflächlich streifen und in einen wachen, ruhigen Zustand eintauchen. Wenn Sie sich erlauben, schläfrig zu sein, anstatt dagegen anzukämpfen, stellen Sie vielleicht fest, dass Sie am anderen Ende in einen Zustand der inneren Ruhe gelangt sind, der alle Qualitäten ruhiger, meditativer Zustände besitzt, weil er einer ist. Hier ein Beispiel aus dem Tagebuch eines Meditierenden:

> Ich bemerkte allmählich, dass ich schläfrig wurde, obwohl das Wort schläfrig es nicht sehr gut beschreibt – vielleicht eher „entspannt". Ich dachte bei mir „Gott sein Dank", denn das bedeutet normalerweise, dass ich bald weniger an den Gedanken hängenbleibe – sie scheinen zu „passieren", ohne dass ich sie denke. Und das geschah dann auch. Ich driftete in einen traumähnlichen Zustand. Soweit ich weiß, war ich die ganze Zeit über wach, obwohl ich mich nicht an allzu viel erinnern kann, außer an eine kurze Szene, in der ein Hund mit seinem Tierarzt über seine Behandlung sprach. Außerdem erinnere ich mich, wahrscheinlich weil es für mich so ungewöhnlich ist, an sehr lebhafte Bilder von einem schnellen Lauf durch einen Wald – möglicherweise aufgrund eines Filmes, den ich am Abend zuvor gesehen hatte.

Tatsächlich kann das Zulassen von Schläfrigkeit in einen geistigen Zustand führen, von dem man gesagt bekommt, man solle ihn in der Meditation vermeiden. Ich bin vielen Praktizierenden begegnet, die sich niemals erlaubt haben, während der Meditation abzudriften und die deshalb solche Erfahrungen nur kurz gestreift haben, bevor sie ihre Aufmerksamkeit abrupt wieder auf ein angemessenes Meditationsobjekt richteten wie beispielsweise den Atem. Falls die Anleitungen in diesem Buch Ihre erste Begegnung mit der Meditation sind, werden Sie wahrscheinlich keinen großen Widerstand dagegen verspüren, in der Meditation abzudriften und wieder zurückzukommen. Falls aber ein Widerstand dagegen auftaucht, Ihren Geist wandern zu lassen, wohin er will, dann schauen Sie den Widerstand einfach an und gehen Sie freundlich damit um.

Ich erwähnte bereits, dass dieser Ansatz möglicherweise eine Bedrohung für Ihr Bedürfnis sein wird, Ihren Geist zu kontrollieren; es ist also völlig normal, Angst vor irgendeinem unerwünschten oder ungewohnten Zustand zu haben, der eventuell auftauchen könnte. In manchen Fällen könnten Sie dazu neigen, diesen Erfahrungen mit Misstrauen zu begegnen, weil sie vielleicht seltsam und verwirrend sind. Indem Sie sie akzeptieren und ihnen freien Lauf lassen, entwickeln Sie vielleicht allmählich Vertrauen in diesen paradoxen Prozess des Abdriftens und Aufwachens.

Diese Art zur Ruhe zu kommen, indem man empfänglich für das ist, was man erlebt und dabeibleibt, ist nicht nur ein sanfter, zulassender Weg, den Geist zur Ruhe zu bringen, sondern meiner Meinung nach aus psychologischer Sicht sicherer und geerdeter als jene Ansätze, die den Prozess beschleunigen, wie beispielsweise Praktiken, bei denen man lange Zeit still sitzen, sich auf Objekte konzentrieren und Energie durch den Körper schicken muss.

Neben der Schwierigkeit, dem eigenen Geist, so wie er ist, in der Meditation zu vertrauen, gibt es noch eine andere, etwas weltlichere Sorge darüber, wie andere uns wahrnehmen, wenn wir in einer Gruppe meditieren. Der Gedanke, wie Sie auf andere wirken, während Sie auf dem Kissen sitzen, kann sich durchaus auf Ihre Bereitschaft auswirken, Ihrem Geist zu erlauben, bis hin zur Schläfrigkeit abzudriften – denn wenn Sie das zulassen, wird Ihr Körper wahrscheinlich zusammensacken und Ihr Kopf herabhängen. Sie sehen dann nicht mehr wie der sportliche, wache und bewusste Meditierer aus, den man auf Zeitschriftenfotos bewundern kann. Wenn Ihr Kinn auf die Brust sinkt und sich Speichel in Ihren Mundwinkeln sammelt, fühlen Sie sich vielleicht peinlich berührt und unwohl damit, dass Sie meinen Vorschlägen gefolgt sind. Und wenn Sie in einen friedlichen Schlaf wegdösen, nur um kurz darauf vom eigenen Schnarchen aufzuwachen, verfluchen Sie mich vielleicht insgeheim und bedauern, sich auf diese Praxis eingelassen zu haben. Da mache ich Ihnen keinen Vorwurf. Ich verstehe diese Situation nur allzu gut.

Wir sind Teil einer Meditationskultur, die bestimmte Werte hochhält, denen dieser Ansatz anscheinend zuwiderläuft, weil er mehr Wert darauf legt, bei der eigenen Erfahrung zu bleiben, als auf eine korrekte

Körperhaltung. Und außerdem wird das, was ich als eine Erfahrung von Abdriften und Aufwachen bezeichne, gewöhnlich eher als geistiges Abschweifen, Fantasieren oder Tagträumen betrachtet.

Ich schlage Ihnen also nicht nur vor, etwas zu praktizieren, was man gemeinhin als mangelhafte Form in einer Meditationssitzung bezeichnen würde, sondern empfehle Ihnen auch noch, „nicht achtsam" und „nachgiebig" zu sein – um einige der gängigen Ausdrücke unserer Meditationskultur zu verwenden. Das könnte für einige von Ihnen eine größere Hürde sein als die, Ihren Körper zusammensacken zu lassen. Sie könnten denken, dass es unproduktiv oder ein Zeichen von Faulheit sei, dem Geist zu erlauben, während der Meditation abzudriften – dass es nirgendwo hinführen würde, außer zu noch mehr Tagträumen und Fantasien, dass Sie in der Meditation einschlafen und Sitzungen erleben würden, in denen Sie nur „wegtreten". Es hätte augenscheinlich nicht viel gemein mit einer „richtigen" Meditationspraxis und gewiss nicht mit einer, auf die Sie stolz sein könnten.

Sie können nun sicher verstehen, warum die wenigsten Meditationslehrer lehren, was ich hier befürworte und warum das „Zur-Ruhe-bringen des Geistes" oft aus der Perspektive der Anweisungen gelehrt wird. Mit der Anleitung, sich auf ein Meditationsobjekt zu fokussieren, haben Sie gleichzeitig Regeln, die mit der üblichen Vorstellung von Meditation übereinstimmen: Sie sitzen mit geradem Rücken ganz wach da und konzentrieren sich auf das jeweilige Objekt der Meditation. Sie lassen den Rücken nicht zusammensinken und richten sich stets sofort wieder auf, wenn dies geschieht. Sie wecken sich auf, wenn Sie schläfrig werden. Sie bleiben mit der Aufmerksamkeit bei Ihrem Meditationsobjekt und schweifen nicht davon ab. Na, das klingt doch wie Meditation!

Wir könnten uns bei diesem Thema im Kreis drehen. Ich könnte angestrengter versuchen, Sie zu überzeugen, in der Meditation Ihrem Geist, so wie er ist, zu vertrauen. Ich könnte anfangen, auf Anleitungen basierende Praktiken zu kritisieren. Aber ich könnte solche Praktiken auch verteidigen und meinen eigenen Ansatz kluger Kritik unterziehen. Das ist die grundlegende Fähigkeit, über etwas zu debattieren, die die meisten von uns besitzen. Aber welche Seite auch gewinnt – die andere ist möglicherweise trotzdem nicht überzeugt. Ich wäre es jedenfalls nicht.

Lassen wir also die Vorstellungen über Meditation beiseite und wenden wir uns den Erfahrungen von Meditierenden zu. Die Anleitung, anfangs die Aufmerksamkeit auf jene Stellen zu richten, wo die Hände den Körper oder einander berühren oder das Gesäß in Kontakt mit dem Kissen ist, oder auch auf den ganzen sitzenden Körper, kann die Voraussetzung dafür schaffen, dass der Geist in einen ruhigen Zustand gelangt. Diese simple Anleitung zieht einfach Ihre Aufmerksamkeit vom Kopf und Brustkorb ab, jenen Bereichen also, wo wir normalerweise das Denken und Fühlen verorten, und bringt Ihr Gewahrsein in einen Bereich, wo Sie vorwiegend körperliche Empfindungen wahrnehmen, die nicht mit Emotionen verbunden sind. Außerdem wird die längere Konzentration auf etwas Unbewegtes wie den still dasitzenden Körper den Geist ganz natürlich entspannen und kann Sie schläfrig werden lassen. Beim folgenden Beispiel einer Frau, die vor einigen Jahren mit der *Recollective Awareness Meditation* begann, wird die Kontaktstelle der Hände mit anderen, rhythmischen, hypnotischen Elementen kombiniert.

> Spürte den Atem in meinen Händen, eigentlich meinen Puls, und hörte die Uhr im selben Rhythmus. Ein paar Gedanken, eine gewisse Spannung im Kopf und ein Gefühl der Schwere. Ich verweilte lange bei den Händen und beim Puls. Dann ein plötzlicher Wechsel zu Bildern und Poesie – schnappschusshafte Szenen vom Kanufahren in Kanada und einer Idee für ein Gedicht. Dann ein weiterer Wechsel zu bunten, funkelnden Lichtern, runde Birnchen an dünnen Kabeln, aber das dauerte nur einen Moment. Dann Wellen von Farbpartikeln, die kamen und gingen. Es war beruhigend, friedvoll, und manchmal kehrte ich zurück zum Puls in meinen Händen und der Perspektive eines Beobachters innerhalb meines Körpers. Mein Geist war sorgenfrei, entspannt, ruhig, akzeptierend und ein bisschen weggetreten und schläfrig, aber nur ein wenig, nicht unangenehm – wie eine willkommene Pause – der Glockenton schreckte mich auf.

Nachdem die Meditierende innerlich zur Ruhe gekommen war, fand ein Wechsel statt: Sie sah Bilder und Farben. Dann ein weiterer Wechsel zu einem Gedicht, an dem sie arbeitete, und ihre Aufmerksamkeit entfernte sich von der Stelle, wo sich ihre Hände berührten, von ihrem Puls und vom Ticken der Uhr. Es ist ganz natürlich, dass man in einem solchen ruhigen, entspannten Zustand den Kontakt zu dem verliert, was einen in diesen Zustand geführt hat und nicht zu diesen Konzentrationsobjekten zurückkehrt. Wenn jemand aber der Anleitung folgt, immer wieder zum Atem oder zu einem Mantra oder einer speziellen Visualisierung zurückzukehren, wird die natürliche Entfaltung des Zustandes eher verhindert denn unterstützt. Das innere Bild vom Kanufahren oder die Idee für ein Gedicht tauchen als neue Konzentrationsobjekte auf und werden später abgelöst vom Glitzern bunter Lichter und wellenartig auftauchender Farbpartikel. Um mit diesen Bildern und Ideen mitgehen zu können, musste die Meditierende zulassen, dass sich ihre Aufmerksamkeit vom Pulsieren in ihren Händen abwendet.

Weil das Wegdriften in diese ruhigen inneren Zustände mit einer gewissen Schläfrigkeit verbunden ist, kämpfen viele Meditierende gegen diese Erfahrungen an, das heißt, bis sie herausfinden, dass das den meisten Leuten passiert, die nach diesen Anleitungen praktizieren. Vor ein paar Jahren hatte ich einen Schüler, der noch nie davon gehört hatte, dass diese Anleitungen dazu führen können, dass man in der Meditation abdriftet. Er saß nämlich im Gefängnis und hatte in den ersten Wochen seiner Praxis keinen Kontakt zu einem Lehrer, der solche Dinge hätte kommentieren können. In seinem Tagebuch berichtet er von vielen Momenten, in denen er gegen den Schlaf ankämpfte und versuchte, diesem Gefühl nicht nachzugeben. Die einzige Zeit, in der es still genug zum Meditieren war, war am frühen Morgen, und so sah er auch das als Grund für seine Schläfrigkeit an.

Der Grund, weshalb Schläfrigkeit von verschiedenen traditionellen Ansätzen so vehement bekämpft wurde, ist in uralten buddhistischen Texten zu finden, in welchen ernsthafte Meditierer angewiesen werden, sich mithilfe einer Reihe von Techniken wach zu halten. Schläfrigkeit galt als Hindernis für die Meditation. Innere Ruhe wurde allerdings als ein geistiger Zustand betrachtet, der es wert ist, kultiviert zu werden. Die Erfahrung zeigt aber, dass die meisten Menschen sich, wenn sie innerlich ruhig sind, auch ein bisschen schläfrig fühlen. Leider bekommen Meditierende das Ideal vermittelt, gleichzeitig ruhig und wach zu sein, was sie daran hindert, zuerst ruhig und später wacher zu werden.

14

Meditation: Wegdriften und Aufwachen

Es ist weder immer leicht, mit diesem Prozess des Wegdriftens und Aufwachens zu meditieren, noch ist es einfach. Immer wieder wird es vorkommen, dass wir uns im Zustand der Stille wiederfinden, ohne uns daran zu erinnern, wie wir dorthin gelangt sind. Es ist, als sei die Erinnerung ausgelöscht, und wir können sie nicht zurückholen. Wir wissen nicht, wie es passierte oder was worauf folgte. Wir wissen nur, dass sich das Denken verändert oder ganz aufgehört hat und alles ruhiger und stiller ist.

Wenn wir aus irgendwelchen Gedankengängen in einen Zustand innerer Stille gelangen, fällt es uns normalerweise schwer, uns an diesen Übergang zu erinnern. Oft entfällt uns auch, worüber wir nachgedacht haben, und wir können uns nicht daran erinnern, was daran so wichtig oder spannend war. Hier ein Beispiel aus dem Tagebuch einer Schülerin:

> Dieser Gedankengang schien anfangs ziemlich wichtig zu sein. Und dann war er ganz plötzlich (und vollständig) weg. Ich erinnere mich an nichts von dem, worüber ich nachgedacht hatte und was daran wichtig gewesen war. Ich sehe, wie ich mich gewohnheitsmäßig dazu

> hinreißen lasse, Mutmaßungen darüber anzustellen – aber eigentlich erstaunt mich viel mehr, dass er so einfach verschwinden konnte.

Die Meditierende versucht zu verstehen, wieso das Denken plötzlich aufhörte, aber weil sie sich nicht an den Übergang erinnern kann, muss sie Vermutungen darüber anstellen. Das ist eines der Hauptprobleme, mit dem wir konfrontiert sind, wenn uns nicht bewusst ist, wie etwas geschah. Wir spekulieren über die Gründe und denken uns eine Theorie oder Erklärung dazu aus, wie etwas zustande kam, aber im Grunde wissen wir es nicht. Wir erinnern uns nicht an eine Erfahrung, auf die wir uns beziehen können. Einer der Gründe, sich diesen Übergang wieder ins Gedächtnis zu rufen, ist, ein klareres Bild davon zu bekommen, wie solche flüchtigen Zustände in unseren Sitzungen tatsächlich zustande kommen. Meiner Ansicht nach ist es wichtig, eine Ahnung von den Bedingungen zu bekommen, die solche Erfahrungen hervorrufen, um diese Zustände besser verstehen und davon profitieren zu können.

Oft können wir uns an einen Übergang erinnern, wenn er mit einem Bild oder einer Veränderung der Energie einhergeht wie bei der Erfahrung dieses Meditierenden:

> Ich spürte etwas in meinem Bauch und dann sah ich eine Hand, die ihn berührte, worauf eine sanfte Energiewelle durch meinen Körper flutete. Das bedeutet normalerweise, dass ein Übergang in einen anderen Zustand stattgefunden hat, in welchem mein Geist vorübergehend klar und still ist.

Bei dieser Art von Übergang können Sie auf den Atem, auf Geräusche, Körperempfindungen, Gedanken, Gefühle, Bilder oder irgendetwas anderes, dessen Sie gewahr werden, konzentriert sein – sogar auf Einkaufslisten oder ein Lied, das Ihnen nicht aus dem Kopf geht. Man kann nichts als Möglichkeit ausschließen, in einen Zustand der Stille zu gelangen.

Wenn man bei intensiven Gefühlen bleibt, ist man von vorneherein oft wach genug, um den Übergang in den Zustand der Stille wahrzunehmen.

Indem man seine Unruhe, Aufgeregtheit, Anspannung, Angst und sein Verlangen aushält, ist es möglich, bis zu einem gewissen Grad zu durchschauen, was sie aufrecht erhält, wie es eine Meditierende in folgendem Tagebucheintrag beschreibt:

> Nach einiger Zeit werde ich unruhig, als ich anfange, über all die Dinge nachzudenken, die ich heute noch tun will, besonders da morgen mein erster Arbeitstag nach einwöchiger Abwesenheit ist. Es wird mir nicht gelingen, alles zu erledigen, und ich bin enttäuscht. Ich verspüre den Drang, von meinem Kissen aufzustehen und die Meditation abzubrechen, damit ich mich meiner To-do-Liste widmen kann. Plötzlich kommt mir der Gedanke, dies könnte ein „Verlangen nach einer Sinneserfahrung" sein, von dem ich einige Meditierende sprechen hörte. Ich dachte immer, es ginge dabei um gröbere Dinge wie beispielsweise das sinnliche Vergnügen, das mit Sex oder Essen oder einem heißen Bad verbunden ist. Jetzt erkenne ich, dass die Art von Beschäftigung, an die ich denke, für mich Vergnügen bedeutet: das Gefühl, etwas erreicht zu haben, gemeistert zu haben, für eine bestimmte Art von Ordnung oder Schönheit gesorgt zu haben. Mit diesem Gewahrsein taucht allmählich ein helllilafarbenes Licht vor meinem inneren Auge auf. Es pulsiert langsam, leuchtet im Zentrum seines ungefähr kreisförmigen Umrisses, dehnt sich bis zu einem unsichtbaren Rand hin aus und zieht sich dann wieder vom Rand zum Zentrum zusammen.

Indem Sie eine Verbindung zwischen der Art von Beschäftigung, über die sie nachdenkt, und sinnlichem Vergnügen herstellt, hat die Meditierende etwas über das Hindernis der Unruhe und deren Verbindung mit anderen Gefühlen erkannt. Wenn solche Dinge unmittelbar verstanden werden, lässt der Geist das Hindernis los und geht in einen Zustand der Stille über. Während der Meditation pulsierende Farben zu sehen und ihren Bewegungen und Veränderungen zu folgen, ist für manche Menschen ein wichtiges Merkmal eines Zustandes der inneren Ruhe.

Zustände der Stille beschreiben

Zustände der inneren Ruhe oder Stille zu beschreiben, hilft uns, ihrer mehr gewahr zu werden. Im Grunde fehlen uns angemessene Worte für solche Erfahrungen. Indem wir versuchen, sie genauer zu beschreiben, können uns in Bezug auf sie kleinere Details bewusst werden, die wir ansonsten nicht unbedingt beachtenswert fänden.

Die meisten Leute beschreiben eher innere Bilder denn rein mentale Prozesse, und zwar vor allem deshalb, weil man sich leichter an sie erinnern kann. Viele sehen aber keine inneren Bilder oder Farben in ihren Sitzungen und nehmen stattdessen Empfindungen oder Klänge wahr oder haben plötzlich bestimmte Einfälle. Es ist vielleicht ein bisschen schwieriger, sich hinterher an solche Einzelheiten zu erinnern, weil sie subtiler sind und nicht unbedingt zu den Dingen gehören, die zu erinnern Sie gewohnt sind. Ich frage Schüler oft, ob sie sich in solchen Zuständen einer bestimmten geistigen Qualität oder besonderen Art, die Dinge wahrzunehmen, bewusst waren. Die unten beschriebene Sitzung ist ein Beispiel einer Meditierenden, die die Qualität ihres geistigen Zustands wahrnahm (sowie innere Bilder, Denkmuster und die Bewusstseinsebene).

> Ich tauche tiefer in die Meditation ein. Dieses Einsinken ist mit einem vertrauten Empfinden verbunden: dick, weich, einhüllend. Ein paar unzusammenhängende Gedanken setzen sich fort, aber ich bin nicht besonders an ihnen interessiert. Sie sind unsinnig und plätschern dahin, während ich tiefer sinke. Es endet beim Bild eines Kuhkopfes, der Heu kaut und einer Aufhellung des Hintergrundes, so dass ich alles deutlicher wahrnehme. Ich frage mich, woher dieses Bild kam, und ich erinnere mich an die Unterhaltung mit einer lieben Freundin, bei der ich erwähnte, dass ich auf Bauernhöfen glücklich bin. Dieser Zyklus wiederholt sich noch zwei Mal: das tiefer Sinken, das mit unzusammenhängenden Gedanken einhergeht (es endet jedes

> Mal mit einem Bild, aber ich kann mich nicht mehr an die Bilder erinnern) und führt mit einem Hellerwerden des Hintergrundes zu einem klareren Gewahrsein.

Diese Art von Beschreibungen sensibilisiert uns stärker für die direkte Erfahrung unseres Geistes in solchen Zuständen. Das Beschreiben der Gedanken ist Teil der Beschreibung des Zustandes, in dem sich die Meditierende befindet und ist nicht davon getrennt. Wenn sie also schreibt, dass ihre Gedanken unzusammenhängend sind und ohne Sinn dahinplätschern, erkennt sie, wie Denken in diesem bestimmten Zustand funktioniert, obwohl sie sich nicht an den Inhalt der Gedanken erinnert. Wäre sie in der Lage, sich an die Inhalte zu erinnern, vielleicht nur ein Wort oder einen Satz oder das Thema, könnte sie ihre Erfahrung noch etwas detaillierter vermitteln.

Der bewusste Versuch, sich in diesen Zuständen der Stille an bestimmte Dinge zu erinnern, kann allerdings zu viel Druck aufbauen und sich kontraproduktiv auswirken. Nachdem ich vor Kurzem bei einem Retreat hörte, wie ein Schüler beschrieb, dass er in seinen Sitzungen immer wieder ein bestimmtes Bild sah, schlug ich ihm vor, sich auf die Einzelheiten dieses und ähnlicher Bilder zu konzentrieren, wenn sie auftauchten.

> Leider nahm Jason mich gestern Abend beiseite und forderte mich auf, mich auf bestimmte Dinge zu fokussieren. Das brachte mich aus dem Gleichgewicht. Es wurde ein bisschen anstrengender und enger. Ein Schmerz machte sich wieder bemerkbar: Es war eine Aufgabe. Und wahrscheinlich auch mit einem gewissen Zweifel verbunden. Ich muss aufhören, mich auf innere Bilder zu stürzen oder auf welche zu warten. Es ist so dumm, angespannt zu sein. Es verdirbt die ganze Freude und Klarheit. Trotzdem nehme ich noch einiges wahr und es gab auch Momente der Entspannung.

Wir müssen wirklich sensibel wahrnehmen, was passiert, wenn wir in einem Zustand der Stille sind. Der Versuch, hier aktiv und direkt zu agieren, wirkt sich oft störend aus und kann uns unmittelbar aus dem Zustand herausbringen. Das ist ein weiterer Grund dafür, dass es so hilfreich ist, sich im Nachhinein ins Gedächtnis zu rufen, was in diesen Zuständen vor sich geht. Indem wir uns einfach dem hingeben, was im Zustand der Stille passiert, ohne zu versuchen, besonders wach zu sein oder die Dinge zu kontrollieren, erfahren wir diesen Zustand intensiver, tiefer. Und wenn wir ihn uns später ins Gedächtnis rufen, werden wir uns seiner mehr bewusst. Wenn dann dieser Zustand wieder auftritt, sind wir wahrscheinlich ein bisschen bewusster als beim letzten Mal und diese Bewusstheit kann zu einer feineren Wahrnehmung während des Zustandes und feineren Unterscheidungen zwischen ihm und anderen ähnlichen Zuständen beitragen.

Uns kann dann bewusst werden, wie sich ein bestimmter Zustand der Stille im Laufe der Zeit verändert hat. Es kann sein, dass wir die Veränderung lange Zeit nicht wahrnehmen, bis wir sie in Worte fassen wie im folgenden Beispiel:

> Ich nannte diese Erfahrung gewöhnlich „inneres Beben“, aber jetzt fühlt es sich wie ein sehr fließender Zustand an. Es kommt mir vor, als würde ich mich durch diese Schichten bewegen wie ein Flugzeug, das durch unterschiedliche Luftschichten fliegt.

Die Reihenfolge der Ereignisse beschreiben

In einem weiten, stillen Raum ist unser Zeitgefühl nicht sehr exakt. Ich habe oft gehört, wie sich Leute darüber wunderten, dass ihnen die Sitzungen so kurz vorkamen. Die meisten Meditierenden empfinden es in einem solchen Zustand nicht als schwierig, länger als eine Stunde zu meditieren und können so die Dauer ihrer Sitzungen problemlos ausdehnen.

So wie diese Zustände unser Zeitgefühl verändern, können sie auch unser Gefühl für die Reihenfolge von Ereignissen beeinflussen. Sie können unsere Wahrnehmung eines linearen Ablaufs durcheinanderbringen.

> Da ist ein verschwommenes Bild von Säulen, zwischen denen ich mich bewege – sehr dunstig und fließend. Außerdem ist da das Gefühl, mich zu einer Öffnung hin zu bewegen … ein Gewahrsein eines Augenblicks der Angst, und dann verschwindet das alles wieder. Diesmal fragte ich mich, ob meine Wahrnehmung der Reihenfolge der Dinge stimmte. Ich hatte fast das Gefühl, als ob das Ganze vor den Visualisierungen geschehen sei und sie den Prozess später einfach nur widerspiegelten.

Die Meditierende deutet an, dass sich ihr Gefühl für die Reihenfolge der Ereignisse von der erinnerten linearen Abfolge des Prozesses unterscheidet. Sie erinnert sich 1.) an ein Bild, in welchem sie sich zwischen Säulen bewegt, 2.) an die Bewegung zu einer Öffnung hin, 3.) an einen Moment der Angst und 4.) an ein Verschwinden der Angst und alles anderen. Aber sie hat das Gefühl, dass der Moment der Angst auftauchte und verschwand, bevor sie vor ihrem inneren Auge sah, wie sie sich zwischen Säulen und auf eine Öffnung zu bewegte.

Einer der Gründe, weshalb es in solchen Zuständen wie dem oben beschriebenen zur Verwirrung über die Reihenfolge der Ereignisse kommen kann, ist, dass wir in einem Zustand der inneren Stille die Dinge auf eine multilineare Weise erfahren können. Die Erfahrung der Multi-Linearität ist nicht mit der Erfahrung des gleichzeitigen Auftretens von Ereignissen zu vergleichen. Der Unterschied besteht darin, dass der Geist mit zwei oder mehr linearen Abläufen beschäftigt ist, die scheinbar nichts miteinander zu tun haben. Sie setzen sich unabhängig voneinander fort und treffen vielleicht nie aufeinander. Im oben beschriebenen Beispiel folgt der Geist der Meditierenden vielleicht auf einer „Spur" der Angst und auf einer anderen dem Weg durch die Säulen. Diese Art der Aufspaltung in eine Spur des Fühlens und eine andere der bildlichen Vorstellung ist nicht ungewöhnlich. Verwirrung kommt dann häufig auf, wenn einer der Abläufe stoppt und der andere sich fortsetzt. Wir versuchen dann vielleicht, in der Erinnerung beides in eine lineare Abfolge zu bringen, insbesondere, wenn wir absolut davon überzeugt sind, dass unsere gesamte mentale Erfahrung in einer geraden Linie verläuft.

Das Unerwartete

Zustände der inneren Stille entsprechen in den wenigsten Fällen unseren Erwartungen. Unerwartete Dinge geschehen in einem solchen Zustand – und auch danach. Es gibt ein paar allgemeine Muster, die ich Ihnen beschreiben kann, aber wir betreten hier einen Bereich, in welchem Menschen im Allgemeinen ganz individuelle Erfahrungen machen.

Es ist dieser unerwartete und eigentümliche Aspekt bestimmter Zustände der inneren Stille, der dazu führen kann, dass wir sie mit Argwohn betrachten. Wir neigen dazu, Erfahrungen anzuzweifeln, die mit nichts vergleichbar sind, wovon wir je gehört haben oder die von den Vorstellungen abweichen, die wir uns von ihnen gemacht haben. Vielleicht glauben Sie zum Beispiel, dass Sie, wenn Sie in einer Meditationssitzung eine Weile in einem tiefen, stillen Raum waren, hinterher entspannt und gelassen sein müssten. Sind Sie es nicht, mag das beunruhigend für Sie sein. Manche Menschen machen immer wieder die Erfahrung, dass sie sich ängstlich oder unruhig fühlen, nachdem sie aus einem solchen stillen Zustand zurückgekommen sind.

Ich habe oft von Leuten gehört, dass sie morgens bei ihrer Meditationssitzung in einen tiefen Zustand der Stille gelangten, nur um später bei der Arbeit oder im Unterricht oder bei ihren Erledigungen festzustellen, dass sie sich überempfindlich, gereizt, ängstlich oder wütend fühlten. Da spielen natürlich auch noch andere Faktoren eine Rolle, aber wenn dieselben Leute ihre Meditationssitzung dann auf den Nachmittag oder Abend verlegten, stellten Sie fest, dass die zusätzliche emotionale

Verletzlichkeit und Reaktivität, die sie ansonsten tagsüber an sich wahrgenommen hatten, zumindest teilweise verschwand. Es ist oft schwierig, sich gegen die morgendliche Meditation zu entscheiden, wenn das die beste Zeit für Sie ist, besonders, wenn Sie dann angenehme Sitzungen haben, bei denen Sie in einen stillen Zustand gelangen. Manche Leute greifen den Vorschlag, später am Tag oder abends zu meditieren, auch deshalb nicht auf, weil dann normalerweise die mentale und emotionale Aktivität aufgrund der Ereignisse des Tages stärker ist.

Sie fragen sich vielleicht, warum ich Ihnen vorschlage, dieses Muster zu durchbrechen. Während eines wenige Tage und Nächte dauernden Retreats können Sie durch diese Zustände der Verletzlichkeit oder inneren Unruhe, die nach einem Zustand der inneren Stille unerwartet auftauchen können, hindurchgehen: in einem Umfeld, in welchem Sie mit dieser Erfahrung „sitzen" und vertraut werden können. Draußen in der Welt, insbesondere am Arbeitsplatz oder in einem Klassenzimmer, müssen Sie diese schwierigen Gefühle oder Ihre Ängstlichkeit und Unruhe unterdrücken und darunter könnten Ihre Arbeit, Ihre Studien oder Ihre Beziehungen leiden.

Sie gewinnen vielleicht den Eindruck, dass es gar nicht so durchgängig angenehm ist, in der Meditation in die Stille zu gelangen. Manchmal lindert es Ihren Schmerz und zu anderen Zeiten scheint es ihn zu verstärken. Hier ein Beispiel einer rätselhaften Erfahrung mit physischem Schmerz:

> Mehrere Phasen in der Meditation, wo ich in einen tieferen Zustand gelange. Ich kann es nicht beschreiben, aber während der Meditation ist es sehr klar. Ich kämpfe gegen einen Infekt an und fühle mich körperlich nicht besonders wohl. Ich finde es interessant, dass der Schmerz sich manchmal verstärkt, wenn ich in einen tieferen Zustand einsinke, und ein andermal überhaupt nicht wahrnehmbar ist. Ich sehe, dass ich unbedingt eine Regel darüber aufstellen will, was passiert, wenn man in tiefere Seinszustände gelangt, und was dann mit den Sinnen geschieht. Meiner Erfahrung nach ist das nicht möglich.

Berichte wie dieser bringen mich dazu, unsere Vorstellungen und Einstellungen in Bezug auf tiefe, stille Bewusstseinszustände zu hinterfragen. Diese Meditierende würde gerne eine definitive Aussage darüber machen, was jedes Mal geschieht, wenn Sie in einen tieferen Bewusstseinszustand gelangt, wie beispielsweise: „Der Schmerz geht weg", aber sie kann das ehrlicherweise nicht tun, wenn ihre Erfahrung das nicht bestätigt.

Zustände der Stille erforschen

Um Zustände der inneren Stille erforschen zu können, müssen wir über sie reflektieren und unsere Erfahrungen so gut wir können in Worte fassen. Wir denken oft nicht darüber nach, was eigentlich vor sich geht, wenn wir in einem stillen, meditativen Zustand sind – wir neigen dazu, uns dem Angenehmen hinzugeben, tiefer einzusinken, anstatt zu versuchen, unseren Geist dazu anzuregen, über den Prozess zu reflektieren. Oft können wir nicht denken, wenn wir uns in einem solchen Zustand befinden, weil er jenseits des Denkens ist. Aber unser Gewahrsein dieser Art von Erfahrung kann auch dann noch von etwas Reflexion profitieren, wenn wir aus dem Zustand zurückgekehrt sind und wieder denken können. Manchmal wird die Erfahrung durch das Nachdenken darüber unterbrochen und manchmal geschieht das nicht. Es folgt die Reflexion eines Meditationsschülers über einen Zustand der inneren Stille, der ihm inzwischen vertraut geworden ist. Er erforscht den Zustand noch während der Sitzung, aber da er ihn nach der Sitzung aus dem Gedächtnis in einem Tagebuch niederschrieb, enthält die Schilderung auch gewisse Einsichten über den Zustand.

> Die Sitzung war größtenteils sehr still, unterbrochen von kurzen Momenten des Denkens (hauptsächlich halb verbalisierte Gedankenfetzen, die sich nur sehr vage auf Inhalte bezogen wie die Sitzung oder Menschen, die ich kenne). Diese Gedanken störten die Stille

> nicht, aber da war ein allgemeiner Wunsch, sie zu beobachten und Verbindungen zu Gefühlen oder zum Körper herzustellen – und das störte die Stille. Nahm unterschiedliche Arten von Stille wahr: 1.) ein weites nicht-visuelles Feld vor dem Gewahrsein, manchmal sehr tief, manchmal sehr flach oder oberflächlich; 2.) eine „dichte“ Stille, die so erstarrt wirkte, dass es verblüffend und fast ein wenig beängstigend war; 3.) Stille, wahllose visuelle Aktivität, sehr ausgeprägt und detailliert, aber mehr geometrisch als gegenständlich. Achtete gelegentlich auf das leichte, kontinuierliche Kribbeln – manchmal schien es, als stünde das Kribbeln im Gesicht und am Kopf in Beziehung mit der Stille. Versuchte, den emotionalen Zustand zu definieren, aber er kam mir eher flach oder oberflächlich vor (friedlich und vielleicht sogar glücklich – aber nicht intensiv). Neugier schien das vorherrschende Gefühl zu sein, aber ich fragte mich, ob das ein Gefühl ist.

Der Meditierende bemerkt, dass die Gedanken (zufällige Gedankenfetzen) die Stille nicht stören, aber die Aufgabe, Verbindungen innerhalb seiner Erfahrung herzustellen, tut das. Er identifiziert drei Arten von Stille. Die erste, die Weite und Tiefe hat, entspricht der Vorstellung der meisten Menschen von einem Zustand der inneren Stille. Die anderen beiden sind ungewöhnlicher. Die zweite ist ein beängstigend erstarrter innerer Zustand, während die dritte von zufälligen visuellen Eindrücken begleitet ist. Diese Erfahrungen tauchen auf, während er ganz ruhig ist und haben doch eine eher aktive Qualität. Er beschreibt die Stille nicht nur, sondern forscht weiter, betrachtet seinen emotionalen Zustand in den unterschiedlichen Zuständen der Stille. Er beschreibt seinen emotionalen Zustand als „flach“ oder oberflächlich, aber dann überlegt er, ob es einfach ein friedlicher Zustand oder ein (weniger intensiver) Glückszustand ist. Seine Frage, ob Neugier ein Gefühl ist, ist eine gute Frage für Meditierende. Neugier ist ein Interesse an der eigenen Erfahrung, das eine bestimmte Energiequalität hat, wieso sollte es also kein Gefühl sein?

Seine Untersuchung berührt viele Aspekte seiner Erfahrung, beispielsweise, was er sah, wie er sich fühlte oder was die Erfahrung für ihn bedeutete. Interessant und bemerkenswert ist, dass er das Wesen des Denkens betrachtet und in seiner Erfahrung zwei Arten von Gedanken erkennt: solche, die zufällig auftreten und andere, die Verbindungen herzustellen versuchen. Diese Art der Erfahrung wird selten genauer untersucht, vor allem, weil allgemein die Vorstellung vorherrscht, dass Zustände der inneren Stille, die man in der Meditation erfährt, frei von Denken sein sollten.

Und wozu soll das alles gut sein?

Ich werde oft gefragt, wozu es gut sein soll, in diesen Zuständen der inneren Stille zu verweilen, und ich antworte mit dem, was ich in der Situation selbst als Segen empfunden habe und danach als Vorteil betrachte. In der Situation kann man eine Freiheit von den üblichen Gedanken und Sorgen erleben. Was auch immer da war – Wut, Angst oder Verlangen – in diesen Zuständen der Stille ist es normalerweise abwesend oder nur noch ein leises Flüstern im Hintergrund. Ihr Geist entschleunigt und Ihr Körper entspannt sich auf eine Weise, die sehr angenehm und regenerierend sein kann. Und wenn Licht, Farben, Bilder, Klänge oder Empfindungen ins Bewusstsein dringen, kann sich Ihr Geist vielleicht intensiv und klar darauf fokussieren.

Danach fühlen Sie sich vielleicht erfrischt, ohne Belastungen und Sorgen – einfach ein bisschen leichter. Es könnte auch sein, dass Sie sich manchmal etwas benommen und desorientiert fühlen, aber Sie stellen möglicherweise gleichzeitig fest, dass Ihre Stimmung viel besser ist und Sie weniger reaktiv sind. Sie müssen mir das nicht glauben. Sie können es selbst ausprobieren.

15

Ins *Samadhi* driften

Ich werde nun einen neuen Begriff einführen, das Pali- oder Sanskritwort *Samadhi*, um über die Bewusstseinszustände zu sprechen, die sich aus diesem Prozess des Wegdriftens und Aufwachens entwickeln. John Grimes gibt in seinem Handwörterbuch der indischen Philosophie (*Concise Dictionary of Indian Philosophy*) mehrere Definitionen für *Samadhi* sowohl aus der hinduistischen als auch aus der buddhistischen Tradition. Er beginnt mit einer allgemeinen Definition: Konzentration; Versenkung; ein stiller, wunschloser Seinszustand; ein Einheitsbewusstsein. Der Hindu neigt dazu, *Samadhi* zu überhöhen, indem er solche Bewusstseinszustände als „Superbewusstsein", „transzendent" oder „unbeschreiblich" betrachtet. Manchmal wird *Samadhi* auch als ein Zustand beschrieben, der „frei von Gedanken und mentaler Aktivität" ist. Die Buddhisten teilen diese Einschätzung im Hinblick auf die höher entwickelten Samadhi-Zustände, genannt *Jhanas* (Vertiefungen), aber sie benutzen den Begriff *Samadhi* auch, wenn sie über einen Zustand der inneren Stille sprechen, der den meisten von uns zugänglich ist. Es gibt also Prä-Samadhi-Zustände, die von Yogis nicht als *Samadhi* bezeichnet würden, aber dennoch durchlaufen werden müssen, um in die höheren und reineren *Jhanas* zu gelangen.

Diese Prä-Samadhi-Zustände, die in den Pali-Diskursen Buddhas nicht benannt werden (obwohl sie später in der kommentierenden buddhistischen Literatur als „Samadhi-Zugang" bezeichnet wurden), werden treffend als Entwicklungsstufen beschrieben:

„Wenn man sich selbst die fünf Hindernisse [für die Stille des Geistes] überwinden sah, kommt innere Freude auf. Dieses Empfinden von Freude geht mit einer Hochstimmung einher. Wenn der Geist in dieser Hochstimmung ist, wird der Körper ganz ruhig. Der friedvolle Zustand des Körpers führt zu einer tiefen Glückserfahrung. Der Geist, der solches Glück erfährt, tritt in *Samadhi* ein", (Samannaphala-Sutra, Digha Nikaya).

Solche Beschreibungen lassen den Aspekt des Wegdriftens (der Erfahrung des „Wegdriftens und Aufwachens") aus und assoziieren ihn mit dem Hindernis, das oft (veraltet) mit „Trägheit" übersetzt wird. Weil die mit der Freude, der Hochstimmung, der inneren Ruhe und des Glücksempfindens einhergehende Wachheit so stark hervorgehoben wird, sind viele Menschen zu dem Schluss gelangt, dass man in Prä-Samadhi-Zuständen absolut wach und jegliche Schläfrigkeit ein Hindernis sein müsse. Aber das ist laut einer vorhergehenden Passage desselben Diskurses gar nicht der Fall: „Wenn man sich von der Trägheit in Körper und Geist distanziert, sitzt man mit der Trägheit in der Distanz, während man, wenn man inneres Licht mit Bewusstheit und Urteilsvermögen [in Bezug auf die eigenen Erfahrungen] wahrnimmt, den Geist von der Trägheit befreit."

Hier haben wir eine kurze, treffende Beschreibung der Erfahrung des Wegdriftens und Aufwachens. Es ist ein Prä-Samadhi-Zustand, den ich prä-jhanischen Zustand nennen werde. Der Buddha sagt, dass man inneres Licht wahrnimmt und diese Wahrnehmung nutzt, um Trägheit zu überwinden und so zu erhöhter Wachheit zu gelangen. Die Fokussierung auf solche Lichterfahrungen und Bilder ist ein Weg, den der Buddha selbst befürwortete, anstatt des Versuchs, die Entstehung des hypnagogen Zustands zu unterbinden.

Hypnagoge Zustände

Hypnagoge (oder hypnogoge) Zustände werden im Allgemeinen während des Übergangs vom Wach- in den Schlafzustand erlebt. Aber sie treten nicht unbedingt jedes Mal beim Einschlafen auf. Es kann auch sein, dass ein solcher Zustand eintritt, ohne die geringste Spur im Gedächtnis zu hinterlassen, weil es normalerweise schwierig ist, sich im Nachhinein an ihn zu erinnern. Manchmal sind wir in diesen hypnagogen Zuständen etwas wacher, bewusster, und wenn das der Fall ist, können wir bestimmte Phänomene wahrnehmen. Die visuellen Eindrücke bestehen oft aus zufällig auftauchenden Bildfragmenten, geometrischen Mustern sowie gegenständlichen Bildern, die schwarz-weiß oder farbig, still oder bewegt, flach oder dreidimensional sein können, aber meistens flüchtig sind und sich rasch verändern. Es können auch Erfahrungen über die anderen Sinnespforten gemacht werden. Gedanken tauchen hier im Allgemeinen als unvollständige Sätze auf, die nicht viel Sinn ergeben, obwohl es dabei auch Poesie oder Wortspiele geben kann, die etwas Bedeutsames zu vermitteln scheinen. Manchmal „hört" man die Gedanken in der eigenen, manchmal in einer fremden Stimme. Und man kann natürlich auch Musik, Glockenklang und andere bekannte Klänge hören. Auch Gerüche, Düfte, Geschmacksempfindungen und körperliche Empfindungen wie Kribbeln oder Taubheitsgefühle können wahrgenommen werden. Die äußeren Objekte, die normalerweise solche Sinneserfahrungen hervorrufen, sind nicht vorhanden, obwohl die Erfahrung manchmal so real erscheint, dass die Leute das Bedürfnis verspüren zu überprüfen, ob beispielsweise die Sonne oder eine andere äußere Lichtquelle auf ihre geschlossenen Augenlider scheint, ob draußen Glocken läuten oder tatsächlich Blumen oder Räucherwerk im Raum sind.

Es gibt noch ein paar andere Phänomene, die in der Meditation recht häufig auftreten. Eines ist die oftmals verwirrende oder beunruhigende Erfahrung, den eigenen Körper als größer wahrzunehmen, als er ist oder das Gefühl zu haben, einen bestimmten Körperteil nicht mehr wahrnehmen zu können. Ein weiteres ist das eher angenehme Gefühl, mühelos durch den Raum zu schweben oder treiben. Und noch eine Erfahrung ist ziemlich verbreitet: Oft haben Meditierende das Gefühl, vornüber zu fallen und nach einem Ruck, der durch den ganzen Körper geht, wieder zum Gewahrsein zurückzukehren.

Wie Sie sehen, gibt es einige Ähnlichkeiten zwischen den Phänomenen, die in hypnagogen Zuständen erlebt werden und bestimmten Zuständen, welche in Tagebuchaufzeichnungen von Leuten auftauchen, die in der Meditation „wegdriften und aufwachen". Hypnagoge Zustände wurden in neuerer Zeit genutzt, um außerkörperliche Erfahrungen und Klarträumen (luzides Träumen) zu ermöglichen, doch wir machen sie uns hier zunutze, um den Geist zur Ruhe zu bringen und in der Meditation zu Einsichten zu gelangen. Als prä-jhanische Zustände kommen hypnagoge Zustände anders zustande, als wenn man bestimmte Ziele verfolgt wie beispielsweise außerkörperliche Erfahrungen, Klarträume oder die Entwicklung medialer Fähigkeiten. In diesem Zusammenhang ist es jedoch interessant zu wissen, dass die buddhistischen Lehren in Bezug auf mediale Fähigkeiten, das bewusste Verlassen des Körpers und andere paranormale Phänomene, besagen, dass solche Erfahrungen durch das Praktizieren der *Jhanas* begünstigt werden können. Das ist allerdings eine andere Art, *Jhanas* zu entwickeln, als man es in den traditionelleren Lehren findet, die die Konzentration auf ein einzelnes Objekt befürworten wie beispielsweise ein Bild oder ein Mantra, und die davor warnen, den Geist frei schweifen zu lassen. Es klingt paradox, dass der Geist, indem man ihm erlaubt, abzuschweifen und unkonzentriert zu sein, schließlich fokussiert und konzentriert wird. Aber genauso ist es. Ich und viele meiner Schüler, die solche Zustände in der Meditation im Laufe der Jahre erlebt haben, sind in der Lage, ziemlich rasch durch hypnagoge Bilder, unzusammenhängendes Denken und Sinnestäuschungen hindurchzugehen oder sie zu umgehen und in einen stabileren Zustand der Wachheit zu gelangen. Es ist sogar ein bewusster und klarer Übergang in den stabileren Samadhi-Zustand möglich, da die Erfahrung des Abdriftens nicht mehr nötig ist, um dorthin zu gelangen, obwohl dennoch ein Wechsel der Aufmerksamkeitsebene stattfindet, der von der Erfahrung begleitet ist, den vorherigen Bewusstseinszustand loszulassen und in den neu aufgetauchten Zustand der Stille gezogen zu werden.

Visuelle Eindrücke in prä-jhanischen (Samadhi-)Zuständen

Visuelle Eindrücke, seien es Lichter, Farben oder Bilder, haben in diesen prä-jhanischen oder Prä-Samadhi-Zuständen die Funktion, Ihre Aufmerksamkeit auf sich zu ziehen. Manchmal taucht ein Bild vor unserem inneren Auge auf und wir bewegen uns darauf zu wie ein Zoomobjektiv, das ein Bild näher heranholt. Zu anderen Zeiten ist unser Geist von einem bestimmten Bild erfüllt und wir sind darin versunken, so als würden wir ein Gemälde oder eine Wandbemalung ganz nah betrachten und quasi darin aufgehen. Ein andermal bewegen und verändern sich Bilder und Farben und unsere Aufmerksamkeit folgt diesen Bewegungen.

Hier ein Beispiel von einer Frau, der solche Erfahrungen ziemlich vertraut sind, weil sie sie in ihrer Meditationspraxis seit vielen Jahren macht.

> Ich nehme in der Ferne zwei Lichtstrahlen wie von zwei Taschenlampen wahr. Die Strahlen bewegen sich und ich habe das Gefühl, dass sie nach mir suchen. Sie vermitteln ein Gefühl der Freundlichkeit und Liebenswürdigkeit und ich beobachte sie weiterhin. Die Suchscheinwerfer kommen näher und werden mit der kontinuierlichen Bewegung der Lichter größer. Als sie mir so nahe kommen, dass sie fast den ganzen Raum ausfüllen, verwandeln sie sich mühelos in Farbwirbel und ich weiß, dass ich wieder zurück auf vertrautem Gebiet bin.

Es mag schwerfallen, der Versuchung zu widerstehen, irgendeine Bedeutung in solchen visuellen Bildern und Lichtern entdecken zu wollen.

Wenn Sie dazu neigen, Symbole zu interpretieren und Bedeutungen in Farben und Formen zu sehen, werden Sie das wahrscheinlich auch mit den visuellen Eindrücken in der Meditation tun. Vielleicht müssen Sie das in Ihren Sitzungen einfach nur weiterhin zulassen und nicht versuchen, es zu unterdrücken. Wer weiß, vielleicht gelangen Sie ja durch Ihre Interpretation eines Bildes zu irgendeiner Einsicht oder Erkenntnis. Aber vielleicht stellen Sie auch fest, dass Sie damit die weitere Entfaltung des Prä-Samadhi-Zustandes verhindert haben.

Bestimmte aufeinanderfolgende visuelle Erfahrungen kommen recht häufig vor. Eine solche Abfolge ist beispielsweise die Wahrnehmung eines Lichtes oder einer Farbe, auf das oder die ein inneres Bild folgt, welches dieselbe Farbe oder Strahlkraft aufweist. Die folgenden Tagebucheinträge stammen von einer Frau, die sich außerordentlich klar an visuelle Eindrücke und innere Bilder aus ihren Sitzungen erinnert.

> Ein kahlköpfiger, weißgekleideter Mann in einem weißen Raum, in den intensives Sonnenlicht fällt. Keine Kontraste, ein bisschen wie in einem Schneegestöber. Er pustete auf einen weißen Pappbecher, der vor seinem Gesicht hing.

In diesem Beispiel taucht das Bild eines kahlköpfigen, weißgekleideten Mannes und eines weißen Pappbechers in einem weißen Raum auf, in den Sonnenlicht fällt. So wie die Meditierende es beschreibt, ist da nichts als Weiß in ihrem visuellen Wahrnehmungsfeld. Ich selbst sah oft die Ausdehnung eines weißen Lichtes, aus dem dann ein Bild hervorging, wenn ich mich weiter darauf konzentrierte. Manchmal sah ich dann klares, leuchtendes Wasser, manchmal waren die Bilder eher sonderbar, ähnlich wie das des kahlköpfigen, weißgekleideten Mannes, der über einen weißen Pappbecher bläst.

Es scheint, zumindest in Kreisen von Meditierenden, gewisse Vorbehalte gegen solche zufälligen, seltsamen oder ungewöhnlichen Bilder und eine Vorliebe für Bilder zu geben, die man in bestimmten Texten oder Lehren über Meditation finden kann. Ich glaube, dass die Unterscheidung zwischen „richtigen" und „falschen" visuellen Eindrücken oder Bildern dazu führt, dass man über die eigene Erfahrung urteilt, so als hinge die Wahrheit oder Authentizität der Erfahrung von der „Richtigkeit" des Bildes ab und nicht von ihren anderen wichtigen Qualitäten und Merkmalen. Wenn Sie echten inneren Frieden, Freude und geistige Klarheit dadurch erleben, dass Sie in ein bizarres Bild eingetaucht sind, dann ist das eine gültige Erfahrung von Frieden, Freude und Klarheit. Es dann abzuwerten, weil es gemäß Ihrer Tradition kein „korrektes" Bild war, bedeutet ja, dass man viel zu viel Gewicht auf die Bedeutung des Bildes legt und die positiven Aspekte der eigenen Erfahrung des Samadhi-Zustandes hint(en)anstellt.

In diesen prä-jhanischen Zuständen sind die Bilder, zu denen es uns hinzieht, eben die, welche uns in diesem Moment interessieren. Und solche Bilder kann man nicht im Voraus auswählen. Wir können nur im Moment ihres Auftauchens wissen, dass sie für uns interessant sind. Manche Menschen neigen dazu, immer wieder dieselbe Art von Bildern zu sehen, während andere eine ungeheure Vielfalt erleben. Die Meditierende, die in ihrem Tagebucheintrag von einem kahlköpfigen Mann erzählt, gehört zu denen, die eher ungewöhnliche Bilder wahrnehmen, von denen viele auf Erinnerungen zu beruhen scheinen. Hier ein Beispiel dafür, wie sich in einer Meditationssitzung derselben Person ein Bild weiterentwickelte, das ihrer Erinnerung entsprungen war:

> Meine zwei jüngeren Schwestern schwangen die beiden Seile für Double-Dutch (Hüpfen mit zwei Springseilen). Ich versuchte einer Freundin beizubringen, wie man zwischen die beiden Seile springen muss, während eines in der Luft und eines am Boden ist, aber für meine Freundin war es auf diese Weise zu verwirrend. Dann zeigte ich ihr, dass man sich in die Mitte stellen und jedes Mal springen konnte, wenn ein Seil den Boden berührt: es ging darum, einem bestimmten Rhythmus zu folgen. Ich schlug ihr vor, sich nach links und nach rechts zu bewegen – um ein Gefühl für diesen Punkt zu bekommen, wo sich die zwei Welten begegnen. Aber sie konnte den

> Rhythmus immer noch nicht spüren. Dann kam mein Großvater dazu und sagte zu ihr: „Hör einfach auf das Geräusch des Seils am Boden, beobachte es nicht." Sie fing an zu springen und alle freuten sich.

Auf den ersten Blick scheint eine solche Erfahrung eine Erinnerung zu sein, die wieder ins Bewusstsein dringt. Der Geist der Meditierenden benutzt eine Erinnerung, die spontan auftaucht, um etwas zu finden, worauf er sich fokussieren kann. Die zwei Seile bewegen sich im Rhythmus abwechselnd auf und ab, das Mädchen bewegt sich nach links und rechts, aber diese Bewegung ist zunächst nicht mit dem Rhythmus der schwingenden Seile koordiniert. Dann taucht eine Idee auf – in Gestalt der Erinnerung der Meditierenden an ihren Großvater, der dem Mädchen vorschlägt, sich nicht auf den Anblick der Seile, sondern auf das von ihnen verursachte Geräusch zu konzentrieren. Das Geräusch ist ebenfalls ein Rhythmus – wie das Seilspringen – und so fügt sich für sie alles zusammen. Das scheint bei der Meditierenden eine Art rhythmisches inneres Bild aktiviert zu haben, das wieder hochkommen und sie in einer späteren Sitzung in einen tieferen Zustand bringen konnte.

> Ich sah eine Art Nahaufnahme von Springseilen, die geschwungen wurden und hatte ein Gefühl, als ob meine Hände riesig geworden wären. Meine Hände waren im Vordergrund, sie öffneten sich, während sie sich nach vorne bewegten und wurden zu Mondsicheln, als ich sie wieder zurückzog. Vor und zurück im Rhythmus der zwei Seile, die durch die Luft schwangen. Ich blieb einfach da, nahm den Rhythmus der Seile und meiner Hände wahr, der mich in diesen Raum brachte, wissend, wie man dort hineingelangt. Dann fühlte ich mich in die beiden von den Seilen gebildeten Ovale und den Rhythmus der Links- und Rechtsbewegung eingehüllt – könnte für immer hier bleiben, bis die Seilschwinger müde würden.

Hier konnte die Meditierende die Bewegung der beiden Springseile und den Rhythmus des Springens geistig für längere Zeit aufrechterhalten. Das Bild der Seile und die Art, sich mit ihnen zu bewegen, war in früheren Sitzungen entstanden und wird jetzt ganz mühelos aktiviert. Ihr Geist hat gelernt, wie er den Bildern folgen und sich hineinvertiefen kann. Auf diese Weise wird visuelle Imagination viel realistischer und natürlicher genutzt als bei den mehr orthodoxen Meditationsanleitungen, wo oft die Anweisung gegeben wird, die Aufmerksamkeit auf ein statisches Bild gerichtet zu halten. Unsere Erfahrung, insbesondere unser Denken, ist aber nicht statisch. Sie bzw. es ist immer in Bewegung. Und deshalb ist es ziemlich natürlich, solchen bewegten Bildern oder sich verändernden Farben, Formen und Lichtern zu folgen.

In diesen prä-jhanischen Zuständen sind so viele unterschiedliche visuelle Erfahrungen möglich, dass ich sie in diesem Kapitel gar nicht alle anführen kann. Aber eine möchte ich noch erwähnen, weil sie recht häufig vorkommt: wenn nämlich ein Bild rasch auf ein anderes folgt, auf eine Weise, die anscheinend überhaupt keinen Sinn ergibt. Normalerweise können wir ein seltsames, zufälliges auftauchendes Bild mit einem überraschten „Woher kam das bloß?" abtun, aber eine ganze Serie unzusammenhängender und ungewöhnlicher innerer Bilder kann uns veranlassen, uns Gedanken über unsere geistige Gesundheit zu machen. Jedoch in einigen dieser prä-jhanischen Zustände ist das ganz normal – machen Sie sich also keine Sorgen. Diese Bilder können sogar ganz heilsam sein, wenn wir sie zulassen. Hier noch ein Beispiel aus einer weiteren Sitzung der oben genannten Meditationsschülerin.

> Ich fühle mich erfüllt von diesem hellen ovalen Raum, während mein Körper sich immer schwerer anfühlt. Ich sinke in etwas hinein. Dann eine Reihe flüchtiger Bilder, schnelles Aufblitzen – Fragmente zweier orangefarbener Kanus in einem zweidimensionalen Raum, etwas verschwommen vibrierend, ein Kanu über dem anderen, das obere ein bisschen nach links verschoben über dem unteren. Der Hintergrund ist ein sich veränderndes Kastanienbraun. Dann eine

Flasche mit Aloe-Vera-Gel unter einem Tresen, ein Fahrrad, das in einer Ziegelsteinmauer steckt, nicht so, als ob es hineingekracht wäre, sondern als wäre es schon seit Jahren dort eingemauert. Die Worte: „Eher einsortieren als aussortieren“.

16

Fragen zum Thema *Samadhi*

Diejenigen unter Ihnen, für die der Begriff *Samadhi* neu ist, wissen wahrscheinlich nicht, dass es in den Kreisen des Theravada-Buddhismus Diskussionen über bestimmte Fragen zum Thema *Jhanas* gibt. Sinn und Zweck dieses Buches ist allerdings nicht, dass ich meine persönlichen Antworten auf bestimmte Fragen gebe und dann meinen Standpunkt in Bezug darauf, was *Jhana* ist oder nicht ist, zu erklären und verteidigen versuche. Was ich über prä-jhanische Zustände geschrieben habe, ist alles, was ich dazu sagen möchte.

Wie ausführlich *Jhanas* in Texten auch definiert und kategorisiert oder von Meditationslehrern besprochen werden – man muss sie erfahren, um sie zu kennen. Ein Begriff, ein Konzept oder eine Beschreibung können jemandem, der diesen Zustand nie erfahren hat, nicht vermitteln, wie er ist. Aus diesem Grund habe ich darauf verzichtet, irgendeinen der Tagebucheinträge dahingehend zu kommentieren, ob eine beschriebene Erfahrung ein *Jhana* sein könnte.

Bezüglich der einzelnen Aspekte der Erfahrung eines Jhana-Zustandes existieren folgende Fragen:

1. Ob jemand in einem Jhana-Zustand atmet oder nicht.
2. Ob es in diesem Zustand ein Gewahrsein des Körpers und von Sinneseindrücken gibt oder nicht.
3. Ob ein *Jhana* ein kurzlebiger Zustand ist wie beispielsweise ein momentanes Aufblitzen oder ob er länger als einige Sekunden andauert.
4. Ob ein *Jhana* eine Erfahrung ist, zu der die meisten Meditierenden Zugang haben oder ein sehr fortgeschrittener Zustand, der kaum oder nur schwer erreichbar ist.

Ich gehe eher philosophisch an diese Fragen heran: Ein *Jhana* taucht nicht aus dem Nichts auf und ist auch nicht selbsterzeugend. Der Zustand existiert nicht in einer separaten Welt, Realität oder im universalen Bewusstsein. Er dauert nicht ewig. Er hat nichts mit einem Wesen, einer Entität oder Substanz zu tun. Es ist ein Bewusstseinszustand wie jeder andere und kommt somit durch Ursachen und Bedingungen zustande.

Eine der Hauptbedingungen sind prä-jhanische (Samadhi-)Zustände. Ein *Jhana* erwächst wie eine Pflanze aus einem Samenkorn, das in die richtige Erde gepflanzt wird, genügend Wasser und Sonnenlicht bekommt und in einem geeigneten Klima zur richtigen Jahreszeit heranwächst. Andere Bedingungen haben zu tun mit Ihrer Moral und Ihrem Verhalten, Ihrem Gewahrsein und Unterscheidungsvermögen, Ihrer Fähigkeit, sich zu fokussieren oder konzentrieren und mit der Effektivität Ihrer Meditationspraxis hinsichtlich der Überwindung der Hindernisse, die einem Zustand der inneren Stille im Wege stehen.

Die Abgrenzung zwischen Samatha (Jhana-Praxis) und Vipassana

Die meisten Vipassana-Lehrer halten nichts von der Jhana-Praxis und warnen ihre Schüler sogar davor. „Du wirst davon abhängig werden", wird oft gesagt. Man glaubt, dass Vipassana-Schüler, denen es an der nötigen Weisheit mangelt, die mentale Beschaffenheit von *Jhanas* zu erkennen, dadurch vom Weg der Erkenntnis abgebracht werden und in der Meditation nur noch nach Glückseligkeit und Wohlgefühl streben. Schüler werden daher nur dann als reif genug für die Jhana-Praxis erachtet, wenn sie genügend Einsicht erlangt haben, um sich nicht von diesen friedvollen und reinigenden inneren Zuständen täuschen zu lassen. Das Ziel von Vipassana ist die endgültige Befreiung, und *Jhanas* werden als vorübergehende Befreiung betrachtet, die sich als das Ende des Leidens maskiert, aber nicht mehr ist als ein angenehmer Rastplatz, eine erfrischende Oase in der sengenden Wüste.

Aus diesem Grunde verweisen diejenigen, die die *Jhanas* lehren, oft auf jene Diskurse des Buddha, in welchen die endgültige Befreiung durch die Praxis der *Jhanas* viel öfter und selbstverständlicher erwähnt wird als die Befreiung durch eine strikte Vipassana-Praxis. Hier werden die *Jhanas* gepriesen. Sie sind ein Instrument für das Erkennen von Irrtümern und die Klärung des Geistes. Die ersten vier *Jhanas* sind sogar im Edlen Achtfachen Pfad enthalten und werden daher als essentiell für die Entwicklung eines Menschen auf dem Weg zur endgültigen Befreiung angesehen.

Beide Seiten haben aus ihrer Perspektive recht. Obwohl ich gewissen Vipassana-Lehrern, die *Jhanas* generell abwerten, nicht zustimme, ist deren Sorge, Meditierende könnten sich in die angenehmen Welten der *Jhanas* hineinziehen lassen und solche Erfahrungen mit innerer Befreiung verwechseln, dennoch berechtigt. Und obwohl ich die Wertschätzung von *Samadhi* und seiner Kultivierung in der Meditationspraxis teile, stelle ich dennoch die Methoden, Theorien und Beobachtungen der meisten, die die *Jhanas* lehren, infrage.

Ich glaube, dass wir einfach nicht genug Kontrolle über unseren Meditationsweg haben, um sagen zu können, wir praktizierten ausschließlich Samatha (ruhiges Verweilen, Leerwerden, Fokussieren) oder Vipassana (Wahrnehmen, Unterscheiden, Erforschen). Wir bewegen uns vom einen ins andere und wieder zurück. Um es in meinen eigenen Worten auszudrücken: Manchmal sind wir mit Hindernissen beschäftigt, praktizieren Gewahrsein und Unterscheidung, wie es bei Vipassana gelehrt wird, während wir zu anderen Zeiten in der Stille sind und Methoden praktizieren, um inneren Frieden zu finden und unsere Fähigkeit zu verbessern, uns zu fokussieren.

Teil III

Vielschichtige meditative Prozesse

17

Eine Theorie über den meditativen Prozess

Als ich meine Theorie über den meditativen Prozess entwickelte, ging es für mich dabei anfangs hauptsächlich um die Frage der Transformation in der Meditation. Doch als ich ein paar Monate später meine Theorie ausgearbeitet und Vorträge darüber gehalten hatte, stellte ich fest, dass es eigentlich um eine viel grundlegendere Frage ging, nämlich: „Was ist Meditation?"

Das ist eine Frage, die fast jeder stellt. Außerdem ist es eine der Fragen, die zu stellen Sie nach einigen Jahren der Meditationspraxis vergessen können, wenn für Sie ziemlich offensichtlich geworden ist, was Meditation ist: Es ist die Meditationsmethode, die Sie praktizieren. Wenn Sie sitzen und den Atem beobachten, dann ist Meditation Sitzen und den Atem beobachten. So einfach ist das. Aber was ist mit all den anderen Meditationsmethoden, bei denen die Leute nicht dasitzen und den Atem beobachten? Ist das dann auch „richtige" Meditation?

Anstatt an einer engen Definition von Meditation zu arbeiten, wollte ich eine entwickeln, die alle Meditationspraktiken einschloss (tatsächlich so viele, wie in die Definition hineinpassen würden). Was haben also alle Meditationspraktiken gemein? Die Absicht, zu meditieren. Die Definition „Meditation ist das, was passiert, wenn man die Absicht zu meditieren in die Tat umsetzt" ist eine, die man fast auf jede Meditationsmethode anwenden kann, welche gelehrt wird. Aber andererseits bleiben da immer noch die Fragen übrig, die die meisten traditionellen Meditationslehrer verdrießen, wie: „Wenn ich Musik höre, komme ich in einen meditativen Zustand; ist das nicht auch Meditation?"

Hier haben wir einen Fall, wo die Definition von Meditation als „das, was passiert, wenn man die Absicht zu meditieren in die Tat umsetzt", wahrscheinlich nicht anwendbar ist. Die Person hat die Absicht, Musik anzuhören, nicht zu meditieren, und da sie dabei zufällig in einen meditativen Zustand gelangt, fragt sie sich berechtigterweise, ob das Meditation ist.

Es muss irgendwie möglich sein, dass die Definition von Meditation beides einschließt: die bewusste, absichtliche Anwendung einer Technik oder Methode und die Erfahrungen meditativer Art, die sich unabsichtlich ergeben. Diese Unterscheidung führt uns zum Anfang der Arbeit mit diesem Buch zurück – zur Spannung zwischen *den Meditationsanleitungen, die Sie befolgen und Ihrem Geist, wie er ist.* Dass unser Geist in „meditative" Zustände und zu Einsichten oder Erkenntnissen gelangen kann, ohne bewusst eine formale Praxis auszuüben, ist sicherlich etwas, das zum Erfahrungsspektrum vieler Menschen gehört. Wir könnten also sagen: „Die Erfahrung von Meditation definiert, was Meditation ist." Ich würde diese Definition personalisieren, weil meditative Erfahrung etwas Individuelles, Innerliches, Subjektives und Relatives ist. Nun haben wir also eine Definition, die seit etwa zehn Jahren auf meiner Website zu finden ist: „Die eigene Meditationserfahrung definiert, was Meditation ist (für einen selbst)."

Diese Definition nimmt formellen Meditationspraktiken ihre privilegierte Stellung als „Standartenträger". Die Technik der Atembeobachtung ist dann beispielsweise nicht länger das, woran man seine Meditationspraxis misst, sondern die Praxis wird nun an der eigenen Erfahrung beim Beobachten des Atems gemessen (entweder als Reaktion auf die Anwendung einer bestimmten Technik oder spontan). Wenn es für Sie beispielsweise meistens ein Kampf war, beim Atem zu bleiben, dann ist es eben das, was für Sie die Meditationspraxis ausmachte. Sie könnten einwenden, dass Sie meditieren, wenn Sie diese Praxis gut machen und zu anderen Zeiten eben nur zu meditieren versuchen. Aber dadurch wird wieder über die Technik definiert, was Meditation ist. Aus der Perspektive Ihrer persönlichen Erfahrung mit dem Beobachten des Atems betrachtet gibt es nicht wirklich einen absolut richtigen oder falschen Weg, es zu tun. Da ist einfach nur Ihre persönliche Erfahrung, es zu tun, so wie Sie es tun. Dieser Perspektivenwechsel ermöglicht es Ihnen, jede beliebige Methode, die Sie anwenden, zu untersuchen, anstatt sich selbst im Hinblick darauf zu bewerten, wie gut Sie diese Praxis machen.

Wenn sich Meditation über Ihre persönliche Erfahrung mit ihr definiert – was ist dann der meditative Prozess? Hier kommt meine Theorie ins Spiel: Es gibt nicht *den einen* meditativen Prozess. Mit Prozess meine ich zwei Dinge: 1. Eine bestimmte Art und Weise, auf die unser Geist funktioniert und 2. eine bestimmte Art und Weise, sich auf die eigene Erfahrung zu beziehen. Gehen wir einfach einmal davon aus, dass unser Geist in unseren Meditationssitzungen nicht immer auf dieselbe Weise funktioniert und dass wir uns nicht immer auf dieselbe Weise auf unsere Erfahrung beziehen. Vielleicht nehmen wir an, ein meditativer Prozess müsse still, emotionslos, fokussiert und achtsam ablaufen (oder eine Kombination ähnlicher „meditativer" Qualitäten aufweisen) und dass wir, wenn dabei eine ungewöhnliche Erfahrung auftaucht, nicht darauf reagieren, sie nicht werten oder beurteilen und auch nicht länger darüber nachdenken. Das mag für einen Teil unserer Meditationssitzung zutreffen, aber nicht für die gesamte Sitzung und schon gar nicht für alle unsere Sitzungen.

Wenn wir unsere Meditationserfahrungen ehrlich anschauen, erkennen wir mehrere Arten meditativer Prozesse, nicht nur eine. Und von diesem Punkt geht meine Theorie aus. Ich kam auf sechs meditative Prozesse, obwohl ich zugebe, dass es auch mehr sein könnten (Theorien über die Funktionsweisen des menschlichen Geistes können, besonders wenn sie wie diese auf subjektiver Erfahrung beruhen, nicht in Stein gemeißelt werden).

Bevor ich meine Theorie über die sechs meditativen Prozesse vorstelle, muss ich Sie mit meiner Art, darüber zu sprechen, vertraut machen. Wenn ich also von einem meditativen Prozess spreche, beziehe ich mich zunächst auf Ihren Geist, *so wie er ist*. Wenn ich den Begriff „generativer *Prozess*" verwende, beziehe ich mich auf den Geist, der sich in einem generativen Zustand befindet, das heißt, der erschaffen und sich weiterentwickeln kann. Wenn ich von einer Meditations*praxis* spreche, beziehe ich mich im Wesentlichen auf die Meditationsanleitungen, die Sie befolgen. Wenn ich also etwas als eine „generative Praxis" bezeichne, dann wird man bei dieser Praxis angeleitet, etwas zu erzeugen oder zu generieren und aufzubauen. Diese Unterscheidung zwischen Prozess und Praxis zieht sich durch meine gesamte Erörterung des meditativen Prozesses.

Es gibt folgende sechs meditative Prozesse:

Die drei grundlegenden meditativen Prozesse:

- der rezeptive Prozess
- der generative Prozess
- der konfliktorientierte Prozess

Die drei aufbauenden meditativen Prozesse

- der explorative Prozess
- der Prozess des Nicht-Anknüpfens
- der verbundene Prozess

In unserer Meditationspraxis stehen anfangs die ersten drei meditativen Prozesse im Vordergrund. Im weiteren Verlauf nehmen dann die drei aufbauenden Prozesse mehr Raum ein. Sie weisen nicht nur generell darauf hin, dass eine Entwicklung in der Meditation stattgefunden hat, sondern verkörpern auch das, was sich hauptsächlich entwickelt hat.

Schon bald, nachdem ich dieses Modell erarbeitet hatte, erkannte ich, dass es einen nützlichen Rahmen für die Erläuterung der Funktionsweise meditativer Praktiken bietet. Gleichzeitig sah ich aufgrund dessen, wie die Leute anfingen, diese Theorie zu benutzen, dass sie sich nicht gut als neues System der „Etikettierung“ eignet. Ich möchte betonen, dass dieses Modell lediglich als Hilfe dienen soll, ein Verständnis für die Meditationspraxis und -erfahrung zu gewinnen und nicht dazu benutzt werden sollte, diese Prozesse zu neuen Etiketten (oder Bezeichnungen) für Ihre persönlichen Meditationserfahrungen zu machen.

Der rezeptive Prozess

Dieser Prozess ist der Eckpfeiler beim Verlernen von Meditation. Sie befinden sich im rezeptiven Prozess, wenn Sie in der Meditation offen und empfänglich für Ihre Gedanken, Gefühle und Wahrnehmungen sind. Aber er kann natürlich nicht vollkommen sein, denn wenn Sie empfänglich sind, stoßen Sie auch auf Widerstände in Form eines inneren Widerwillens, von bestimmten Gefühlen, Gedankengängen oder ungewöhnlichen Bewusstseinszuständen ergriffen zu werden. Selbst wenn wir im empfänglichen Prozess bleiben, kann es sein, dass wir manchmal mehr und manchmal weniger offen für bestimmte Erfahrungen sind. Der Prozess hängt davon ab, inwieweit wir unserer Erfahrung erlauben, sich so zu entfalten, wie sie ist, ungeachtet irgendwelcher Vorstellungen, sie verändern zu müssen, indem wir etwas anderes tun – beispielsweise einer Meditationsanleitung folgen. Vielleicht sind wir sogar ambivalent, unsicher, ob wir den Dingen ihren Lauf lassen sollen, und tun es dennoch, weil wir feststellen, dass der rezeptive Prozess seine eigene Dynamik hat.

Anhand dieser Theorie können wir uns nun mit einigen der Fragen auseinandersetzen, die Sie vielleicht in Bezug auf das Verlernen von Meditation im Vergleich zu anderen erlernten Meditationspraktiken haben. Was ist eigentlich der Unterschied zwischen dem Verlernen von Meditation und traditionellen meditativen Ansätzen?

Zunächst einmal steht das Verlernen von Meditation im Gegensatz zu allem, was man logischerweise von einer Meditationspraxis erwarten würde. Es führt oft dazu, dass man das Gegenteil von dem tut, was gewöhnlich als Meditation gelehrt wird. Könnte es sein, dass beim Verlernen von Meditation andere meditative Prozesse ablaufen als bei den traditionelleren Praktiken? Dass es vielleicht das Gegenteil von diesen Praktiken darstellt?

Wenn das der Fall wäre, dann wäre das Verlernen von Meditation so einfach wie das Aufstellen der Regel, das Gegenteil von all dem zu tun, was einem beigebracht wurde. Aber so einfach ist es nicht. Sie müssen eine Meditationspraxis ausüben, um zu beobachten, was für Sie dabei passiert. Beim Verlernen von Meditation findet eine Veränderung jenes Prozesses statt, den Sie bei der Ausübung ihrer „erlernten" Meditationspraxis nutzen. Zu Beginn ist es mehr oder weniger dieselbe Praxis, Sie gehen einfach nur anders damit um.

An diesem Punkt wird der rezeptive Prozess zu einer wertvollen Hilfe. Wenn wir empfänglich für unsere Erfahrungen sind, lassen wir zu, dass sie uns berühren, ja sogar forttragen. Wir verspüren vielleicht einen gewissen Widerstand dagegen, in die eine oder andere Richtung gezogen oder geschoben zu werden und wollen auf unserem festen Grund bleiben. Es ist ganz natürlich, dass wir uns manchen Erfahrungen widersetzen, die wir machen, wenn wir offen und empfänglich sind. Deshalb ist so etwas wie vollkommene Akzeptanz oder totales Zulassen eher ein idealisierter Zustand und nicht das, was wir tatsächlich erleben, wenn wir empfänglich sind. Selbst Empfänglichkeit kann schmerzhaft und unangenehm sein und sie ist gewiss manchmal chaotisch. Den Geist einfach immer weiter „gehen" zu lassen, ohne ihn zu stoppen, ist schwer zu ertragen – aber das ist Empfänglichkeit. Es ist kein ideales Fließen der Erfahrungen – stets angenehm, friedvoll oder optimal.

In Bezug auf unsere vertrauten Meditationspraktiken empfänglich zu sein bedeutet, zuzulassen, dass sie sich in jede Richtung entwickeln können, ohne dass wir dies bewusst zu verstärken oder lenken versuchen. Letzteres wäre ein anderer Prozess – der generative Prozess – auf den ich in Kürze noch zu sprechen komme. Wenn wir innerhalb des empfänglichen Prozesses irgendeine Meditationsanleitung anwenden, weicht das Gefühl, eine Anleitung zu befolgen, dem Gefühl, die Anleitung zu *erfahren*.

Nehmen wir beispielsweise an, Ihre Meditationspraxis bestand bisher hauptsächlich darin, immer wieder zum Atem zurückzukehren. Das hatte zur Folge, dass Sie Gedanken oder Gefühle nicht für längere Zeit zuließen. Und Sie hielten diese spezielle Art des Meditierens wahrscheinlich für die richtige. Dann bekommen Sie dieses Buch in die Hände und lesen viele Passagen mit ungläubigem Erstaunen, finden aber manches interessant genug, um es ausprobieren zu wollen, beispielsweise den Vorschlag, beim Sitzen der Stellen gewahr zu sein, wo die Hände den Körper berühren, während man Gedanken und Gefühle zulässt. Auf einmal erlaubt Ihnen diese Anleitung, Ihre Gewohnheit zu durchbrechen, stets zum Atem zurückzukehren, sie erlaubt Ihnen, Ihre Gedanken und Gefühle einfach da sein zu lassen und bringt Sie dazu, Ihre Überzeugung zu hinterfragen, das Gewahrsein des Atems sei die einzige richtige Art zu meditieren. Auch wenn Sie dann gelegentlich zum Atem zurückkehren, ist diese Praxis nun Teil eines umfassenderen Geschehens, in welchem Sie empfänglich für andere Dimensionen der Erfahrung sind. In dieser Offenheit *erfahren* Sie also eher etwas über diese Praxis als sie „auszuüben". Sie erkennen vielleicht, dass Sie den Atem bisher dazu benutzt haben, um schwierige Gefühle „in den Griff zu bekommen" oder zu vermeiden, oder Sie bemerken plötzlich, dass Gewahrsein des Atems und Denken tatsächlich nicht gleichzeitig möglich sind, wenn Sie sich dazu zwingen, Ihre Aufmerksamkeit ausschließlich auf den Atem zu richten.

Der generative Prozess

Meditationstechniken, die mit dem generativen Prozess arbeiten, sind jene, bei denen der Schüler angeleitet wird, bestimmte Erfahrungen oder Bewusstseinszustände zu erzeugen. Methoden wie die Metta-Meditation, bei der man versucht, einen Zustand der liebenden Güte wachzurufen, sind in diesem Sinne generativ. Bei dieser Art der Praxis wird großer Wert auf das Hervorrufen eines Zustandes gelegt: Einfach in einen Zustand liebender Güte zu gelangen wird dabei nicht so hoch geschätzt wie das Erreichen dieses Zustandes durch die Ausübung der „richtigen" formellen Meditationspraxis. Der Schwerpunkt liegt also darauf, wie man die Fähigkeit entwickelt, solche Zustände zu erzeugen oder wachzurufen, wenn man ihrer bedarf.

Meditationsmethoden, bei denen es darum geht, „einen ursprünglichen Zustand (wieder)herzustellen", sind ebenfalls generativ, wenngleich auch auf andere Art und Weise. Diese Praktiken sind oft mit der Vorstellung verbunden, dass der ursprüngliche Zustand die „Wahrheit", die „Essenz" oder die „eigentliche Wirklichkeit" ist. Ein gutes Beispiel dafür ist die Praxis der Achtsamkeit auf den Atem, die mit der Vorstellung ausgeübt wird, durch das permanente Wiederausrichten der Aufmerksamkeit auf den Atem werde der „reine" (ursprüngliche) Zustand des voll erwachten Geistes verwirklicht. Aber es ist immer noch ein generativer Prozess. Sie versuchen, einen Zustand herzustellen oder zu erzeugen, von dem man Ihnen gesagt hat, er sei der höchste (oder optimale) Zustand. Diese Vorstellung von der Wahrheit der eigenen Erfahrung führt zu einer ganzen Reihe von Praktiken, die einen oberflächlich betrachtet scheinbar für die „Wirklichkeit" öffnen, aber in der Praxis darauf ausgerichtet sind, Erfahrungen zu produzieren, die man für absolut real hält.

Darüber hinaus gibt es unterschiedliche Formen von geführten Meditationen, die zweifellos generativ sind – einfach schon aufgrund der Tatsache, dass jemand anders verbale Anweisungen gibt. Selbst wenn solche Meditationsanleitungen Sie nur zu einem bestimmten Ort führen und enden, wenn Sie dorthin gelangt sind, sodass Sie dann einfach mit dem sitzen, was hochkommt, handelt es sich um eine generative Praxis.

Und zu guter Letzt gibt es noch die Meditationstechniken, bei denen es darum geht, Gedanken oder Gefühle zu anderen auszusenden oder von ihnen zu empfangen. Die meisten Leute, die solche Methoden praktizieren, sind überzeugt, „echte" Gefühle zu senden oder zu empfangen. (Das gilt für die meisten erzeugten Gefühle.) Wenn wir sie erfolgreich generiert haben, glauben wir vielleicht, das seien nun unsere Gefühle in Bezug auf eine bestimmte Person. Zugegeben, es mag manchmal tatsächlich so sein, aber in den meisten Fällen geben uns derart erzeugte Gefühle lediglich einen Vorgeschmack davon, wie es sich anfühlen würde, anstelle des echten Empfindens. Wenn wir beispielsweise das Gefühl der liebenden Güte für jemanden erzeugen, den wir eigentlich verachten, bedeutet das nicht, dass wir diese Person nicht länger verachten werden, wenn er oder sie sich im wahren Leben auf eine Weise verhält, die wir verachtenswert finden. Und es bedeutet auch nicht, dass alle Erinnerungen daran, wie schrecklich sich dieser Mensch uns gegenüber verhalten hat, durch die Gefühle der liebenden Güte, die wir in der geführten Meditation vorübergehend erlebten, gelöscht wurden.

Allgemein gesagt ist der generative Prozess ein Prozess, bei dem wir etwas *tun*. Er beruht auf Bemühen, Konzentration und Beharrlichkeit. Das Bemühen kann hart und aggressiv sein, obgleich man durchaus lernen kann, sanfter damit umzugehen. Diese Art der Konzentration ist häufig auf eine einzige Sache ausgerichtet, ein bestimmtes Projekt oder Ziel. Die Beharrlichkeit, die notwendig ist, um eine solche Konzentration und Bemühung aufrechtzuerhalten, wird bei diesen Praktiken oft heruntergespielt, aber ohne sie würden die Leute jene Praktiken, die für sie nicht funktionieren, noch viel schneller aufgeben. Eine solche feste Entschlossenheit ist nicht unbedingt für jeden Menschen von Vorteil und kann einen leicht davon abhalten, andere Möglichkeiten und Wege auszuprobieren.

Beim Verlernen von Meditation verzichten wir zumindest bei Meditationsanfängern auf den generativen Prozess, bis andere Prozesse gefestigt sind. Wenn jemand, der bereits längere Zeit eine bestimmte Praxis ausübt, durch den Prozess des Verlernens geht, tut er das, indem er die generativen Methoden anwendet, die er im Rahmen eines anderen meditativen

Prozesses gelernt hat. Anfänger und Meditierende, die sich in einem Übergangsstadium befinden, werden, während sie mit dem rezeptiven und dem konfliktorientierten Prozess arbeiten, die generativen Praktiken aus dieser Perspektive sehen.

Der konfliktorientierte Prozess

Der konfliktorientierte Prozess kommt in Gang, wenn man bestimmte Erfahrungen nicht haben oder sie loswerden will. Immer wenn also ein innerer Kampf stattfindet, man verzweifelt versucht, die Dinge zu kontrollieren oder große Widerstände auftauchen, befindet man sich im konfliktorientierten Prozess.

In den meisten Fällen entsteht ein solcher Prozess, wenn man versucht, eine generative Methode zu praktizieren, aber der eigene Geist, *so wie er ist,* einfach nicht mitmacht. Wenn Sie starr an der generativen Praxis festhalten, während Sie im konfliktorientierten Prozess stecken, verschlimmert sich die Situation oft, die Anspannung steigt, der Druck wird größer und schmerzhafter. Indem man sich an die generativen Anleitungen klammert, obwohl man sich eben nicht in einem generativen Prozess befindet, vergrößert man einfach nur den inneren Konflikt. Um das zu vermeiden, gibt man die generative Praxis auf und steigt mit einer rezeptiven Praxis in den rezeptiven Prozess ein.

Aber es ist auch nicht einfach, den rezeptiven Prozess aufrechtzuerhalten. Auch er kann seine eigenen Formen des Widerstands mit sich bringen, wie Sie vielleicht schon festgestellt haben. Vielleicht haben Sie bemerkt, dass Sie sich in manchen Sitzungen über längere Zeiträume hinweg dagegen gesträubt haben, mit Ihren Gedanken und Gefühlen mitzugehen, dass Sie sich gewünscht haben, sie mögen verschwinden oder zu einem kaum vernehmbaren „Gemurmel“ im Hintergrund werden. Auch das ist ein Konflikt. Einerseits akzeptieren Sie alles, was Ihr Geist tut und andererseits möchten Sie, dass er sich Ihrer Vorstellung anpasst, wie eine Meditationssitzung zu sein hat und in welche Richtung sie sich entwickeln sollte.

Es ist schwierig, beim konfliktorientierten Prozess zu bleiben, ohne ihn loswerden zu wollen – und genau das hält ihn in Gang. Im konfliktorientierten Prozess sind wir hin- und hergerissen zwischen dem Wunsch, das Schmerzliche oder Unerwünschte möge ein Ende haben, und der Bereitschaft, es anzunehmen. Es kann aber auch sein, dass wir im Laufe dieses Prozesses sogar ein Interesse an diesem inneren Konflikt entwickeln und uns, anstatt ihn loswerden zu wollen, eher wünschen, dass er lange genug anhält, um uns zu zeigen, was wirklich los ist. Dann stellen wir vielleicht fest, dass ein Übergang in einen rezeptiven oder explorativen Prozess stattgefunden hat.

Verbannte man den konfliktorientierten Prozess aus der Meditationspraxis, würde meiner Meinung nach die ganze Praxis darunter leiden: Sie wäre nicht mehr authentisch. Die meisten Meditationsrichtungen verneinen entweder, dass es einen solchen Prozess überhaupt gibt oder wenden bestimmte Strategien an, um ihm die Schärfe zu nehmen und seinen Verlauf zu kontrollieren. Oft wird die Existenz des inneren Konflikts von jenen Meditationsrichtungen geleugnet, die Meditation als ausschließlich friedvoll, entspannend und schließlich transzendent präsentieren. Im inneren Zwiespalt zu sein, insbesondere über die Praxis, die man ausübt, gehört nicht zum „Deal". Selbst emotionale Konflikte aufgrund von problematischen Entscheidungen, schmerzhaften Erinnerungen oder unsicheren Zukunftsaussichten werden dann oft als Faktoren betrachtet, die einen vom rechten Weg (der Meditation) abbringen.

Praktiken, die den konfliktorientierten Prozess zu entschärfen suchen und ihn zu einem guten, heilsamen Ende führen wollen, sind oft mit einer viel subtileren Ablehnung von Konflikten verbunden – aber die Ablehnung ist dennoch vorhanden. So suggeriert beispielsweise die Anleitung, allem, was man erlebt, mit Gleichmut zu begegnen, oberflächlich betrachtet, dass man alle seine Erfahrungen akzeptiert, welcher Art sie auch sein mögen, aber unterschwellig lautet die Botschaft: „Reagiere nicht darauf". Also akzeptiert man seine Reaktionen nicht, weil man keine haben sollte.

Andere Konfliktbereiche

Der konfliktorientierte Prozess hat nicht nur mit dem inneren Konflikt zu tun, der durch den Versuch entsteht, eine generative Praxis auszuüben, wenn die Bedingungen dafür nicht gegeben sind. Er reicht viel tiefer und ist viel umfassender, denn eine Meditationspraxis besteht ja nicht nur aus den Anleitungen. Man kann im Zwiespalt in Bezug auf die Anleitungen sein und versuchen, den durch „Zweifel" ausgelösten Konflikt auszublenden und dabei dennoch den Konflikt in der Praxis permanent unterschwellig wahrnehmen als etwas, das man leugnet. Solch ein Konflikt im Hinblick auf die Glaubenssätze und Überzeugungen, die Ihnen vermittelt wurden und die Sie folglich verkörpern oder verwirklichen sollen, darf keinesfalls unterdrückt werden, sondern muss in die Praxis einbezogen werden. Mit dem Zweifel in Bezug auf eine bestimmte Lehre „zu sitzen" und zu lernen, sowohl die Darstellung der Glaubenssätze innerhalb der Lehre als auch die eigenen, gegensätzlichen Ansichten bewusst zu sehen, ist eine Möglichkeit, den konfliktorientierten Prozess für sich zu nutzen, anstatt ihm auszuweichen.

Es werden auch Konflikte in Bezug auf Moralvorstellungen, Ethik oder bestimmte Regeln und Verhaltensnormen, welche im Rahmen Ihrer Praxis vorgegeben werden, auftauchen, die Ihre Aufmerksamkeit erfordern – nicht einfach Zustimmung oder Unterwerfung. Wenn wir allzu bereitwillig eine uns fremde Verhaltensnorm übernehmen, die beispielsweise aus einem anderen Kulturkreis stammt und über die wir nur wenig wissen, neigen wir dazu, ihr eine viel größere Bedeutung beizumessen als den ethischen und moralischen Standards, mit denen wir aufgewachsen sind. Die buddhistischen monastischen Regeln und Normen und die Art und Weise, wie diese von westlichen buddhistischen Mönchen unhinterfragt übernommen werden, sind hierfür ein gutes Beispiel. Viele westliche Mönche und Nonnen versuchen, diese Regeln so gut wie möglich zu befolgen, obwohl manche der Vorschriften aus der Sicht ihrer Ursprungskultur überhaupt keinen Sinn ergeben. Gegen solche Regeln aufzubegehren ist kaum möglich in einer Mönchsgemeinschaft, in der sie nicht nur von allen befolgt, sondern auch als integraler Bestandteil des Weges zur geistigen Befreiung betrachtet werden.

Auch buddhistische Laien kommen in Konflikt mit den Verhaltensregeln, die sie bei Retreats befolgen müssen oder in ihren Alltag zu integrieren versuchen und können dadurch noch befangener und selbstkritischer werden, als sie bereits waren. Anstatt aber über diese neuen Verhaltensnormen zu reflektieren und die inneren Konflikte, die sie natürlicherweise mit sich bringen, zuzulassen, zwingen sich manche Leute einfach dazu, die neuen Regeln zu befolgen. Und das beschränkt sich in vielen Fällen durchaus nicht nur darauf, dass man sich selbst neue Verhaltensregeln aufzwingt, sondern kann so weit gehen, dass man sich Einschränkungen in Bezug auf das eigene Denken und Fühlen auferlegt. Manche Leute gelangen dann vielleicht allmählich zu der Überzeugung, dass sie niemals ihre Wut fühlen oder ihre Sehnsüchte spüren dürften – als könnten sich unsere Gefühle und Emotionen einer Entscheidung anpassen, nicht in Versuchung zu geraten, nach ihnen zu handeln. Manch einer geht vielleicht sogar so weit zu glauben, dass das Befolgen dieses neuen Verhaltenskodex' ihn davor bewahren würde, die unerwünschten Gefühle weiterhin zu fühlen. Die Praxis dreht sich dann nicht mehr um die Entwicklung und Kultivierung heilsamer Qualitäten und Eigenschaften, sondern um die Unterdrückung unerwünschter Verhaltensweisen, die Kontrolle von Gedanken und Gefühlen und ein Handeln, das manchmal falsch und irreführend sein kann.

Aber wenn Sie, nachdem Sie den neuen Verhaltenskodex übernommen haben, die Probleme zulassen, die Sie damit haben, kann eine gesunde Spannung zwischen den neu übernommenen Verhaltensweisen und Ihren bisher gewohnten entstehen. Nehmen wir als Beispiel jemanden, der den Grundsatz oder die Regel übernommen hat, nicht schlecht über andere zu sprechen (das gehört zur *rechten Rede*). Diese Regel ist sinnvoll und führt, wenn man sie tatsächlich befolgt, nicht nur dazu, dass man weniger Schuldgefühle in Bezug auf das, was man sagt, sondern auch weniger Konflikte mit anderen hat. Aber was ist, wenn jemand es gewohnt ist, Kritik an korrupten und gefährlichen Politikern, überheblichen und selbstherrlichen Chefs oder skrupellosen Zeitgenossen zu üben? Diese Art der Rede scheint normal und manchmal sogar notwendig. Sie ist leicht zu rechtfertigen. Das Befolgen der Regel, nicht schlecht von anderen zu sprechen, kann in solchen Situationen sehr schwierig sein. Wenn Sie tatsächlich negativ über jemanden sprechen, fühlen Sie sich vielleicht schuldig und kritisieren sich dafür, weil Sie versuchen, die Regel einzuhalten; und vielleicht schwören Sie sogar, es nie wieder zu tun, was natürlich zu noch mehr Schuldgefühlen und Selbsthass führt, wenn Sie es dann doch wieder tun. Auf diese Weise verlagert sich der Konflikt auf das eigene Scheitern an der Regel und ein Lernprozess über den Konflikt findet nicht statt.

Ein Lernprozess findet dann statt, wenn Sie erkennen, wo sich die neue Verhaltensnorm (nicht schlecht von anderen sprechen) und das bisherige Verhalten (der eigenen Meinung nach gerechtfertigte Kritik an anderen) aneinander reiben und Sie in entgegengesetzte Richtungen ziehen. Vielleicht fassen Sie in einer solchen Situation den Entschluss, sich darin zu üben, nicht negativ über andere zu sprechen, anstatt einfach eine diesbezügliche Regel zu übernehmen. Vielleicht sind Sie bereit zu lernen, sich von einer kritischen Haltung gegenüber anderen zu mehr Akzeptanz hin zu entwickeln und zu versuchen, andere zu verstehen – so wie sie sind. Im Laufe dieses Prozesses wird es viele Fehlschläge geben, wobei jedes Scheitern aber auch eine Gelegenheit sein kann, etwas darüber zu lernen, warum es Ihnen schwerfällt, bestimmte Menschen zu tolerieren – sowie eine Gelegenheit, sich die eigene Weigerung anzuschauen, sich einerseits mit den Ursachen für deren Verhalten und andererseits mit den Gefühlen auseinanderzusetzen, die diese Menschen in Ihnen auslösen.

Der konfliktorientierte Prozess fordert uns in vieler Hinsicht heraus. Wie könnte er also nicht für jeden von uns Teil des Weges sein, insbesondere in der Meditation, wo Konflikte schon zwangsläufig dadurch entstehen, dass wir für die Dauer jeder Sitzung mit unserem eigenen Geist konfrontiert sind. Es scheint doch so zu sein, dass fast jede Sitzung, zumindest für die meisten Anfänger, mit dem konfliktorientierten Prozess beginnt. Das führt uns zu einem anderen Aspekt meiner Theorie, den ich den „primären Übergang“ nenne.

18

Der primäre Übergang

Jedes Mal, wenn Sie mit einer Meditationssitzung beginnen, ob als Anfänger oder erfahrener Praktizierender, findet ein Übergang von Ihrem inneren oder geistigen Zustand, wie er vor der Meditation war, zu jenem Zustand statt, der sich während der Sitzung einstellt. Bei diesem primären Übergang steht normalerweise einer der drei grundlegenden meditativen Prozesse (rezeptiv, generativ oder konfliktorientiert) im Vordergrund.

Bei Mainstream-Meditationspraktiken wird dieser Übergang gewöhnlich entweder als Phase betrachtet, in der der Geist auf die Meditation vorbereitet wird oder als etwas, was man so schnell wie möglich hinter sich lassen sollte. Vipassana-Schüler werden beispielsweise oft angewiesen, ihre Aufmerksamkeit zu Beginn der Sitzung sofort auf den Atemstrom an den Nasenlöchern oder die Atembewegungen im Bauchraum zu richten und mit der Aufmerksamkeit immer wieder dorthin zurückzukehren, wenn der Geist abschweift. Oder man gibt einem Schüler eine Reihe Rituale an die Hand, die ihn in den richtigen Bewusstseinszustand für die Meditation bringen sollen: ein paar Sätze, die wiederholt, ein paar Gelübde, die rezitiert werden oder bestimmte Objekte, die man zu Beginn der Sitzung visualisieren oder zum Gegenstand der Kontemplation machen soll.

Diese weitverbreitete Art, eine Sitzung zu beginnen, ist kein sanfter oder allmählicher Übergang, bei dem das, was vorher war, einbezogen wird, sondern ein harter Bruch mit Ihrem vorherigen Zustand. Dem Aspekt, dass dieser Wechsel von einer Aktivität zu einer anderen *ein Übergang* ist, wird normalerweise keine Bedeutung beigemessen. Stattdessen wird die gesamte Aufmerksamkeit auf das gerichtet, was man zu Beginn der Meditation tun soll (muss), und man lässt alles, was zuvor geschah, sofort willentlich los, anstatt allmählich in einen anderen Zustand hinüberzuwechseln.

Ignorieren Sie beispielsweise zu Beginn einer Meditation völlig, was Sie in die Sitzung mitbringen, führt das zu einer künstlichen Trennung zwischen Ihren mentalen und emotionalen Prozessen außerhalb der Meditationssitzung und den in der Meditation erwarteten. Es erzeugt und festigt die Vorstellung, dass sich Ihr Geist in der Meditation anders verhalten oder anders sein sollte: nämlich vollkommen bewusst, wach und still. Diese Art der inneren Spaltung trägt zu den Konflikten und der Frustration bei, die in Meditationssitzungen entstehen.

Wenn man eine generative Praxis ausübt, wird man am Anfang der Sitzung oft in den konfliktorientierten Prozess hineingezogen. Sie versuchen, Ihren Geist zur Ruhe zu bringen und sich auf das Meditationsobjekt zu konzentrieren. Der Übergang zu Beginn der Sitzung könnte dann als eine Phase wahrgenommen werden, in der Sie versuchen, den unruhigen Geist zu „zähmen", mental „herunterzukommen" und in diesem Zustand zu bleiben. Wenn das schließlich gelingt, ist die Übergangsphase vorüber und Sie haben vielleicht das Gefühl, nun endlich zu meditieren. Gelingt es aber nicht, dauert das, was Sie nur als vorübergehenden Konflikt erwarteten, während eines überwiegenden Teils der Sitzung an.

Es kommt natürlich auch vor, dass jemand eine generative Praxis ausübt und zu Beginn der Meditationssitzung kaum oder gar keine Probleme mit dem Übergang hat. Die Übergangsphase zwischen dem mentalen und emotionalen Zustand vor und während der Sitzung ist dann gewöhnlich sehr kurz. Wenn es bei der betreffenden Praxis darum geht, den Atem zu beobachten, kann das Gewahrsein des Atems leicht aufrechterhalten werden. Praktiziert man die Metta-Meditation, tauchen die erwarteten Gefühle und Empfindungen rasch auf und so weiter. Aber selbst wenn der Konflikt abgewendet wurde, heißt das nicht, dass er nicht mehr existiert, denn es kann auch im Verlauf der Sitzung jederzeit etwas passieren, das Ihre Ruhe oder Konzentration stört. Nach einer solchen Unterbrechung der Konzentration kann es sich anfühlen, als beginne man noch einmal von vorn und müsse erneut einen Weg finden, zurück in den Zustand der Ruhe und Stille zu gelangen.

Damit kommen wir zum weiten Feld der „Übergänge in Meditationssitzungen". Wie viele sind es? Es können während einer einzigen Sitzung mehrere sein. Tatsächlich kann es in einer bestimmten Sitzung viele Phasen geben, aus denen Sie sich gerne hinausbewegen würden, sowie andere, in denen ein angenehmer innerer Zustand entsteht, in den Sie gerne tiefer eintauchen würden. Das sind sekundäre Übergänge, die auftauchen, nachdem Sie bereits den anfänglichen oder primären Übergang in die Meditationssitzung hinter sich haben.

Der primäre Übergang beim rezeptiven Prozess

Wenn Sie eine Meditationssitzung mit dem rezeptiven Prozess beginnen, beeinflusst der mentale und emotionale Zustand, mit dem Sie in die Sitzung „einsteigen", den weiteren Verlauf der Sitzung. Es gibt keine Trennlinie zwischen dem, womit sich Ihr Geist vor der Sitzung beschäftigte und dem, was sich während der Sitzung entwickelt. Solche Übergänge folgen nicht immer demselben Muster, und Sie haben vielleicht noch lange nach Beginn der Sitzung das Gefühl, das sich kaum etwas verändert hat oder Sie erleben schon am Anfang einige deutliche Veränderungen (oder etwas dazwischen).

Schauen wir uns nun ein paar Beispiele für primäre Übergänge etwas genauer an. Ich beginne mit einem Meditationstagebuch, das ich von einem Meditierenden erhielt, den ich nie persönlich kennengelernt habe. Er hatte über einen Kollegen von mir gehört und Kontakt mit mir aufgenommen. Ich bat ihn, eine Reihe von Meditationssitzungen zu protokollieren und dann einen Termin mit mir zu vereinbaren, damit wir telefonisch über seine Aufzeichnungen sprechen könnten. Die Art und Weise, wie er primäre Übergänge erlebt (kursiv hervorgehoben), weist einige Merkmale auf, die jede(r) wiedererkennen wird, der oder die empfänglich für die Wahrnehmung solcher Übergänge wird.

> ERSTE SITZUNG*: Viel körperliche Unruhe (fünf bis zehn Minuten lang). Bin versucht, die Aufmerksamkeit auf den Atem zu lenken, um ruhiger zu werden. Bilder tauchen auf, mit Geräuschen im Hintergrund – gedämpfter Ton/Worte. Kein klares verbalisiertes Denken. Die Bilder erscheinen zusammenhanglos – Eindrücke des Tagesgeschehens stehen im Vordergrund. Schwierig zu erinnern. Es scheint keinen Fokus zu geben. Dann taucht Angst in Form eines Engegefühls im Brustkorb auf. Ein Gedanke drängt sich mir auf: „Was ist, wenn jemand einbricht?"* Dann kommt die Schläfrigkeit – ich schätze, dass ich etwa zwei bis fünf Minuten lang „weggedöst" war. Das passiert zwei- bis dreimal während der Sitzung. Dabei werde ich jedes Mal plötzlich von einem intensiven Gefühl zu ersticken, nicht atmen zu können, wieder aufgeschreckt. Immer, wenn das passiert, werde ich sozusagen wachgerüttelt. Das ist eine sehr unangenehme Erfahrung. Zwanzig Minuten vor der vollen Stunde plötzlich höchste Aufmerksamkeit – sehr wach. Die Bilder verblassen und ich erlebe Phasen der Stille. Ein paar Gedanken kommen mir in den Sinn: „Ist das wirklich Meditation?" Allmählich macht sich Übelkeit bemerkbar. Kopfschmerzen, Schmerzen in den Augen und im unteren Rücken kommen dazu. Ich habe das Gefühl, mich übergeben zu müssen. Nach einer Stunde höre ich auf. Interessanterweise hören dann auch die Übelkeit und die körperlichen Schmerzen auf.

ZWEITE SITZUNG: *Anfangs kommt im Brustkorb und im Bauch ein starkes Angstgefühl auf. Starker Speichelfluss. Fange an zu denken – schwer zu beschreiben, weil die Gedanken nicht wirklich in Worte gefasst sind, aber sie vermitteln ein tiefes Gefühl von Unzulänglichkeit, das sich mit der Angst davor vermischt, morgen zur Arbeit zu gehen. Die Gedanken implizieren, dass man mich auf der Arbeit irgendwie als unzulänglich wahrnehmen wird, nicht gut genug, minderwertig im Vergleich zu anderen Kollegen in der Firma. Das ist von zufälligen, neutralen Bildern von meinem Arbeitsumfeld begleitet. Ich schweife ab zu anderen Gedankengängen (an die ich mich nicht erinnere). Als ich realisiere, dass das passiert ist, bemerke ich auch, dass die Angst weg ist.* Danach kommt die Angst mal stärker, mal schwächer zurück – sie schwankt (leicht). Interessanterweise stelle ich fest, dass die Bilder, die mit der Angst einhergehen, überhaupt keinen Bezug dazu haben und tatsächlich ziemlich wohltuend sind. Es sind Bilder von einem Gemälde, Blumen, Gras – dann taucht ein Feld auf. Gedanken über Meditation kommen mir in den Sinn – ich fühle mich überfordert – der Geist hat unendlich viele Ebenen: „Wie kann ich das alles je verstehen oder was soll ich damit anfangen? Worauf soll ich mich fokussieren?“ Alles kommt zur Ruhe und die Bilder bleiben. Die körperlichen Angstgefühle lassen nach.

Wenn es keine Trennlinie gibt, die den Anfang der Meditationssitzung vom Rest abgrenzt, wie kann ich dann wissen, wann in solchen Sitzungen die Übergangsphase endet? Anstatt von einer Trennlinie zu sprechen, die das Ende des Übergangs markiert, wäre es wohl korrekter zu sagen, dass der Meditierende eine Übergangs*phase* erlebt, nach der er das Gefühl hat, mehr *in* der Meditation zu sein. Diese Phase beginnt, wenn das, was zu Beginn der Meditationssitzung (Anfangsphase) wahrgenommen oder erlebt wurde, völlig verschwindet oder in den Hintergrund tritt.

Die Anfangsphase in der zweiten, oben beschriebenen Sitzung:

> Anfangs macht sich ein starkes Angstgefühl im Brustkorb und im Bauch bemerkbar. Starker Speichelfluss. Fange an zu denken – schwer zu beschreiben, weil die Gedanken nicht wirklich in Worte gefasst sind, aber sie vermitteln ein tiefes Gefühl von Unzulänglichkeit, das sich mit der Angst davor vermischt, morgen zur Arbeit zu gehen. Die Gedanken implizieren, dass man mich auf der Arbeit irgendwie als unzulänglich wahrnehmen wird, nicht gut genug, minderwertig im Vergleich zu anderen Kollegen in der Firma.

Die Übergangsphase seiner Meditationserfahrung:

> Das ist von zufälligen, neutralen Bildern von meinem Arbeitsumfeld begleitet. Ich schweife ab zu anderen Gedankengängen (an die ich mich nicht erinnere). Als ich realisiere, dass das passiert ist, bemerke ich auch, dass die Angstgefühle weg sind.

Die Anfangshase seiner Erfahrung unterscheidet sich von der Übergangsphase dadurch, dass sich erstere klar auf Dinge bezieht, die der Meditierende vor Beginn der Sitzung „im Kopf" hatte. Es ist eine Fortsetzung dessen, was er fühlte oder dachte, bevor er sich zum Meditieren hinsetzte. Die Übergangsphase beinhaltet jedoch normalerweise auch Elemente, die nichts mit dem zu tun haben, was die Aufmerksamkeit der Person vor der Sitzung in Anspruch nahm. Der Geist des Meditierenden verhält sich anders. Gedanken und Bilder verlieren vielleicht ihren Zusammenhang und werden daher als zufälliger und weniger als Teil einer „Geschichte" wahrgenommen. Diese Erfahrung ist natürlich recht häufig beim Eintritt in einen prä-jhanischen (oder hypnagogen) Zustand, ist aber nicht auf diese Art von Übergang beschränkt. Ein wichtiges Merkmal des Übergangs ist, dass etwas, das anfangs im Vordergrund Ihrer Erfahrung stand, beispielsweise ein Angstgefühl, in den Hintergrund tritt oder völlig verschwindet.

Hier ein anderes Beispiel von einem Mann, der an einigen meiner Seminare und Retreats teilgenommen hat:

> Am Anfang der Sitzung (und schon etwa eine halbe Stunde davor), bemerkte ich lustvolle Gedanken. Es fühlte sich an, als würden meine Aufmerksamkeit und mein Fokus zu etwas hingezogen, das außerhalb von mir war: zu undeutlichen nonverbalen Bildern und Erinnerungen, die größtenteils ganz frisch waren und sich auf die Stunde vor der Sitzung bezogen. Die Empfindung, irgendwohin „gezogen" zu werden, war ganz deutlich. Gleichzeitig nahm ich wahr (und zog es vor, das wahrzunehmen), wie sich mein Körper, mein visuelles Feld und meine Gedanken beruhigten und wie sich ein leichtes Kribbeln auf meiner Haut (und direkt unter der Haut) bemerkbar machte. Ich wollte die erotischen Gedanken und Bilder weiter beobachten, aber sie wurden nun schwächer und verblassten nach etwa fünf Minuten ganz – was mich überraschte, denn sie schienen so energiegeladen zu sein.
>
> Für den Rest der Sitzung wechselten sich Phasen von zufälligen Gedanken über das Auf und Ab des täglichen Lebens mit längeren Phasen ab, in denen ich in einem stillen, leeren Raum verweilte. Die Leere schien tief zu sein und ich konzentrierte mich darauf und auf das dunkle und statische, aber nicht völlig gleichförmige visuelle Feld. Es erinnerte mich an stille Meditationssitzungen, die ich in Retreats erlebt hatte, wo nur noch ein weiter dunkler Raum vorhanden war mit einem unklaren Fokus und, im Hintergrund, ein Gewahrsein, dies zu beobachten. Häufig sackte ich während dieser Episoden in mich zusammen, und sie endeten normalerweise, wenn ich mich wieder aufrichtete. Gegen Ende dieser Sitzung kümmerte ich mich nicht darum, mich aufzurichten. Drei oder vier formlose, schwach leuchtende innere Bilder tauchten auf und begannen sich im leeren visuellen Feld zu bewegen – ich fand das interessant, aber ich tat nicht viel, um es aufrechtzuerhalten. Ein paar Mal verspürte ich so etwas wie Zufriedenheit, ein Glücksgefühl, und überprüfte, ob es mit dem Kribbeln zusammenhing, aber es schien nichts damit zu tun zu haben. Das Kribbeln war

> schwach, und bei den wenigen Gelegenheiten, da ich es wahrnahm, beanspruchte es meine Aufmerksamkeit nicht besonders. Ich erinnere mich auch daran, dass ich von außen kommende Geräusche hörte (die Türglocke der oberen Wohnung, Wasser, das durch Rohre floss, den Rasensprenger vor dem Haus) und mein Körper fühlte Kälte. Als die Glocke erklang, stellte ich fest, wie schnell die Zeit vergangen war.

In dieser Meditationssitzung war der primäre Übergang von erotischen Gedanken überlagert. In den ersten paar Minuten bemerkte der Meditierende, dass seine Aufmerksamkeit zu verschwommenen, undeutlichen Bildern und Erinnerungen an die Stunde vor der Sitzung hingezogen wurde. Dann beschreibt er, dass er gleichzeitig seinen Körper, sein (inneres) visuelles Feld, das Zur-Ruhe-Kommen seiner Gedanken und ein Kribbeln auf und unter der Haut wahrnimmt. An diesem Punkt findet ein Übergang statt. Ein wichtiges Merkmal dieser Art des Übergangs, das sich auch in den Sitzungen der anderen Meditierenden wiederfindet, ist, dass der Geist diffuser wird, weniger auf eine bestimmte Sache fokussiert ist. Es ist deshalb nicht überraschend, dass die lustbetonten, erotischen Gedanken und Bilder an Energie verlieren und in den Hintergrund treten, da sie nicht länger allein im Fokus stehen und sich in einem umfassenderen Gewahrsein auflösen, das mehr Aspekte der Erfahrung des Meditierenden einschließt als zuvor. In der restlichen Zeit verläuft die Sitzung ruhig und friedvoll und erinnert somit an etwas, das man von außen betrachtet als entspannende und regenerierende Meditationssitzung bezeichnen könnte.

Wenn wir zu Beginn unserer Sitzungen den rezeptiven Prozess zulassen, geben wir damit auch die Kontrolle über deren weiteren Verlauf und die Richtung ab, in die sich die Sitzung entwickelt. Entgegen der allgemein vorherrschenden Meinung kann die Empfänglichkeit für alles, was zu Beginn der Sitzung hochkommt, einen Übergang in einen stillen, ruhigen und wachen Bewusstseinszustand erleichtern. Sie kann auch dazu beitragen, dass sich die drei entwickelten oder fortgeschrittenen meditativen Prozesse (explorativ, nicht-anknüpfend und verbunden) einstellen.

19

Meditation verlernen und der generative Prozess

Viele Vorbehalte gegen das Verlernen von Meditation beziehen sich auf den Wert und die Nützlichkeit generativer Praktiken. Ich neige dazu, ein eher negatives Bild solcher Methoden zu zeichnen und mich mehr auf die mit ihnen verbundenen Probleme zu konzentrieren als auf ihre Vorzüge. Warum tue ich das? Weil ich der Meinung bin, dass generative Techniken oder Praktiken wirklich nur dann genutzt werden sollten, wenn man tatsächlich im generativen Prozess ist. Befindet man sich im konfliktorientierten Prozess und muss sich deshalb anstrengen, den Anleitungen zu folgen, sollte man keine generativen Praktiken anwenden. Es ist einfach nicht der richtige Zeitpunkt. Wenn Sie im rezeptiven Prozess sind und mit Ihrer Aufmerksamkeit nicht so gut bei einem bestimmten Objekt bleiben können, ist es ebenfalls schwierig, eine generative Methode anzuwenden, die eine hohe Konzentration erfordert. Aber wenn Sie tatsächlich in der Lage sind, mit der Aufmerksamkeit bei einem Meditationsobjekt zu bleiben und eine generative Anleitung mühelos auszuführen, dann ist es sicher die richtige Zeit für eine solche Praxis.

Vielleicht sind Sie nun der Meinung, ich würde hier ein ideales Szenario beschreiben, eines, das nicht allzu oft vorkommt. Aber in Wirklichkeit kommt es doch recht häufig vor. Wir stellen plötzlich fest, dass wir relativ mühelos eine Meditationsmethode praktizieren können, an der wir uns früher „abgemüht" haben und gescheitert sind. Wenn wir „generativ" in der Meditation mit Mühe und Anstrengung assoziieren, übersehen wir die Tatsache, dass unser Geist durchaus in der Lage ist, sich ohne Druck und Zwang zu fokussieren, kreativ zu sein und zu lernen. Der menschliche Geist ist von Natur aus dazu ausgelegt, zu erschaffen oder generieren.

Was wir bei der Meditation *verlernen* ist die Vorstellung, wir müssten jederzeit, und sei es mit großer Anstrengung, generative Praktiken oder Techniken anwenden, um in den Genuss ihrer positiven Wirkungen zu kommen. Es geht nicht darum, die generativen Praktiken an sich zu verlernen – ich lege Schülern niemals nahe, traditionelle Methoden aufzugeben, die ihnen geholfen haben. Ich empfehle ihnen nur, in den Sitzungen an einen Punkt zu kommen, wo sich solche Praktiken mehr aus einem rezeptiven Zustand heraus entfalten: Dann können sie diesen Meditationsobjekten zusätzliche Aufmerksamkeit schenken, um in der generativen Praxis tiefer zu gehen als bisher. Ich würde einem Schüler nur dann raten, die Ausübung seiner generativen Praxis generell infrage zu stellen, wenn sie zu etwas Automatischem, Zwanghaftem geworden ist oder sich auf irgendeine Weise abträglich auf den psychischen Zustand des Meditierenden auswirkt.

Auch wenn ich keine generativen Praktiken lehre – man wird nie erleben, dass ich eine geführte Meditation anleite – empfehle ich den Schülern zumindest, darauf zu achten, wann die Bedingungen stimmen, um eine bestimmte Methode zu praktizieren, auf die sie vertrauen.

Kürzlich leitete ich ein Seminar gemeinsam mit Ken McLeod, einem Lehrer, der in der tibetischen Tradition steht. In diesem Seminar leiteten wir den ganzen Tag über abwechselnd einstündige Meditationen. Die ersten wurden angeleitet wie in diesem Buch beschrieben, während die letzte Meditation des Tages stets eine von Ken geleitete geführte Meditation war. Zu Beginn lenkte er die Aufmerksamkeit der Schüler auf körperliche und Sinneserfahrungen und dehnte das dann allmählich auf die mentale und emotionale Erfahrungsebene aus – und von dort auf spezifische Aspekte des Geistes. Zum Schluss leitete er die Schüler an, heilsame Bewusstseinszustände zu erzeugen. Vielen Teilnehmer(n)/innen fiel die geführte Meditation leicht und sie sagten später, sie habe ihnen neue Erfahrungen und Einsichten beschert. Einige konnten der geführten Meditation nicht in allen Phasen folgen und saßen dann während dieser Zeiten mit dem, was für sie hochkam.

Bei denjenigen, denen diese Meditation leichtfiel, zeigte sich beispielhaft, dass sie eine generative Praxis innerhalb eines generativen Prozesses ausübten. Ich glaube, dass ihnen die Meditation auch deshalb so leichtfiel, weil sie bei anderen Meditationen im Laufe des Tages eher in einem empfänglichen Zustand gewesen waren. Der rezeptive Prozess – besonders, wenn er immer wieder mit Phasen der Exploration verbunden ist – räumt oft die Hindernisse fort, die der Ausübung generativer Praktiken im Wege stehen. Viele Schüler erwähnten mir gegenüber, dass sie, wenn sie nach einer rezeptiven Phase in der Meditation auf eine strukturierte Praxis umschalten, Letztere mit viel mehr Leichtigkeit und weniger Anstrengung ausüben können als gewöhnlich.

Der Übergang von einem rezeptiven Prozess zu einem generativen kann sanft und reibungslos verlaufen, obwohl Sie während der Sitzung vielleicht schnell merken werden, dass sich in Bezug auf das Bemühen etwas geändert hat. Wenn Sie in einem empfänglichen Zustand sind, kommen Erfahrungen einfach auf Sie zu, ohne dass Ihr Wille im Spiel ist. Das kann angenehm sein, und Sie könnten anfangen, diesen Zustand als die Norm zu betrachten. Wenn Sie also aus dem empfänglichen Zustand in den generativen Prozess übergehen, könnte es notwendig sein, die eigenen Bemühungen ein wenig zu verstärken. Oft bemühen sich die Leute dann nicht genug und verpassen so eine Gelegenheit, den generativen Prozess produktiv und effektiv zu nutzen. Andere gehen mit großer Entschlossenheit und zu viel Druck an die Sache heran und müssen sich in ihrem Bemühen ein bisschen zurücknehmen, um den generativen Prozess positiv nutzen zu können.

> Die Stille erscheint sehr laut, und ich lausche der Stille, die zum Klang des *Om* wird. Dann bemerke ich, wie sehr ich mich anstrenge, den Klang der Stille zum Klang des *Om* werden zu lassen, also entspanne ich mich und verringere meine Bemühungen.

Es kann auch das Gefühl da sein, an Erfahrungen festzuhalten oder sich übermäßig damit zu beschäftigen, wenn man in einen generativen Prozess hinüberwechselt. Davor werden viele Meditierende gewarnt, wenn sie in einer Tradition praktizieren, in der das „Loslassen" einen hohen Stellenwert hat. Vielleicht denken Sie, dass ich das „Loslassen" in solchen Phasen befürworte, aber ich tue das nicht generell. Ich betrachte das Festhalten an Erfahrungen und die intensive Beschäftigung damit oder das Nachdenken darüber als etwas ziemlich Natürliches. Es ist meiner Meinung nach nichts, worüber man beunruhigt sein müsste. Wenn jemand während der Meditationssitzung eine große Sache aus einer Erfahrung macht, ist es in Ordnung, die Geschichte weiterlaufen zu lassen, bis sie an einen Punkt kommt, wo ein Übergang zu etwas anderem stattfindet. Wenn man dann nachträglich über diese Angelegenheit reflektiert, kann man zu einer Einsicht darüber gelangen, was sie eigentlich „am Laufen" hielt.

Ich habe häufig Berichte über Meditationssitzungen gehört, in denen jemand einen Artikel geschrieben, ein Musikstück komponiert, ein Kunstprojekt geplant oder seine Wohnung neu gestaltet hat – und es war tatsächlich sehr produktiv und effizient, das während der Meditation zu tun. Das sind natürlich auch Beispiele für den generativen Prozess, obwohl anscheinend keine Meditationspraxis mit dieser Art des kreativen Prozesses in Verbindung gebracht wird – verständlicherweise. Aber da es in einer Meditationssitzung geschieht, ist es meditativ, und der Geist nutzt die Qualitäten, die er in der Meditation entwickelt hat, um diese speziellen mentalen Aufgaben zu erledigen.

Wir werden oft davor gewarnt, die Meditation dazu zu nutzen, an einem Projekt zu arbeiten: Wir sollen diese Gedanken loslassen und wieder zum achtsamen Sitzen zurückkehren. Aber wenn man im generativen Prozess ist, ist es nicht einfach, in einen rezeptiven Prozess zurückzukehren (ja sogar irgendetwas anderes wachzurufen als das, was gerade unsere Aufmerksamkeit fesselt). Es entsteht oft eine bestimmte Dynamik, die diese Sache oder das Projekt vorantreibt und man kann sich dem nur entweder hingeben oder dagegen ankämpfen. Indem Sie sich dem Prozess hingeben, lassen Sie die Gedanken über das Projekt zu und geben ihnen gelegentlich Nahrung, bis sich die Energie hinter diesen Gedanken allmählich auflöst. Das bedeutet, im generativen Prozess empfänglich zu sein, ihn fließen zu lassen – im Bewusstsein, dass Sie an irgendeinem Punkt unweigerlich in einen anderen Prozess hinüberwechseln werden.

20

Die drei aufbauenden meditativen Prozesse

Die drei aufbauenden meditativen Prozesse sind der explorative Prozess, der Prozess des Nicht-Anknüpfens und der verbundene Prozess. Durch diese drei Prozesse hat unser Geist in der Meditation gelernt, mit Erfahrungen umzugehen, was nicht heißt, dass sie als optimale meditative Erfahrungen betrachtet werden sollen. Tatsächlich versucht diese Theorie der meditativen Prozesse nicht, über das hinauszugehen, was die meisten Menschen normalerweise in der Meditation erleben und stellt somit keine Mutmaßungen darüber an, was ein erwachtes oder erleuchtetes Bewusstsein ist.

Der explorative Prozess

Man mag zunächst den Eindruck haben, der explorative Prozess sei nichts als ein weitschweifiges Nachdenken über die eigene Erfahrung. Meditationsrichtungen, in denen das Denken nicht besonders geschätzt wird, werden diesen Aspekt der Meditation, den sich entfaltenden explorativen Prozess, eher ignorieren. Ich muss einem Schüler oder einer Schülerin oft erst einmal einige Fragen über die Art oder Beschaffenheit der während der Meditation ablaufenden inneren Dialoge stellen, bis er/sie die explorative Qualität seines/ihres diskursiven Denkens erkennt. Wenn bei Ihnen ein innerer Dialog (oder Monolog) darüber stattfindet, was in Ihrer Sitzung passiert (oder über das Thema Meditation oder über eine Vorstellung in Bezug auf Ihre Erfahrung), dann läuft höchstwahrscheinlich gerade ein explorativer Prozess ab.

Wie können Sie es wissen? Zunächst einmal ist forschendes (explorierendes) Denken ergebnisoffen. Man ist nicht unbedingt darauf aus, eine Antwort zu finden, zu einem Schluss zu gelangen, ein Ziel zu erreichen. Sie sind mit dem Prozess des Forschens oder Untersuchens beschäftigt, ohne das Bedürfnis zu haben, ihn schnell oder ordentlich in eine gute Idee zu verpacken, obwohl solche Ideen auftauchen und die Untersuchung in interessante Richtungen führen können, wie in der folgenden Sitzung beschrieben:

> Bin zu Beginn der Sitzung aufgeregt, weil ich einen Nachbarn aufwecken und bitten musste, sein Auto wegzufahren, damit meine Frau zur Arbeit fahren konnte. Dieser innere Aufruhr begleitet mich in die Meditationssitzung. Ich weiß die Zeit, die ich im Zen-Zentrum verbrachte, wirklich zu schätzen, weil ich mit vielen weltlichen Dingen, die mich jetzt stören, nichts zu tun hatte. Ich mache mir Sorgen über die politische Lage und es kommt Angst hoch. Oder verschafft sich meine Angst einfach nur ein Ventil über diese Gedanken? Spüre einen Druck um den Solarplexus. Dann folgen innere Dialoge, in denen ich recht habe, die Auseinandersetzungen gewinne. Ich tröste mich: Mein Überleben ist gesichert. Dachte eine Weile über meinen unbedingten Wunsch zu existieren nach. Überleben ist befriedigend und die Furcht, seine Existenz zu verlieren, erzeugt Angst. Das

> zweischneidige Schwert von Manjusri. Stelle fest, dass sich ein Gefühl oder Gedanke in alle Richtungen ausbreiten oder verzweigen kann.

Man erkennt, dass der explorative Prozess aus dem rezeptiven hervorgeht. Man wird beim Forschen sozusagen geführt. Es scheint darin weniger Eigeninitiative zu geben, was mit einer Bereitschaft einhergeht, sich in schmerzliche oder schwierige Bereiche vorzuwagen, die man normalerweise meiden würde. Es kann sich so anfühlen, als bewege man sich zwischen zwei Zuständen vor und zurück: in einer Erfahrung zu bleiben (einem Gefühl, einem Gedankengang, einer Körperempfindung oder einer Mischung aus diesen) oder sie zu beobachten. Sie können Ihre Beobachtungen überprüfen, indem Sie mit Ihrer Aufmerksamkeit wieder zur Erfahrung zurückkehren (sie entweder erinnern oder, falls sie noch präsent ist, in der Gegenwart) und schauen, ob die Vorstellungen tatsächlich damit übereinstimmen. Es gibt keine perfekten Beispiele für diesen Prozess, da er keine Technik ist, die man einfach ausführt, sondern eher ein diffuser, unorganisierter Prozess, durch den man geführt wird wie im folgenden Tagebucheintrag:

> Es fiel mir besonders schwer, diese Sitzung nachträglich schriftlich festzuhalten – anfangs schien es fast unmöglich, sich an irgendetwas zu erinnern, wie bei einem Traum, der einem entglitten ist. Die bemerkenswerteste Episode war die, bei der ich etwa 15 Minuten lang mit einer unangenehmen Spannung im oberen Brustraum und den Schultern dasaß. Sie war mit einem unangenehmen Gefühl verbunden und mit undeutlichen, diffusen Gedanken, die ich nicht wirklich zur Kenntnis nahm.
>
> Sehr flüchtiges Bild einer Art Lichtebene oder eines farbigen Lichts, das sich von meinem Körper in einer gleitenden Bewegung nach rechts hin ausdehnte. Es wurde zu einer Art Ausgang und die Anspannung wich, so als hätte jemand eine Tür zu einem weiten Platz geöffnet.

> Als die Anspannung verschwand (oder besser, nicht aufrechterhalten wurde) und die physische Empfindung der Spannung und das Zusammenkrümmen in einer Schutzhaltung klar wahrgenommen und losgelassen wurden, wurde klar, dass „innerlich" ein unangenehmes Gefühl da war, das zwar unterschwellig, aber dennoch kaum erträglich war, als ich es dann wirklich wahrnahm. Es war irgendwie seltsam, aber auch schrecklich: Es fühlte sich unausweichlich an, als wäre es Teil von allem und hätte keine Grenzen. Ich glaube, das war der Grund dafür, dass es so schwer zu ertragen war. Ich nahm es wahr und dann kam eine Art stille Panik auf, so als könne ich mich nicht sehr lange dafür öffnen. Dann veränderte es sich und ich kann mich nicht wirklich erinnern, was geschah. Ich glaube, ich richtete meine Aufmerksamkeit auf etwas anderes. Jedenfalls beendete ich die Sitzung mit gemischten Gefühlen: Da war einerseits die Angst vor der Grenzenlosigkeit dieses Unangenehmen, Schmerzhaften und der großen Verletzlichkeit und andererseits eine gewisse Erleichterung (darüber, dass ich damit in Kontakt getreten war).

Oft ist eine Art von Samadhi-Zustand mit dem explorativen Prozess verbunden, in welchem Sie innerlich ganz still sind, während Sie durch schwierige Gefühle oder Erinnerungen hindurchgehen und anfangen, einiges davon wahrzunehmen. Manchmal kann es, wie oben beschrieben, schwierig sein, sich an bestimmte Episoden solcher Sitzungen zu erinnern, aber während Sie hindurchgehen, sind Ihnen möglicherweise die Gedanken, Gefühle und Beobachtungen sowie Ihre Art, Ihrer Erfahrung gewahr zu sein, deutlich bewusst. Selbst wenn Sie sich nur an sehr wenig erinnern, sind solche Explorationen in einem Samadhi-Zustand typischerweise mit dem Gefühl verbunden, dass Sie in Bezug auf sich selbst auf etwas tief Verborgenes gestoßen sind.

Das schmerzliche Gefühl, mit dem die Meditierende in der oben beschriebenen Sitzung in Kontakt kommt, hat viele Facetten, als sie dabei bleibt und es untersucht. Die Namen, die sie ihm gibt, und ihre Vorstellungen davon, entspringen diesem tieferen Forschen. Während der Sitzung versucht sie kaum, wenn überhaupt, dieses unterschwellige, unangenehme Gefühl zu interpretieren. Das tut sie dann allerdings nachträglich in ihrem Meditationstagebuch: „Später, als ich darüber nachdachte, wurde mit klar, dass das Malen mich in Kontakt mit diesem Gefühl der Hilflosigkeit und Verletzlichkeit bringt, weil es dabei keine Grenze gibt, weil es nie perfektioniert oder beendet werden kann. Das kam mir in den Sinn, denn ich habe diese Woche jeden Tag gemalt." Es ist recht üblich, dass man im Nachhinein in solche Erfahrungen eine Bedeutung hineininterpretiert, denn wir wollen von unseren Explorationen ja etwas haben, wollen etwas damit anfangen können. Anstatt zu versuchen, uns solche Interpretationen zu „verkneifen", können wir uns bewusst machen, wie sie uns beeinflussen, wie wir sie uns zunutze machen und warum wir an sie glauben.

Eine genauere Betrachtung des explorativen Prozesses

Um den explorativen Prozess noch weiter zu veranschaulichen, werde ich nun eine Reihe von Tagebucheinträgen wiedergeben, die alle von derselben Person stammen. Ihr Name ist Joan und sie war etwa vier Jahre lang meine Schülerin. Sie meditiert seit ungefähr 30 Jahren und hat vor unserer Begegnung die Vipassana-Meditation praktiziert. Als wir uns kennenlernten, bestand ihre Meditationspraxis vor allem darin, die Aufmerksamkeit auf Klänge zu richten. Manchmal (eher selten) konzentrierte sie sich auch auf den Atem und gelegentlich praktizierte sie die Metta-Meditation. Obwohl sie in der Vergangenheit sogar „wahlfreies Gewahrsein" praktiziert hatte, hatte sie nie wirklich zugelassen, dass ihre Gedanken oder Gefühle sie während der Sitzungen führten, bis sie an einem meiner zehntägigen Retreats teilnahm. Seither ist sie in ihrer Meditationspraxis wesentlich lockerer geworden und fühlt sich in den meisten Sitzungen wohl mit dieser Art des Meditierens.

Die folgenden Tagebucheinträge veranschaulichen mehrere Aspekte des explorativen Prozesses, einschließlich dessen, was darüber bereits gesagt wurde. Ein wichtiger Aspekt dabei ist, inwieweit wir Dinge, die wir erforschen, an uns heranlassen und ob wir längere Zeit dabeibleiben. Deshalb ist eine Serie von Tagebucheinträgen so hilfreich.

Ein anderer Aspekt des explorativen Prozesses ist die Untersuchung und Betrachtung der Praxis, die man ausübt. Da diese Einträge von einer Person stammen, die einige Jahre mit dem Recollective-Awareness-Ansatz meditierte, finden wir in ihren Betrachtungen weniger Zweifel in Bezug auf diese Praxis und eher ein Untersuchen ihres Wertes. Dennoch sind einige ihrer Schlüsselelemente Gegenstand der kritischen Prüfung.

Es sind auch einige Passagen darunter, in denen untersucht wird, auf welche Weise wir unserer Erfahrungen gewahr sind und wie wir sie verstehen. Die Aufmerksamkeit darauf zu richten, auf welche Weise wir wissen, was vor sich geht (der Prozess) ist etwas ganz anderes, als zu wissen, worum es sich handelt (der Inhalt). Wir können beispielsweise wissen, dass wir ein bestimmtes Geräusch hören und was für ein Geräusch das ist. Das ist mit „den Inhalt unserer Erfahrung kennen" gemeint. Wir wissen vielleicht auch, dass das Geräusch kommt und geht, dass es aufgrund bestimmter Bedingungen entsteht und vergeht. Das bedeutet, dass wir den Prozess unserer Erfahrung verstehen. Aber das ist nur der Anfang unserer Betrachtung der unterschiedlichen Arten, uns unserer Erfahrung bewusst zu sein.

> Diese Sitzung war insofern interessant, als sich die Aufmerksamkeit etwa die Hälfte der Zeit in eine andere Richtung bewegte. Ich hatte vor der Sitzung einige Dinge im Kopf … und sie alle tauchten während der Übergangsphase in unterschiedlicher Form und Intensität wieder auf … das Tennismatch, das ich gerade im Fernsehen gesehen hatte, der Brief an einen Freund, der Krebs hat, die E-Mail an einen anderen Freund … die Frau meines Vaters, die Schule, ein Meeting, an dem ich kürzlich teilgenommen hatte. Alle diese Dinge tauchten auf und vergingen, tauchten auf und vergingen, in Wellen unter-

schiedlicher Stärke und Deutlichkeit. Da war ein Gewahrsein dieses Auftauchens und Vergehens. Dann ein Gewahrsein dieses Gewahrseins. Dann eine Art Gesamtschau … eine erweiterte Wahrnehmung all dessen, was erlebt wurde. Es war, als passierte alles gleichzeitig, aber wenn ich wirklich zurückgehe und mich erinnere, war mein Fokus wahrscheinlich manchmal stärker auf dem einen oder anderen.

Es fühlte sich an wie ein Wahrnehmen aller Eindrücke über alle Sinnespforten gleichzeitig. Diese Empfindungen verkörperten die ganze Katastrophe dessen, was ich aufnahm. Da war ein klingelndes Geräusch wie Tinnitus mit einem Meeresrauschen im Hintergrund und dem Geräusch, das mein Mann beim Herumlaufen verursachte … alles wurde offensichtlich mit gleicher Intensität aufgenommen.

Dann ein Geschmack im Mund, verschiedene Empfindungen im Körper, im Bauch, in den Beinen, im Gesicht, eine Art Hintergrundbild des dasitzenden Körpers und ein gewisses gleichzeitiges Gewahrsein von all dem, selbst von den Farben vor den Augen.

Da war eine Entspanntheit, ein Ruhen im „großen Ganzen“, aber auch ein Gewahrsein, dass ich mich darauf zu- und davon wegbewegte. Als nicht mehr alles gleich stark wahrgenommen wurde und sich etwas in den Vordergrund schob oder bevorzugt wurde, entstand eine Tendenz zum Personalisieren … eine Geschichte, die Wahrnehmung meines Gesichts … das Anknüpfen an eine Fantasie, ein Weiterspinnen von etwas, das ansonsten einfach nur dagewesen wäre. Es war wirklich ein Gewahrsein des Sich-Hinein-und-Herausbewegens (wieder wellenartig), dass das, was auftauchte, persönlich genommen wurde … oder ein weiter Fokus gegenüber einem engen Fokus … hinein und wieder heraus … hinein und heraus. Dann die plötzliche Erkenntnis, dass irgendetwas so persönlich genommen worden war, dass die Wahrnehmung eines „großen Ganzen“ verschwunden und ich wieder in der Geschichte absorbiert war … dann verlagerte sich der Fokus äußerlich wieder auf den Atem und die Unparteilichkeit.

Diese Beschreibung vermittelt ein Gefühl dafür, wie im Allgemeinen über Vipassana-Meditationssitzungen gesprochen wird, in Begriffen wie „Auftauchen und Vergehen“, „Beobachten und Personalisieren“ und „weiter und enger Fokus“. Höchst bemerkenswert ist diese Erfahrung: „Da war ein Gewahrsein dieses Auftauchens und Vergehens. Dann ein Gewahrsein dieses Gewahrseins. Dann eine Art Gesamtschau … eine erweiterte Wahrnehmung all dessen, was erlebt wurde.“ In späteren Tagebucheinträgen versucht Joan, mir zu versichern, dass das kein Konzept ist, sondern eine echte Erfahrung.

Wie erlebt sie es, ihres Gewahrseins vom „Auftauchen und Vergehen“ gewahr zu sein? „Es fühlte sich an, wie eine Wahrnehmung aller Eindrücke über alle Sinnespforten gleichzeitig. Diese Empfindungen spiegelten das katastrophale Ausmaß dessen, was ich aufnahm … alles wurde offensichtlich mit gleicher Intensität aufgenommen.“ Sie nimmt Geschmacksempfindungen, körperliche Empfindungen, Bilder, Farben und ihren dasitzenden Körper auf eine Weise wahr, dass jeder Sinneseindruck irgendwie gleichwertig ist, kein Eindruck dominiert oder wird bevorzugt. Wenn sie die Dinge nicht mehr gleichwertig aufnimmt, dann deshalb, weil sie sich in einer Geschichte verstrickt oder einer Fantasie nachhängt, wobei die Erfahrungen wieder persönlich genommen werden. Ihr ist bewusst, dass sie sich in diesen Zustand (alle Erfahrungen als gleichwertig wahrzunehmen) hinein- und aus ihm herausbewegt und betrachtet das als Wechsel zwischen dem „großen Ganzen“ und dem „Absorbiertsein von der jeweiligen Geschichte.“

Die Exploration, die in dieser Sitzung beginnt, setzt sich in weiteren Sitzungen fort, wie in der folgenden, sechs Wochen später.

> Da war das Gefühl, mit allem zu sein, was meine Sinne erreichte, aber es wurde fast überlagert von einer Frage, die anfangs nur einer interessierten Neugier entsprungen war, sich dann aber zu einer echten Frage entwickelte. Etwas wie: „Was ist der Unterschied zwischen der Art und Weise, wie das jetzt aufgenommen wird und dem, was

aufgenommen würde, wenn keinerlei Verlangen oder Abneigung da wären? Was ist der Unterschied zwischen diesem Geist und einem befreiten Geist?"

Ich versuchte, irgendeine Qualität wahrzunehmen, die mir den Unterschied zeigen würde. Wäre bereits die Neugier in Bezug auf den Unterschied eine Form des Verlangens? Wo war das subtile Urteilsvermögen, das diesen Unterschied deutlich machen würde? War es das Gefühl, dass da ein „Ich" war, das die Dinge aufnahm? Ich spielte ein wenig mit diesen Fragen und dabei entstand das Gefühl, dass es etwas mit Karma zu tun hatte. Ich konnte in diese Qualität hineingehen, aber ich „zoomte" unweigerlich immer wieder hinaus zu der Person, die dies beobachtete und daher kommentierte. Was auch passierte, die Übergänge fühlten sich sanft und fließend an.

Dann begann ich eine Weile über *Metta* nachzudenken. Ich bin nicht sicher, ob ich zuerst an meinen Freund dachte, der Krebs hat oder ob mir zuerst die Metta-Praxis in den Sinn kam, aber ich dachte über ein paar Situationen seines Lebens nach, über das, was ihm in seinem Leben widerfuhr und ging dann zu einer alten Technik über, bei der ich ihn visualisierte und ihm beim Ausatmen Liebe sandte. Das entwickelte sich zur konkreten Vorstellung seines Körpers mit dem Krebs darin, seine Arterien und Organe sahen aus, als seien sie von schwarzen Ablagerungen befallen, die ich mit jedem Ausatmen hinauspustete, wie Staub, der durch seine Hautporen nach außen drang. Das tat ich eine ganze Weile. Hin und wieder ging ich innerlich zurück in eine Zeit, als ich Schülerin war und eine ähnliche Praxis übte (Vor-Dharma-Tage), bei der ich versuchte, kraft meines Geistes einem Freund ein Bild zu senden. Ich konnte mich an das Bett erinnern, auf dem ich damals gelegen hatte und das Gefühl, während der Ausübung dieser Praxis ganz fokussiert zu sein. Es war eine starke visuelle Erinnerung. Das führte wieder zu einer Ablenkung. Mich interessierte, wie das Gedächtnis dabei funktioniert. Es war weniger ein Erinnern als ein „Einblenden" aufgrund der Vertrautheit mit derselben Intensität der Visualisierung.

> Das wird jetzt fast schon zu einem Interessengebiet in meinen Sitzungen. Wie das Gedächtnis funktioniert, die verschiedenen Arten und Ebenen des Erinnerns, die damit verbunden sind. Manchmal kann ich den Prozess einfach nicht durchschauen und manchmal ist es offensichtlich.

Diesmal beginnt die Sitzung mit einem explorativen Prozess. Joan ist in einem wachen, empfänglichen Zustand, in dem sie all dessen gewahr ist, was auf ihre Sinne „trifft", während sich ihre Neugier zu einer Frage verdichtet: Wie nimmt ein Geist, der Verlangen und Abneigung kennt, Sinneseindrücke auf und was nimmt ein von solchen Regungen befreiter Geist auf? Sie berichtet, dass die Untersuchung dieser Frage ihr Gewahrsein der Sinneseindrücke überlagert, aber es scheint davon nicht wirklich beeinflusst oder beeinträchtigt zu werden wie von den Geschichten in der Sitzung sechs Wochen zuvor. Sie macht sich Gedanken über das Selbst, über Karma und „konnte in diese Qualität hineingehen, aber ich ‚zoomte' unweigerlich immer wieder hinaus zu der Person, die dies beobachtete und daher kommentierte." Ich vermute, dass sie sich hin- und herbewegte zwischen ihrer direkten Erfahrung und ihrer Untersuchung derselben, die mit Beobachtungen und Vorstellungen darüber einherging.

Danach wechselt sie in den generativen Prozess, als sie sich an die Krankheit eines Freundes erinnert. Eine Zeitlang praktiziert sie eine Metta-Übung für ihn. Das zu tun erscheint ihr vollkommen natürlich, und sie reflektiert über die Gewohnheiten, die sie in der Meditation hinsichtlich der Metta-Praxis entwickelt hat. Aber die Beschäftigung mit den Erinnerungen an diese Praxis führt dann wieder dazu, dass sie das Thema „Erinnerung" untersucht. Nicht, weil ihr dieses Thema so wichtig erscheint, dass sie es unbedingt erforschen möchte, sondern aufgrund einer Erfahrung, die sie mit ihren Vorstellungen darüber konfrontiert. Sie schreibt, „Es war weniger ein Erinnern als ein ‚Einblenden' aufgrund der Vertrautheit mit derselben Intensität der Visualisierung." Dies bereitet den Boden für das „Forschungsgebiet", das sich in einer anderen Sitzung etwa einen Monat später auftut.

> Beim Schließen der Augen kam ich schnell ins „reine Hören", als Geräusche hörbar wurden. Es war sehr wenig Energie da. Ich nahm die Geräusche einfach nur auf. Sie erweckten ein gewisses Interesse in mir. Dann wandte sich mein Interesse dem Vorgang des Erinnerns zu. Mir kam in den Sinn, dass „mit etwas sein" mit einem Erinnerungsprozess von einigen Sekunden verbunden ist. Wie ein Netz, das nach hinten ausgeworfen wird. Im Gewahrsein dessen, was jetzt geschah – wie Geräusche und Empfindungen –, wurde das Netz nur eine Nanosekunde zurückgeworfen. Zu anderen Zeiten wurde es ein bisschen weiter in die Vergangenheit geworfen. Dann beim aufrüttelnden „Wo war ich gerade?" schnell zu den letzten paar Ereignissen zurückgeworfen. Ich beobachtete das eine Weile. Es war aber weniger das Bild von einem Netz, sondern eher von einer Art Amöbenfuß, der sich in die Vergangenheit ausstreckte und in einem konstanten Strom des Erinnerns Erfahrungen ins Bewusstsein hob. Er konnte breit oder schmal, spezifisch oder allgemein, es konnte ein bewusstes oder automatisches Erinnern sein. Es schien, als sei der Erinnerungsprozess die Gesamtheit des Gewahrseins. Einer der Vorteile von Recollective Awareness! Mit dem aufmerksamen Wahrnehmen wird man des Zusammenhangs gewahr und wie die Dinge zustande kommen. Und dann wird es weniger persönlich genommen.

Die Meditationssitzung beginnt damit, dass die Meditierende in einen Prozess kommt, bei dem sie einfach den Geräuschen lauschen und sie aufnehmen konnte. Ein Interesse an den Geräuschen entsteht, aber kurz darauf beginnt sie sich für den Vorgang des Erinnerns zu interessieren. Sie erkennt, dass „mit einer Erfahrung zu sein" nicht im gegenwärtigen Moment ist, so wie man sie es gelehrt hatte, sondern eher mit einer Erinnerung an eine Erfahrung verbunden ist. Sie hat in Bezug auf ihre Erfahrung eine Tatsache erkannt, die in direktem Widerspruch zu der Ansicht steht, Achtsamkeit bedeute, dass man ausschließlich im gegenwärtigen Moment ist. Wenn Gewahrsein immer nach der Erfahrung kommt, dann bedeutet das, dass man in einem Moment, in dem man einer Sache gewahr wird, sich diese tatsächlich in Erinnerung ruft. Als sie sich plötzlich fragt, wo sie in der Sitzung gewesen ist, kann sie sich an eine Reihe von Ereignissen erinnern. Dieses innere Forschen hilft ihr, zu verstehen, wie ihr Geist während der Meditation funktioniert, wenn sie einer Sache gewahr wird, und dieses Verständnis passt nicht zu dem Konzept, an das sie zuvor geglaubt hat. Sie findet es spannend zu untersuchen, wie Gewahrsein funktioniert und sie entdeckt immer wieder Neues darüber. Sie erkennt beispielsweise, dass sie, wenn sie sich auf diese Weise an Erfahrungen erinnert, den Zusammenhang und wie diese Dinge zustande kamen, besser verstehen kann. In diesem Prozess erkennt sie, dass sie die Dinge dann weniger persönlich nimmt.

Der explorative Prozess und transformierende Konzeptualisierung

Ein großer Teil dessen, was wir tun, um im Prozess der transformierenden Konzeptualisierung über Konzepte und Vorstellungen hinauszugehen, findet während des explorativen Prozesses statt. Man könnte zurecht sagen, dass die transformierende Konzeptualisierung eine Form der Exploration ist, aber es ist nicht die einzig mögliche Art der Exploration. Sie ist auch das Ergebnis einer Reihe von Explorationen, die, während man hineinvertieft ist, nicht unbedingt darauf hinweisen, dass Ihre Wahrnehmung der Dinge durch den Vorgang des Erforschens schwächer wird. Der dritte Schritt des Prozesses der transformierenden Konzeptualisierung, den ich in Kapitel 12 erläutert habe, kann einfach ohne Vorwarnung oder bewusste Absicht zustande kommen.

In der Meditation, die Joan am Tag nach der oben beschriebenen Sitzung hatte, stolperte sie über diesen dritten Schritt.

> Ich ging in Gedanken ein paar Ereignisse des Tages durch, begann dann aber schnell, den Prozess des Erinnerns zu beobachten. Ich sehe es jetzt eigentlich als einen Prozess an, bei dem sich das Denken an Vorstellungen und Konzepten orientiert, und der sich beim Beobachten des Prozesses, bei dem man etwas durchdenkt, und des Prozesses, bei dem man „mit etwas ist", immer wieder dazwischen schiebt. Schwer auf den Punkt zu bringen und zu erklären.

Joan nimmt drei separate Prozesse wahr: 1. den „Denken-durch-Vorstellungen-Prozess", 2. das Beobachten des Prozesses, bei dem man etwas durchdenkt und 3. das Beobachten des Prozesses, bei dem man „mit etwas ist". Der erste Prozess beschreibt investigatives Denken, das sich der Konzepte und Vorstellungen bedient, die wir bereits gelernt haben. In manchen Fällen kann das die Untersuchung beinhalten, ob die Definition eines Wortes tatsächlich zu der Erfahrung passt, die wir machen. In anderen Fällen kann es darum gehen, wie ein bestimmtes Konzept (beispielsweise „das Jetzt") auf unsere Erfahrung zutrifft. Dies sind die ersten beiden Schritte im Prozess der transformativen Konzeptualisierung, bei dem man eine Erfahrung benennt und zu einer neuen Beschreibung von ihr übergeht.

Wenn Joan das „Durchdenken" beobachtet, bemerkt sie den „Denken-durch-Vorstellungen-Prozess", der abläuft. Sie durchdenkt die Dinge nicht nur, sondern beobachtet diesen Prozess auch. Auf diese Weise werden die Konzepte, zu denen sie durch das Denken in der Meditation gelangt, als Teil des Denkprozesses gesehen. Wenn das geschieht, beginnt sie zu verstehen, wie Konzepte funktionieren und betrachtet sie nicht mehr so sehr als Vorstellungen, an denen man für alle Zeit festhalten oder an die man für immer glauben muss. Sie sieht sie nun mehr im Zusammenhang eines momentanen Verstehens ihrer Erfahrung. Dann hat das Konzept, der Begriff, das Etikett oder die Interpretation ihren Dienst getan und kann losgelassen werden. Das ist der dritte Schritt des Erforschens der Geschichte einer Erfahrung.

> Ich kam auf meinen früheren Gedankengang zurück, dass man nicht „im Moment sein" kann, weil diese Nanosekunde der Erfahrung keinen Sinn hat, wenn sie nicht in einem Kontext steht. Ich machte mir Gedanken darüber und versuchte es in Worte zu fassen … oder es tatsächlich auszuprobieren und zu erfahren … und dann auszudrücken. Das sogenannte „Im-Moment-Sein" ist immer mit Erinnern verbunden, selbst im geringsten Maß, weil die Nanosekunden der Erfahrung keinen Sinn hätten, wenn sie nicht „im Kontext" wären.

Hier verwirft Joan das Konzept, das ihr zu Beginn Ihrer Meditationspraxis vermittelt wurde: die Vorstellung vom Sein im Jetzt. Es ergibt für sie keinen Sinn. Im explorativen Prozess, als sie versucht, das in der Sitzung für sich in Worte zu fassen, überprüft sie es anhand ihrer Erfahrung. Es ergibt keinen Sinn mehr, weil sie es in Relation zu einem anderen Konzept sieht, das auf ihrer Erfahrung beruht, dass alle Erfahrungen innerhalb eines Kontextes entstehen: Erfahrungen können nicht aus den Bedingungen herausgelöst werden, aus denen sie hervorgehen, wie beispielsweise dem vorherigen Moment und deshalb kann es keinen gegenwärtigen Moment ohne einen vergangenen Moment geben. Das hört sich vielleicht wie ein intellektueller Prozess an, weil es um Konzepte und Begriffe geht, aber in Meditationssitzungen ist es ein Erfahrungsprozess, bei dem man die Funktion von Konzepten untersucht. In dieser Reihe von Meditationssitzungen hat Joan ihre Erfahrungen des Gewahrseins untersucht und erkannt, dass der pragmatischste Ansatz der ist, Gewahrsein eher als Erinnern zu definieren, denn als Gewahrsein im gegenwärtigen Moment oder Achtsamkeit. Durch Explorationen wie diese können Sie guten Gewissens ein Konzept loslassen, das in Meditationskreisen allgemein als wahr und gültig betrachtet wurde.

21

Der Prozess des Nicht-Anknüpfens

Wenn man ihn zum ersten Mal hört, klingt der Begriff *Nicht-Anknüpfen* vielleicht seltsam. Er ist nicht so klar wie Wörter und Formulierungen mit ähnlicher Bedeutung wie beispielsweise *Nicht-Anhaften* oder *Nicht-Festhalten.* Warum entscheide ich mich dafür einen so sperrigen Begriff zu verwenden, anstatt jene anderen? Zunächst einmal unterscheidet sich „Anknüpfen" von Anhaften oder Festhalten. Mit dem Begriff „Anhaftung" verbinden wir die Vorstellung von zwei Dingen, die zusammengefügt werden, die aneinander haften oder, im psychologischen Sinne, von einer ungesunden Art und Weise, an Dingen oder Menschen zu hängen. Das Wort „Festhalten" hat eine ähnliche Bedeutung, obgleich es vielleicht etwas mehr Intensität vermittelt, insbesondere, wenn man es im Sinne von „umklammert halten" versteht. *Anknüpfen* impliziert eine Wahlmöglichkeit im Prozess des Festhaltens an etwas und vermittelt so nicht das Gefühl einer unpersönlichen, strikt determinierten Gewohnheit. Es liegt mehr Freiheit im Anknüpfen an etwas als darin, an etwas zu haften oder zu hängen.

Was genau meine ich also mit „Anknüpfen" im Zusammenhang mit Meditation? Ich meine mehrere Dinge:

- zu wählen, an bestimmten Erfahrungen festzuhalten,
- absichtlich einer Erfahrung Nahrung zu geben oder sie aufrechtzuerhalten,
- an die Selbst-Struktur zu glauben, die sich um eine Erfahrung herum gebildet hat.

Ich werde nun die folgenden drei Bereiche im Zusammenhang mit dem Prozess des Nicht-Anknüpfens genauer untersuchen:

- Wenn es keine Wahl in Bezug auf das Festhalten an Erfahrungen gibt.
- Wenn kein absichtliches Nähren oder Aufrechterhalten von Erfahrungen stattfindet.
- Wenn kein Glaube an die Selbst-Strukturen, die sich um unsere Erfahrungen herum bilden, vorhanden ist

Wenn es keine Wahlmöglichkeiten in Bezug auf das Festhalten an Erfahrungen gibt

Das ist die grundlegendste Form des Nicht-Anknüpfens, zu der man mit einer Reihe von Methoden gelangen kann – nicht nur mit dem von mir vermittelten Ansatz. In einem allgemeinen, aber nicht ganz präzisen Sinne könnte man es mit einer fließenden Erfahrung des „Entstehens und Vergehens" in der Vipassana-Meditation vergleichen. Man hält an keiner Erfahrung für längere Zeit fest. Gedanken tendieren dazu, sofort wieder zu verschwinden, nachdem sie wahrgenommen wurden, Gefühle tauchen für einen Moment auf und verblassen wieder, und körperliche Empfindungen sind im Allgemeinen angenehm und flüchtig. Die sich rasch verändernden Erfahrungen sind nicht nur im Fluss, der Prozess scheint auch weniger mit dem Willen verbunden zu sein. Die Dinge geschehen von selbst; es gibt keine Wahlmöglichkeiten. Insbesondere tauchen kaum Wahlmöglichkeiten auf, an einer bestimmten Erfahrung festzuhalten, außer natürlich, wenn der Fluss ins Stocken kommt und sich alles verlangsamt und wieder „normaler" wird. Dann tauchen öfter Wahlmöglichkeiten auf, an bestimmten Erfahrungen festzuhalten oder sie loszulassen.

Der Prozess des Nicht-Anknüpfens entwickelt sich aus dem Aushalten der Intensität und Dauer Ihrer Meditationserfahrungen. Wenn wir intensive, schmerzliche und/oder lang andauernde Erfahrungen zunehmend tolerieren können, stellen wir fest, dass wir immer weniger an ihnen festhalten. Oft haben Menschen Flow-Erfahrungen, die auf Phasen folgen, in denen sie Unbehagen, Unruhe und intensive Emotionen ausgehalten haben. Es gibt sogar einige erfahrene Meditierer, die regelmäßig lange Sitzungen durchhalten und alle möglichen physischen Schmerzen ertragen, um in den Prozess des Nicht-Anknüpfens zu gelangen.

Eines der Hauptmerkmale von Meditationspraktiken, bei denen man beim Sitzen bewegungslos intensive Schmerzen aushält (wovor ich warne), ist, dass die Wahlmöglichkeit, sich zu bewegen, ständig verworfen wird. Andere Wahlmöglichkeiten werden dabei ebenfalls grundsätzlich ignoriert. Es scheint mir also, dass solche Praktiken dazu dienen, die Wahlmöglichkeiten, die in Ihren Sitzungen auftauchen, zu negieren zugunsten einer strikten Vorgabe: durch den Schmerz hindurchzugehen.

Natürlich kommen die Leute auch durch Meditationspraktiken in den Prozess des Nicht-Anknüpfens (oder zumindest diese Art des Prozesses), die grundsätzlich schmerzfrei und beruhigend sind. Das Praktizieren von „wahlfreiem Gewahrsein" führt beispielsweise oft zu diesen Erfahrungen des „Entstehens und Vergehens": indem man versucht, nicht zu lange mit der Aufmerksamkeit bei einer Sache zu bleiben. Stattdessen lässt der Meditierende seine Aufmerksamkeit von einem Objekt zum nächsten wandern: Er wählt nicht und lässt die Aufmerksamkeit für einen Moment dahin wandern, wohin sie will, bevor sie sich etwas anderem zuwendet.

Andere Vipassana-Praktiken wie der Body-Scan (S.N. Goenkas Methode) und das Wahrnehmen des Körpers und der Sinnespforten (die Mahasi-Methode), führen ebenfalls zum Prozess des Nicht-Anknüpfens. Das Scannen oder „Abtasten" des Körpers ist eine Methode, bei der der Meditierende seine Aufmerksamkeit den Körper hinauf- und hinunterwandern lässt. Anfangs übt man diese Technik normalerweise langsam und sorgfältig aus, aber nach ein paar Tagen intensiven Übens in einem Retreat kann sich die Fähigkeit, sie schnell und leicht auszuüben, deutlich steigern. Die Aufmerksamkeit den Körper hinauf- und hinabwandern zu lassen kann sehr fokussierend sein und führt oft zusammen mit der erhöhten Toleranz für schmerzhafte Empfindungen zu einem Prozess des Nicht-Anknüpfens. Obwohl dieser in Goenkas Retreats oft als frei fließende Erfahrung beschrieben wird, wird er, rein technisch, als eine Erfahrung des raschen Entstehens und Vergehens betrachtet. In diesen geistigen Zustand zu gelangen ist eines der Ziele dieser Meditationspraxis und würde hierbei als optimale Erfahrung betrachtet, wenngleich auch nicht als das endgültige Ziel.

Die innerhalb der Mahasi-Methode angewandte Praxis des Benennens, bei der der Meditierende jedem Moment seines Erlebens einen Namen gibt, führt ebenfalls zum Prozess des Nicht-Anknüpfens, obwohl sich die Erfahrungen hier von denen beim Praktizieren des Body-Scans unterscheiden. Beim Benennen der eigenen Erfahrung während ihres Auftauchens konzentriert man sich mental auf einzelne, separate Momente der Erfahrung. Das durchbricht die Gewohnheit, Gedanken, Gefühle und Empfindungen als etwas Kontinuierliches innerhalb der Zeit wahrzunehmen. Stattdessen wird etwas, das man normalerweise als eine schmerzhafte Empfindung betrachten würde, wie beispielsweise ein dumpfer Schmerz im unteren Rücken, nicht als kontinuierliche Empfindung angesehen, sondern als etwas, das sich aus linear aufeinanderfolgenden Momenten zusammensetzt – einer endet, bevor der nächste beginnt, es besteht keine Verbindung zwischen ihnen. Dadurch, dass die Person mehrmals pro Minute „Schmerz", „Schmerz" registriert, wird die Wahrnehmung einer kontinuierlichen Empfindung durchbrochen.

Ich würde sagen, dass diese Praxis des Benennens zu einer höheren Toleranz für die schmerzhafte Erfahrung führt, während sie sie gleichzeitig zu etwas Unpersönlichem werden lässt. Dass das letztendlich zu einem Prozess des Nicht-Anknüpfens führt, ist nicht überraschend. Wie bei der Goenka-Methode ist der Prozess des Nicht-Anknüpfens nicht das endgültige Ziel, obwohl er dennoch als ein optimaler Zustand betrachtet wird und sogar als Grundlage für die Definition von *Gleichmut* zu finden ist, so wie es in dieser Tradition gelehrt wird.

Kein absichtliches Nähren oder Aufrechterhalten von Erfahrungen

Die im letzten Abschnitt beschriebenen Meditationspraktiken können auch dazu führen, dass man Erfahrungen keine Nahrung gibt, aber sie tun das, indem der Schüler angeleitet wird, ihren Entstehungsprozess nicht anzuschauen. Beim Verlernen von Meditation konzentrieren Sie sich darauf, wie Erfahrungen entstehen und sich aufbauen. Sie untersuchen die Erfahrungen und versuchen, die Natur ihres bedingten Entstehens zu durchschauen. Hier geht der Zustand des Nicht-Anknüpfens aus dem explorativen Prozess hervor. Man gelangt dahin also nicht durch Techniken, bei denen man die Aufmerksamkeit auf vorgegebene Meditationsobjekte richtet oder indem man Erfahrungen auf einzelne Momente oder separate Einheiten herunterbricht. Wir gelangen in diesen Zustand dadurch, dass wir anschauen und tolerieren, wie wir den eigenen Erfahrungen Nahrung geben, und indem wir diesen Prozess untersuchen.

Es kann wie ein Widerspruch wirken, dass wir, indem wir uns erlauben, offen und empfänglich in unsere Erfahrungen hineinzugehen und sie zuzulassen, nicht daran anknüpfen und sie nicht nähren. Durch verschiedene Prozesse (normalerweise rezeptiv und explorativ) können Sie sich allmählich aus der Gewohnheit lösen, Erfahrungen Nahrung zu geben und schließlich dahin gelangen, dass Sie nicht daran anknüpfen.

So kommen Sie zum „Loslassen", indem Sie den Griff allmählich lockern. Und so fühlt es sich für die Leute auch oft an – als ob sich in Bezug auf die Erfahrung innerlich etwas lockert oder entspannt. Hier ein Beispiel:

> Eine Menge Geplapper von Frauen vor der Halle löst in mir das Gefühl aus, etwas tun zu müssen: die Tür zuziehen, aufstehen und etwas zu ihnen sagen. Registriere meinen reflexhaften Impuls, „etwas zu tun". Ich sitze einfach da und spüre Dankbarkeit und Freude darüber, dass ich hier sitze und nicht an ihrer Konversation teilhabe. Wut kommt hoch – hauptsächlich das Gefühl, weniger Gedanken – ich halte sie wie ein Baby. Die Stimmen der Frauen werden lästig und scheinen meine lästigen selbsterzeugten Dialoge widerzuspiegeln. Frage mich, ob es möglich ist, wirklich innerlich leer, frei vom Selbst zu sein. … Die Stimmen der Frauen scheinen durch meine Ohren zu rauschen, als führte ein Kanal durch meinen Kopf. Es ist ein offener, klar definierter Kanal. Ich halte die Geräusche nicht fest.

In dieser Sitzung lässt die Meditierende ihre Wut über die Störung durch die plaudernden Frauen zu. Die Gefühle bauen sich bis zu einem gewissen Grad auf – genug, dass sie aufstehen und etwas dagegen tun will. Sie hält sich zurück und tut nichts, erlaubt sich aber weiterhin, die Wut zu spüren. Sie hält das Gefühl „wie ein Baby" und sinnt darüber nach, dass die Stimmen der Frauen ihre eigenen inneren Dialoge spiegeln, die sich durch ihre Sitzungen ziehen. Schließlich findet sie sich in einem Bewusstseinszustand wieder, in dem sie innerlich nicht an den Geräuschen festhält. Sie nimmt die Stimmen der Frauen immer noch wahr, aber sie nimmt sie nicht als etwas auf, um das sie sich kümmern oder gegen das sie etwas tun muss, wie zu Beginn der Sitzung. Es sind einfach Geräusche, die an ihre Ohren dringen, nicht mehr als das.

Obwohl in diesem Fall das Ergebnis ist, dass ihre Verärgerung über die Stimmen der Frauen verschwand, muss das beim Prozess des Nicht-Anknüpfens nicht zwangsläufig so sein. Bei bestimmten Gefühlen, die andauern und eine Auswirkung auf unseren Körper und unsere

Körperchemie haben, kann es sein, dass das Gefühl bleibt, obwohl wir der Erfahrung keine Nahrung mehr geben und uns innerlich vielleicht nicht länger damit beschäftigen. Das zeigt sich am stärksten bei innerer Unruhe oder Angst. Sie könnten an den Punkt kommen, wo Sie keine Angst mehr haben und dennoch diese Empfindungen wahrnehmen. Bei Meditationspraktiken, wo solche Emotionen mit den entsprechenden physischen Empfindungen gleichgesetzt werden, meint der Meditierende oft, dass die Empfindungen aufhören müssten, damit er oder sie frei von der Emotionen werden kann. Stattdessen kann das Gefühl verschwinden, aber einen Rest der Empfindungen zurücklassen. Das heißt, Sie können immer noch eine körperliche Empfindung wie Anspannung spüren, während Ihr Geist ganz ruhig ist. Das ist ein subtiler, aber dennoch leicht wahrnehmbarer Hinweis darauf, dass das Nicht-Anknüpfen der dominante Prozess ist.

In dieser Situation kann es noch schwierig sein zu unterscheiden, ob Sie in einem rezeptiven oder einem Prozess des Nicht-Anknüpfens sind. In einem rezeptiven Prozess werden Sie in innere Szenarien, Gedanken und Gefühle hineingezogen und beschäftigen sich damit, während diese in einem Prozess des Nicht-Anknüpfens normalerweise einfach vorbeiziehen, ohne dass Sie hineingezogen werden – oder diese Szenarien tauchen erst gar nicht auf.

Nicht ans Selbst glauben

In obigem Beispiel erwähnt die Meditierende, dass sie sich „fragte, ob es möglich sei, wirklich innerlich leer, frei vom Selbst zu sein“. Die meisten buddhistischen Meditierer sind davon überzeugt, dass es möglich ist, selbst wenn es nicht so einfach zu erreichen ist. Viele buddhistische Meditationspraktiken arbeiten direkt darauf hin, indem sie ihre Schüler lehren und anleiten, die eigenen Erfahrungen im Sinne von „Nicht-Selbst“ zu betrachten. Und Sie können über solche Ansätze auch in den

Prozess des Nicht-Anknüpfens kommen, aber weil sie meistens geführt sind, bedienen sie sich im Allgemeinen eines generativen Ansatzes, um dorthin zu gelangen.

Wenn wir durch das Verlernen von Meditation gehen, arbeiten wir nicht mit irgendeinem Konzept oder einer Vorstellung vom Nicht-Selbst oder einer entsprechenden Praxis, um zu erkennen, dass es kein Selbst gibt. Stattdessen machen wir Erfahrungen eines Selbst und gehen ihnen auf eine Weise auf den Grund, dass ihr bedingtes Entstehen oder das Nicht-Selbst offenbar wird. Ich verwende in diesem Zusammenhang eher das zusammengesetzte Wort „*Selbst-Struktur*" für das, was wir normalerweise als „Selbst" bezeichnen. Was wir sehen, ist *kein* Selbst, sondern unsere Art und Weise, unsere Erfahrungen wahrzunehmen und zu strukturieren als verkörperten sie ein Selbst. Wie wir unser Erleben als zu uns gehörig ansehen, als etwas, das uns ausmacht und definiert, erkennen wir durch unser Forschen und unsere Kontemplation in unseren Meditationssitzungen. Aber das geschieht nur, weil wir uns erlaubt haben, uns mit diesen Erfahrungen während der Meditationssitzung zu identifizieren und weil wir uns danach Aspekte davon in Erinnerung gerufen haben.

Dieses ganze Phänomen des Erschaffens einer Selbst-Struktur aus unseren Erfahrungen reicht sehr tief und ist sehr subtil. Es existiert in unseren Projektionen auf andere und in der Art unserer Übertragungen mit ihnen. Dieses Gebiet ist zwar nicht Thema dieses Buches, aber ich möchte es dennoch kurz streifen, weil es zeigt, wie wir an Dinge anknüpfen und einen Bezug zum Prozess des Nicht-Anknüpfens hat. Um diese Untersuchung etwas zu erleichtern, werde ich ein einfacheres Konzept einführen als die oben erwähnte Psychodynamik. Ich nenne es „imaginäre Beziehungen mit realen Menschen".

Alle unsere Beziehungen – sogar die zu uns selbst – sind in gewissem Sinne imaginär. In der Meditation führen wir viele „vorgestellte" oder imaginäre Gespräche mit irgendwelchen Leuten und wir können, indem wir uns an diesen Gedankengängen über diese Menschen oder uns selbst beteiligen, zu bestimmten Schlussfolgerungen gelangen. Wir sehen, wie unsere Entscheidung, jemanden als „in Ordnung" oder „nicht in Ordnung", gut oder schlecht, Freund oder Feind zu betrachten, unsere Gefühle über diese Person und unser Verhalten ihr gegenüber beeinflusst. Indem wir jemand anderen in unseren inneren Dialogen als ein Selbst mit festen und dauerhaften Eigenschaften definieren, erhalten wir vielleicht unbeabsichtigt eine bestimmte Selbst-Struktur für uns selbst aufrecht. Gewöhnlich ist es schwierig, wenn nicht gar unmöglich, diese Art der Selbst-Strukturen wahrzunehmen – wenn wir darin sind, sind wir sie.

In der Meditation kann nun Folgendes geschehen: Indem Sie Ihren Geist, *so wie er ist*, in Ihre Meditationssitzungen hinein lassen, werden Sie an eine Selbst-Struktur nach der anderen anknüpfen, indem Sie sich mit Ihren Gedanken und Gefühlen beschäftigen. Wenn Sie wütend sind, ist es vielleicht nicht immer nur eine simple Empfindung, die Sie als Wut identifizieren. Dieses Gefühl der Wut (und der von ihm ausgelöste Handlungsimpuls) kann, wenn man dabeibleibt und es aushält, allmählich offenbaren, dass es irgendwie zusammengehalten wird. Es ist nicht frei und fließend, sondern fest und klebrig. Es ist wie die Momente, in denen Sie über jemanden wegen irgendetwas wütend waren. Selbst ohne die Erinnerung an diese bestimmten Momente nehmen Sie in dieser Wut vielleicht eine vertraute Identität wahr. Auch wie Sie die andere Person sehen, ist Ihnen vielleicht vertraut. Er oder sie erscheint vielleicht bedrohlich, herabsetzend oder kalt und offenbart möglicherweise eine Reihe verstörender oder lästiger Eigenschaften.

Möglicherweise müssen Sie immer wieder durch emotional schwierige und schmerzhafte Sitzungen gehen, um dieser Selbst-Strukturen allmählich gewahr zu werden. Sogar wenn wir es besser wissen, knüpfen wir immer wieder an diese alten Selbst-Konzepte an, auf die wir aus irgendeinem Grunde vertrauen und füttern sie mit dem, was sie von uns verlangen. Das können Sie nicht einfach so transzendieren und hinter sich lassen, auch wenn ich wünschte, es wäre so. Wir müssen erst lernen, uns allmählich aus dieser Situation zu befreien.

Das Nichtannehmen von Selbst-Strukturen ist genau diese Art der Befreiung. Sie mag, wenn sie geschieht, nicht total oder vollständig sein, da dies ein Prozess und kein statischer Zustand ist, aber sie erlaubt uns, ein Selbst, das wir einst waren, nicht mehr anzunehmen. Das ist etwas anderes als die Erfahrung des Nicht-Anknüpfens an ein Wutgefühl, das hochkommt und rasch wieder verschwindet. Es ist die Erfahrung, nicht die wütende Person anzunehmen, die Sie in diesem Moment in sich aufkommen spüren.

22

Der verbundene Prozess

Der verbundene Prozess tritt normalerweise in den Samadhi- oder Jhana-Zuständen auf, die ich in einem der vorhergehenden Kapitel erwähnte, nicht aber in den prä-jhanischen oder hypnagogen Zuständen, was eines der Kriterien ist, um diese Zustände zu unterscheiden. Es ist der „meditativste" der sechs Prozesse, denn er entspricht der Definition dessen, was traditionellerweise als Meditation betrachtet wird: ein geistiger Zustand der Einheit. Es ist der meditative Prozess, bei dem Ihre Aufmerksamkeit mit einem bestimmten Objekt des Gewahrseins verbunden ist, beispielsweise dem Atem, einem Klang oder einem Bild. Deshalb nenne ich das einen verbundenen Prozess und nicht einen einenden Prozess, obwohl das ebenfalls eine korrekte Bezeichnung für diesen speziellen meditativen Prozess wäre. Allen solchen Erfahrungen der Verbundenheit oder Einheit sind einige Merkmale gemein. Oft hört das übliche Kreisen um das Selbst oder die eigene Persönlichkeit auf. Bei vielen Menschen scheinen sie zur Erfahrung eines transzendenten oder höheren Selbst (einem reinen Bewusstsein) zu führen. Im Rahmen solcher Erfahrungen kann es zu einem Erkennen oder intuitivem Wissen um eine metaphysische Realität kommen, die über das alltägliche Erleben hinausgeht. Man hat vielleicht nicht nur das Gefühl, dass solche Erfahrungen einen mit einer höheren Wahrheit verbinden, sondern, dass die Erfahrungen die höhere Wahrheit sind: Das geht so weit, dass man dazu neigt, eine solche Wahrheit mit dem Erfahren dieser Wahrheit gleichzusetzen.

Oberflächlich betrachtet scheint der verbundene Prozess gar kein Prozess zu sein, denn er wird nicht als etwas Veränderliches erfahren. Er scheint zu stabil und dauerhaft zu sein, um unseren üblichen Vorstellungen von einem Geist zu entsprechen, der ständig im Fluss ist. Durch eben diese Stabilität wirkt er wie ein Berg, der unter einer Wolkendecke verborgen ist: Wenn er entdeckt wird, ist es, als sei er schon immer da gewesen. Deshalb gehen bestimmte Erfahrungen der Verbundenheit oder Einheit oft mit einer Wahrnehmung von Ewigkeit einher. Sie ersetzt das Selbst als Fundament Ihrer subjektiven Realität, solange sie präsent ist. Wenn sie wieder verschwindet und Sie in gewöhnlichere Bewusstseinszustände zurückkehren, fällt es Ihnen leicht zu glauben, dass sie immer da ist, denn das gehört zum verbundenen Prozess (der Glaube an eine ewige Wirklichkeit, die irgendwo existiert). Es folgen ein paar Beispiele dafür, wie die mit dem verbundenen Prozess einhergehenden Sichtweisen entstehen, wenn jemand im Samadhi-Zustand ist. Die Beschreibungen stammen aus dem Tagebuch eines Schülers, der in den vergangenen fünf Jahren intensiv mit mir gearbeitet hat:

> Ich trete unmittelbar in *Samadhi* ein. Im weiteren Verlauf der Meditation frage ich mich, ob ich wirklich die ganze Zeit über im *Samadhi* bin. Andere Sichtweise – dass *Samadhi* in gewissem Maße immer da ist – die Veränderung liegt nur darin, ob ich es wahrnehme oder nicht.

Über eine andere Sitzung (die im gleichen Zeitraum stattfand) schreibt der Schüler:

> Mir kommt in den Sinn, dass ich auf eine subtile Weise an diesem Zustand des inneren Friedens festhalte – das heißt, eine unterschwellige Überzeugung, dass er andauern wird oder dass ich das bin.

(Vorgegebene) Erfahrungen der Verbundenheit oder Einheit zu machen ist das Ziel vieler Meditationsmethoden. Im Allgemeinen werden generative Praktiken angewendet, um dieses Ziel zu erreichen, beispielsweise die Konzentration auf ein Bild, ein Mantra oder das Beobachten des Atems. Man liest oder hört selten von jemandem, der durch einen rezeptiven Prozess in einen Zustand der Einheit (oder transzendenten Zustand) gelangt sei. Die allgemein verbreitete Vorstellung ist, dass ein so vollständiger Verlust des Gefühls der Getrenntheit oder des separaten, gewöhnlichen Selbst nur durch großartige Konzentrationsleistungen und große, kontinuierliche Anstrengungen erreicht werden könne.

Aber der verbundene Prozess und die mit ihm einhergehenden Erfahrungen, werden manchmal auch unter dem Aspekt der Hingabe beschrieben. Man gibt seine Anhaftungen, sein Ego auf oder lässt einfach los und verschmilzt mit einer göttlichen Essenz. Das sind typische Beschreibungen jenes Weges, dem man bei einer generativen Praxis folgt, wobei man sich beispielsweise auf ein einsilbiges Mantra konzentriert und diese Praxis dann loslässt, sobald sie einen an einen Ort des inneren Friedens und Gewahrseins geführt hat. Dann läuft für kurze Zeit der rezeptive Prozess ab, bis der Geist das findet, mit dem er sich so gründlich verbinden kann, dass er sein Empfinden von Getrenntheit verliert.

Wie einige andere Schulen unterscheiden die Theravada-Buddhisten zwischen zwei Formen des verbundenen Prozesses: jenen mit Weisheit und jenen ohne Weisheit. Wenn man Vorstellungen oder Überzeugungen über die transzendente, ewige, unveränderliche Natur solcher Zustände der Verbundenheit/Einheit hat, wird dies als Nichtwissen betrachtet (aber in anderen Traditionen wie dem Vedanta würden diese Überzeugungen als Wissen betrachtet). Das ist einer der Hauptpunkte, in welchen der Theravada-Buddhismus und einige andere buddhistische Schulen hinduistischen oder anderen theistischen Lehren widersprechen. Ich vertrete in Bezug auf das Verlernen von Meditation den Standpunkt, dass man, wenn man Erfahrungen der Einheit macht und an ihre transzendente, unveränderliche Natur glaubt, diese festen Überzeugungen lockern und beginnen kann, sie zu untersuchen, so wie man es mit den Meditationsanleitungen gemacht hat. Diese Vorstellungen und Überzeugungen beinhalten für Sie vielleicht eine Wahrheit, die die Sie genauer betrachten und im Laufe der Zeit für sich selbst verifizieren oder verwerfen können.

Verbundene Prozesse mit Weisheit sind aus der Sicht des Theravada-Buddhismus diejenigen, die als sich verändernde mentale Schöpfungen gesehen werden. Sie scheinen von einem höheren Selbst oder einem Verschmelzen mit einer transzendenten Wirklichkeit oder Essenz auszugehen, aber wenn man sie genauer betrachtet, sind sie ebenso sehr geistige Schöpfungen wie unsere alltäglichen, weltlichen mentalen Erfahrungen. Die Weisheit liegt darin, mentale Schöpfungen in verbundenen Zuständen als das zu sehen, was sie sind: Produkte unseres Geistes, keine äußeren oder transzendenten Wirklichkeiten.

Der verbundene Prozess schließt nur die fokussierenden und absorbierenden Samadhi-Zustände ein, nicht aber die Zustände des Abschweifens, Fließens, der scheinbaren Leere oder raschen Veränderung. Solche Samadhi-Zustände treten tatsächlich eher innerhalb eines rezeptiven, explorativen oder – vor allem – eines Prozesses des Nicht-Anknüpfens auf.

23

Wie man diese meditativen Prozesse intelligent nutzen kann

Dieses Modell der sechs meditativen Prozesse sollte am besten dazu genutzt werden, um *nach* einer Sitzung über verschiedene Phasen derselben zu reflektieren. Wenn man versucht, es während einer Sitzung anzuwenden, wird es oft zu einer Technik der „Etikettierung". Jemand benennt seinen Zustand vielleicht als „rezeptiv", dann „konfliktorientiert" und so weiter, ohne eine tiefere Einsicht in das zu bekommen, was in seinem inneren Erleben wirklich vor sich geht. Manchmal tun die Leute das, um zu lernen, diese Prozesse zu identifizieren, aber ich empfehle Ihnen, *nach* der Sitzung etwas über diese Prozesse zu lernen – nachdem Sie durchgelesen haben, was sie mit ehrlichen, eigenen Worten über Ihre Sitzung in Ihrem Tagebuch aufgeschrieben haben.

In diesem Zusammenhang möchte ich Ihnen auch ans Herz legen, diese sechs Prozesse in Ihren Beschreibungen von inneren Erfahrungen nicht überzustrapazieren – weder in Ihren Tagebucheinträgen, noch in den Gesprächen mit einem Lehrer. Sie könnten sonst leicht zum Jargon werden und wären dann nicht mehr so taugliche Werkzeuge, um Ihre Erfahrungen zu erforschen und zu tieferen Einsichten zu gelangen über die Wechselwirkung zwischen den Bedingungen, die Ihre Erfahrungen hervorbringen, und Ihrer Art und Weise, auf sie zu reagieren.

Die sechs Prozesse sind Erklärungsmodelle für Erfahrungen, man sollte ihnen also nicht irgendeinen überhöhten Status als „die Wahrheit" über unsere meditative Erfahrung verleihen. Es gibt keine definitive Erfahrung eines der meditativen Prozesse – eine einzelne Erfahrung kann keinen Prozess verkörpern. Es gibt beispielsweise keine Erfahrung des Nicht-Anknüpfens, obwohl das in einigen Traditionen gelehrt wird.

In der Praxis sind die sechs meditativen Prozesse im Laufe der Zeit immer weniger trennbar, weniger voneinander abgegrenzt, je mehr wir über sie lernen. Sie sind anfangs hilfreich, um zwischen verschiedenen Praktiken unterscheiden zu können und um zu entscheiden, welche Praktiken zu den Bedingungen unserer Erfahrungen passen. So sehen Sie vielleicht zunächst jeden Prozess als unterschiedlich und separat, aber nach einer Weile beginnen sie sich immer mehr zu überschneiden und Sie erkennen, dass sie zusammenhängen. Das ist so, weil beim Verlernen von Meditation alle sechs meditativen Prozesse gleich viel gelten und gleichermaßen entwickelt werden – auch der konfliktorientierte und der generative.

Meditationspraktiken und ihre Ziele

In der folgenden Tabelle werden verschiedene Meditationspraktiken aufgelistet. In der mittleren Spalte finden Sie die Art der Anleitung, die man vermittelt bekommt und befolgen soll, wenn man diese Praxis auszuüben beginnt. In der rechten Spalte ist der meditative Prozess angegeben, der meiner Ansicht nach das Ziel der jeweiligen Praxis ist.

BEZEICHNUNG DER PRAXIS	ART DER PRAXIS	ANGESTREBTER PROZESS
Metta – Liebende Güte	generativ	verbunden
Konzentration auf den Atem	generativ	verbunden
Jeden Atemzug benennen: „ein“, „aus“	generativ	nicht anknüpfend oder verbunden
Den natürlichen Atemrhythmus wahrnehmen	rezeptiv	nicht anknüpfend oder verbunden
Mantra-Meditation	generativ	verbunden
Body-Scan	generativ	nicht anknüpfend
Geführte Meditation	generativ	verbunden oder nicht anknüpfend
Wahlfreies Gewahrsein	generativ oder rezeptiv	nicht anknüpfend
Nur Sitzen *(Shikantaza)*	rezeptiv	nicht anknüpfend
Jhana-Praxis	generativ	verbunden
Benennen (Mahasi-Methode)	generativ	nicht anknüpfend
Recollective Awareness (Meditation verlernen)	rezeptiv	konfliktorientiert, generativ, nicht anknüpfend und verbunden

Diese Tabelle verdeutlicht, dass Meditationsmethoden mit Anleitungen beginnen können, die auf derselben Art von Meditationsansatz basieren und dennoch zu einem unterschiedlichen meditativen Prozess führen. Oft wird die meditative Praxis den Schülern jedoch so präsentiert, dass der entwickelte Prozess, zu welchem sie führen kann (ihr Ziel), in den Vordergrund gestellt wird anstelle des grundlegenden Prozesses, der sich in den Anleitungen widerspiegelt. Wenn Sie beispielsweise mit einem einsilbigen Mantra praktizieren, besteht die Meditationsmethode darin, das Mantra unablässig zu wiederholen. Das Ziel der Praxis besteht jedoch darin, sich so vollkommen in das Mantra zu vertiefen, so vollkommen darin aufzugehen, dass man in einen Zustand des Einheitsbewusstseins gelangt. Würde man diese Meditationsmethode ohne ein solches Ziel präsentieren, dann wäre die ständige Wiederholung des Mantras als solche das Ziel.

Obwohl alle in der Tabelle aufgelisteten Meditationspraktiken zu Prozessen oder meditativen Erfahrungen führen können, die von den angegebenen abweichen, werden sie oft so gelehrt, als führten sie nur zu einem bestimmten Prozess. Andere Prozesse, die während der Ausübung der jeweiligen Praxis auftreten, werden gewöhnlich als inakzeptabel betrachtet und demzufolge entweder abgewertet oder ignoriert. Es ist durchaus möglich und sogar wahrscheinlich, dass jemand, der Atembeobachtung praktiziert, zunächst einmal nicht in einen verbundenen oder einen Prozess des Nicht-Anknüpfens gelangt. Er oder sie würde sich eher ziemlich bald in einem konfliktorientierten Prozess wiederfinden, in Phasen des inneren Konflikts hinsichtlich der Anleitungen oder in einem rezeptiven Prozess, in welchem er oder sie sich für eine Weile ganz von den Anleitungen löst. Beide Prozesse würden als „außerhalb" der Praxis der Atembeobachtung betrachtet. Dennoch treten sie innerhalb der Praxis auf. Das trifft auf jede Meditationspraxis zu, die man Sie lehrt: Meditative Prozesse, die Sie durchlaufen und die nicht zum Ziel der Praxis gehören, werden eher von der Praxis ausgeschlossen denn einbezogen.

Bei der *Recollective Awareness Meditation* haben jedoch alle sechs Prozesse eine Funktion innerhalb der Praxis. Diese ist ihrem Wesen nach rezeptiv, aber sie kann auch zu den anderen fünf Prozessen führen und schließt sie auf maßgebliche Weise ein. Das ist einer der Gründe, weshalb ich kein Ziel für diese Art der Meditation formuliere. Täte ich das, so würde dieses Ziel jene Prozesse ausschließen, die sich ganz natürlich beim rezeptiven oder empfänglichen Sitzen ergeben. Wohin die Meditation sie führt, hängt ganz davon ab, wie Sie sich einbringen, entwickeln und lebenslang aus diesen sechs meditativen Prozessen lernen.

Teil IV

Die Hierarchie der Erfahrungen relativieren

24

Meditative Zustände einschätzen

Es ist ganz natürlich, dass wir eine Art Hierarchie meditativer Zustände entwickeln. Ganz oben angesiedelt sind die, die wir als optimale Bewusstseinszustände betrachten wie geistige Klarheit, Gleichmut, Achtsamkeit und Erfahrungen, bei denen wir einen tiefen inneren Frieden erleben und gleichzeitig ganz wach sind. Ziemlich weit unten sehen wir die Erfahrungen, die wir als banal oder uninteressant betrachten. Und auf dem untersten Level rangieren negative emotionale oder schmerzhafte innere Zustände.

Diese Hierarchie der inneren Zustände in der Meditation wird vielleicht nicht explizit in irgendwelchen Schriften oder von irgendjemandem erwähnt, aber sie wird von anderen Meditierenden und Lehrern gleichermaßen aufrechterhalten. Sie offenbart sich in einem Ausdruck oder einem Satz, mit dem Sie beschreiben, wie Sie sich in Bezug auf eine bestimmte Erfahrung fühlen. Oder sie äußert sich direkt in der Meditationssitzung als Teil des laufenden inneren Kommentars zu Ihren Erfahrungen.

Wenn ich Schüler bitte, einmal zu beobachten, wie diese Hierarchie in ihren Sitzungen funktioniert, haben die Leute manchmal das Gefühl, man würde sie auffordern, die optimalen Zustände, die sie erleben, loszulassen. Das ist nicht der Fall. Es geht nicht um das Loslassen optimaler Zustände, sondern darum, sich genauer anzuschauen, wie Sie Ihre Erfahrungen einschätzen und als Standard benutzen, um Vergleiche zu ziehen. Und wenn ich Sie bitte, jene Erfahrungen genauer anzuschauen, die aufgrund solcher Vergleiche abgewertet wurden, fordere ich Sie damit nicht auf, an diesen Erfahrungen festzuhalten, sondern in Betracht zu ziehen, dass es Ihnen, indem Sie sie abwerten, schwerfallen wird, mit diesen Zuständen zu sein und aus ihnen zu lernen.

Im weiteren Verlauf Ihrer Meditationspraxis stellen Sie vielleicht fest, dass viele Erfahrungen nicht in Ihre existierende Hierarchie „eingefügt“ wurden. Das liegt hauptsächlich daran, dass sie größtenteils unbemerkt vorübergingen und unbenannt blieben. Denn gewöhnlich fällt es uns, je subtiler unsere Erfahrungen werden, zunehmend schwer, sie in der Sprache, die uns zur Verfügung steht, auszudrücken, was es wiederum schwieriger macht, sie zu identifizieren und einzuschätzen. Sie können kaum etwas bewerten oder einschätzen, dessen Sie nur vage gewahr sind; vielleicht können Sie nur sagen, dass es „sonderbar, mysteriös oder undefinierbar“ ist. Indem wir diese Erfahrungen in Worte fassen, fügen wir sie in unsere Hierarchie ein.

Vielleicht denken Sie, das Bewerten und Einschätzen von Meditationserfahrungen führe in die falsche Richtung. Sollten wir uns nicht eigentlich dahin entwickeln, keine Präferenzen zu haben? Das ist ein hehres Ziel, aber höchst unrealistisch, und in der Praxis führt es eher zu mangelndem Unterscheidungsvermögen. Die Weisheit der Unterscheidung erkennt nicht nur die Unterschiede zwischen Bewusstseinsqualitäten, sondern auch, welchen Wert sie auf dem Weg zum Erwachen haben.

Indem Sie beispielsweise eine subtile Qualität des Mitgefühls in einem inneren Dialog wahrnehmen, den Sie in der Vergangenheit als banal abgetan hätten, kann diese Erfahrung für Sie zu etwas Wertvollem werden. Anstatt sich dann Sorgen darüber zu machen, dass Sie sich in einen abwegigen inneren Dialog vertieft haben, können Sie mit einem Mal erkennen, dass in Ihren Gedanken in Bezug auf jemanden echte Fürsorglichkeit und Rücksicht vorhanden waren. Die Erfahrung rückt dann natürlich an einen anderen Platz in Ihrer inneren Hierarchie der Bewusstseinszustände.

Geistige Zustände, die als negativ bewertet werden, können gleichzeitig mit positiven auftreten. Wenn Sie Ihren geistigen Zustand als negativ bezeichnen, während gleichzeitig auch Mitgefühl und Verständnis präsent sind, werden Sie eine Erfahrung, die heilsam und förderlich ist, an eine Stelle rücken, wo sie „überwunden" werden muss anstatt entwickelt zu werden. Würden Sie nicht gerne mehr Mitgefühl für sich selbst entwickeln, wenn Sie wütend auf jemanden sind? Käme in einem inneren Dialog oder einer realen Situation, in der Sie wütend sind, plötzlich Mitgefühl auf – würden Sie dieses Gefühl dann nicht nähren wollen? Sollten solche förderlichen und positiven inneren Zustände mit einer Alles-oder-nichts-Haltung gesehen werden, wo es absolutes Mitgefühl sein muss ohne die geringste Spur von Negativität? Mit solch einer radikalen Haltung werden möglicherweise viele heilsame geistige Zustände, die sich beim Meditieren einstellen, fälschlicherweise als wertlos oder Zeitverschwendung bewertet.

Das Problem liegt teilweise darin, dass man eine Erfahrung auf der Basis eines einzelnen, hervortretenden Merkmals beurteilt. Das ist oft der Fall, wenn wir in Bezug auf die Natur einer Erfahrung Schlüsse ziehen, bevor wir sie gründlich untersucht haben. Wenn wir unseren Erfahrungen auf den Grund gehen, ist es wahrscheinlich, dass sich auch unsere Einstellung oder Einschätzung dazu ändert, weil uns mehr über sie bewusst wird. Es könnte also sein, dass Sie während einer Meditationssitzung in einer Phase, in der Wut hochkommt, auch Verletztheit, Schmerz, Angst wahrnehmen sowie Momente, in denen Sie weniger darin gefangen sind und freundlicher mit sich umgehen. Die Freundlichkeit anzuerkennen könnte ein Weg sein, die Erfahrung nicht als gänzlich negativ zu betrachten, sondern auch das darin enthaltene positive Element zu sehen. Indem wir das anerkennen, kann die Erfahrung von der untersten Hierarchieebene mehr ins „Mittelfeld" rücken, wo man sie leichter akzeptieren kann. Sie ist immer noch nicht perfekt, nicht ganz oben, aber sie landet auch nicht mehr im Mülleimer.

Vom Bewusstseinszustand abhängige Qualitäten

Die Auffassung, dass geistige Qualitäten, Fähigkeiten und innere Ressourcen vom Bewusstseinszustand abhängen, wird in der Psychologie allgemein vertreten, beim Lehren von Meditation normalerweise aber nicht angesprochen. Dennoch findet man sie auch in den Diskursen des Buddha. Die grundlegende Theorie besagt hier, dass der Bewusstseinszustand oder geistige Zustand, in dem wir uns befinden, in hohem Maße die inneren Qualitäten beeinflusst, auf die wir zurückgreifen können. Befinden wir uns beispielsweise in einem Zustand tiefer Stille, insbesondere einem der prä-jhanischen Zustände, sind wir vielleicht in der Lage wahrzunehmen, was in diesem Zustand vor sich geht, aber wenn wir wieder aus diesem Zustand herauskommen und in einen normaleren Wachzustand zurückkehren, haben wir keine Erinnerung mehr daran. Es scheint keine Brücke des Gewahrseins zwischen diesen beiden Zuständen zu geben. Die Qualität des Bewusstseins ist im Zustand der Stille eine andere als im normalen Wachzustand. Diese beiden unterschiedlichen Bewusstseinszustände sind mit einer unterschiedlichen Art von Gewahrsein verbunden. Sie können sich auch in der Qualität der Konzentration, des Bemühens sowie im Fühlen und Denken unterscheiden.

Wenn wir Bewusstsein aus der buddhistischen Perspektive betrachten, handelt es sich dabei nicht um ein eigenständiges Wesen wie ein Selbst, sondern um eine Art, sich seiner Erfahrungen bewusst zu sein. Verändert sich der Bewusstseinszustand, bedeutet das hier also, dass sich die Art des Wissens verändert. Wenn wir von einem Bewusstseinszustand in einen anderen wechseln, fühlen wir uns nicht nur anders, sondern nehmen die Dinge auch anders wahr. So erleben wir den Unterschied zwischen Tiefschlaf, Wachzustand, prä-jhanischen Zuständen und chemisch induzierten veränderten Bewusstseinszuständen. Es scheinen komplett verschiedene Welten zu sein, die kaum eine Verbindung zu den jeweils anderen haben.

Es sollte uns also nicht überraschen, dass bestimmte geistige Qualitäten, die wir in der Meditation entwickeln, in anderen Bewusstseinszuständen offensichtlich anders erscheinen und anders funktionieren.

Ansonsten könnten wir annehmen, dass eine Qualität in einem bestimmten Bewusstseinszustand vollkommen abwesend ist, während sie sich in diesem Zustand vielleicht nur anders manifestiert. Die unterschiedliche Art des Gewahrseins in hypnagogen oder prä-jhanischen Zuständen und im normalen Wachzustand ist dafür ein Beispiel: Wir meinen vielleicht, es gäbe kein Gewahrsein in unseren prä-jhanischen Zuständen, weil wir uns an nichts erinnern können, wenn wir wieder herauskommen, während es in Wirklichkeit in diesen Zuständen durchaus bewusste Phasen gibt.

Wenn wir die Qualitäten in bestimmten Bewusstseinszuständen nicht sehen und anerkennen, werten wir solche Erfahrungen möglicherweise ab. Manchmal sind wir so damit beschäftigt, nach bestimmten Qualitäten Ausschau zu halten, beispielsweise wenn wir in unseren ruhigen Zuständen ein absolut klares Gewahrsein suchen, dass wir es verpassen, die offensichtlicheren Qualitäten wahrzunehmen wie den inneren Frieden oder die Stille, die wir darin finden könnten. Vielleicht haben wir auch die Vorstellung, dass wir in bestimmten Bewusstseinszuständen zu bestimmten Dingen fähig sein sollten, beispielsweise uns längere Zeit auf ein Meditationsobjekt zu konzentrieren, obwohl es vielleicht nicht möglich ist. Indem wir innere Qualitäten und Fähigkeiten als abhängig vom jeweiligen Bewusstseinszustand betrachten, können wir eine realistische Vorstellung davon bekommen, was tatsächlich in den verschiedenen Bewusstseinszuständen in und jenseits der Meditation möglich ist.

Optimale Bewusstseinszustände

Optimale Bewusstseinszustände werden oft als Ziel der Meditation betrachtet. Wenn wir in einer Meditationssitzung in einen optimalen geistigen Zustand gelangen, nehmen wir ihn normalerweise als solchen wahr. Wir wissen, dass wir uns wünschen, dieser Zustand möge länger andauern. Und er wird für uns dann oft zu einem Standard, an dem wir andere, weniger optimale Erfahrungen und Bewusstseinszustände messen. Wenn er nicht unmittelbar unseren Blick auf die Beschaffenheit der Wirklichkeit oder die Realität der Existenz verändert hat, wird er das wahrscheinlich tun, indem wir daran festhalten, uns daran erinnern und versuchen, wieder hineinzugelangen oder ihn wieder herzustellen. Wir neigen dazu, einen optimalen Bewusstseinszustand dann als die Erkenntnis oder Erfahrung einer Wahrheit zu betrachten, wenn er mit dem übereinstimmt, was wir darüber gehört haben.

Für mich ist hier im Kontext des Verlernens von Meditation interessant, wie diese optimalen inneren Zustände für uns funktionieren. Manchmal können sie für uns arbeiten, manchmal gegen uns. Sie arbeiten für uns, indem sie unser Selbstvertrauen als Meditierende und unser Vertrauen sowohl in den meditativen Prozess als auch in unsere Lehrer und ihre jeweiligen Lehren und Traditionen stärken. Das geschieht, indem sie uns die Lehren in unserer eigenen Erfahrung näherbringen: Anstatt zu versuchen, Bewusstseinszustände zu erleben, von denen wir gehört haben, haben wir nun unsere eigenen Erfahrungen. Es ist nicht mehr die Erfahrung von jemand anderem, auf die wir uns beziehen, wenn wir andere über solche meditativen Zustände reden hören, sondern unsere ureigene.

Die Kehrseite ist allerdings, dass wir einen gewissen Stolz, sozusagen „Besitzerstolz", entwickeln können und uns möglicherweise mit solchen Erfahrungen identifizieren, denn nun, da sie unsere eigenen sind, können wir uns ihretwegen ein wenig aufplustern. Das kann sehr subtil sein. Für einige Leute mag das kein großes Hindernis darstellen, aber anderen kann es so zu Kopf steigen, dass sie sich keinesfalls mit weniger zufriedengeben können. Für sie werden optimale Zustände etwas, das sie unbedingt in jeder Sitzung erleben müssen und wenn sie dann Phasen durchmachen, in denen sie solche Erfahrungen nicht machen, müssen sie entweder von ihren Erinnerungen an vergangene optimale Zustände zehren oder sie verspüren einen Mangel. Solch ein Gefühl des Mangels kann ein furchtbarer Dämpfer sein und sogar dazu führen, dass man die Meditationspraxis ganz und gar aufgibt.

An diesem Punkt kann es notwendig werden, die eigene Abhängigkeit von optimalen Meditationserfahrungen zu *verlernen*. Sie können aus allen Ihren Erfahrungen etwas über sich lernen, nicht nur aus den „optimalen". Vielleicht müssen Sie sich auch hin und wieder daran erinnern, dass das tatsächlich schon geschehen ist. Dann fällt es Ihnen vielleicht leichter, Ihr Bedürfnis nach einem optimalen geistigen Zustand loszulassen – auch wenn sie ihn wahrscheinlich immer noch allen anderen vorziehen würden. Das ist ganz natürlich und menschlich. Es geht nicht darum, optimale Zustände vom oberen Platz der Hierarchie zu verdrängen oder ihren Nutzen anzuzweifeln, sondern darum, sich nicht so sehr daran zu klammern oder so abhängig davon zu machen, dass man alles andere außer Acht lässt.

Spirituelle Errungenschaften

Spirituelle Errungenschaften sind ein integraler Bestandteil der Meditationspraxis, besonders in traditionellen Umfeldern. Wenn Sie beispielsweise Zen bei einem Roshi oder Vipassana bei einem Theravada-Mönch lernen, werden Sie höchstwahrscheinlich etwas über die Erfahrung der Erleuchtung oder des Erwachens hören, die Sie machen werden, wenn Sie dieser Praxis folgen. Solche Erfahrungen werden oft als Errungenschaften angesehen, die permanent und unumkehrbar sind, und sie können ein Hinweis auf ein bestimmtes Wissen sein, dass nicht mehr verloren gehen kann, darauf, dass bestimmte negative Eigenschaften abgelegt wurden, oder auf eine Verbindung mit einer höheren Wahrheit oder höchsten Wirklichkeit.

Errungenschaften werden oft von Lehrern bestätigt, nachdem der Schüler von einer Erfahrung oder Erkenntnis berichtet hat, die dem entspricht, was in der Tradition des Lehrers als Errungenschaft betrachtet wird. Ein Meditationsschüler wird kaum eine Errungenschaft für sich beanspruchen, ohne sie von einem Lehrer „absegnen" zu lassen, weil solche Errungenschaften oft mit einem Status einhergehen: dass man nun innerhalb der Tradition eine bedeutsame Rolle spielt, was dem betreffenden Meditierenden den Weg ebnet, selbst ein Lehrer in dieser Tradition zu werden.

Viele Leute, denen solche Errungenschaften zugesprochen wurden, vertrauen auf die Einschätzung ihres Lehrers bezüglich ihrer Fortschritte in der Meditation und sind folglich von der Gültigkeit ihrer spirituellen Errungenschaften überzeugt. Andere fragen sich vielleicht, ob es wahr ist oder nicht. Als ein Lehrer mir relativ früh auf meinem Weg sagte, ich sei ein *Sotapanna* (einer, der „in den Strom eingetreten ist“, das heißt, die erste von vier Stufen, die zur endgültigen Befreiung führen, erreicht hat), glaubte ich das ganze 24 Stunden lang und dann kam mir plötzlich der Gedanke: „Wie kann er das wissen?“ Also nahm ich es selbst in die Hand, mehr darüber herauszufinden, wie er zu dieser Einschätzung kam. Ich studierte die Texte, anhand derer der Fortschritt eines Schülers im Hinblick auf das Eintreten in den Strom beurteilt wurde. Ich befragte andere Mönche, die in diesem Bereich bewandert waren, einschließlich meines damaligen Lehrers, um mich zu vergewissern, woher sie wussten, wann jemand ein „Stromeingetretener“ geworden war. Und ich sprach mit Mönchen, denen man ebenfalls gesagt hatte, dass sie diese Stufe erreicht hätten. Ich fragte sie auch, welche Erfahrungen sie ihrem Lehrer geschildert hatten, als sie ihre spirituellen Errungenschaften zugesprochen bekamen. Durch diese Gespräche und meine eigenen Nachforschungen und Reflexionen, die sich über einen Zeitraum von ungefähr zwei Jahren hinzogen, gelangte ich zu einer simplen Schlussfolgerung: Lehrer kennen ihre Schüler nicht gut genug, um solche Ansprüche für sie zu stellen.

Vielleicht finden Sie diese Aussage ein wenig schockierend, besonders wenn Ihnen von einem weisen, Ego-losen, mitfühlenden, ehrwürdigen Lehrer gesagt wurde, dass Sie eine bestimmte Stufe erreicht hätten. Wie gut kennt Ihr Lehrer Sie wirklich? Kennt er (oder sie) Sie besser als Sie sich selbst? In solchen Fällen glauben Schüler oft, ihr Lehrer besitze die besondere Gabe, in ihren Geist schauen und mit Gewissheit sagen zu können, dass sie eine bestimmte Entwicklungsstufe erreicht hätten. Man sagt, der Buddha habe diese Fähigkeit besessen, aber das heißt nicht, dass heutige Meditationslehrer sie ebenfalls besitzen.

All das läuft letztendlich darauf hinaus, ob Sie den Fortschritt in Ihrer eigenen Erfahrung bestätigt finden können. Eine spirituelle Errungenschaft in Ihrer eigenen Erfahrung zu verifizieren erfordert Zeit, Lernen und Ehrlichkeit gegenüber sich selbst. Der Zeitfaktor liegt darin, den festen Glauben an die Gewissheit der Errungenschaft vorübergehend loszulassen und sie für eine Weile nur als Möglichkeit zu betrachten. Das öffnet die Tür für Ehrlichkeit in Bezug auf die Errungenschaft. Sie sind dann in der Lage, Aspekte Ihrer selbst anzuschauen, die sich trotz Ihrer spirituellen Errungenschaft nicht geändert haben, und darüber nachzudenken, ob diese spirituelle Erfahrung wirklich bis in diese Bereiche hineinreicht. Sie können dann auch die Veränderungen erkennen, die durch den Fortschritt stattgefunden haben und mit den diesbezüglichen Lehren übereinstimmen und können darin eine Bestätigung finden. Aber Sie müssen trotzdem nicht entscheiden, ob Sie die Errungenschaft nun „haben" oder nicht, obwohl es sicher manchmal beunruhigend sein kann, es nicht mit Sicherheit zu wissen. So kann zusätzliches Lernen hilfreich sein: Wenn Sie die Lehren verschiedener Traditionen bezüglich spiritueller Errungenschaften studieren, können Sie eine genauere Vorstellung davon bekommen, was sich gemäß der Texte aufgrund eines solchen Fortschritts verändert, im Vergleich zu dem, was Ihre Lehrer und „Mitmeditierenden", die in einer bestimmten Tradition praktizieren, glauben. In manchen Fällen, beispielsweise in der Vipassana-Tradition, findet man in den Pali-Grundprinzipien andere Beschreibungen als in den späteren kommentierenden Texten, die heutzutage im Allgemeinen von Lehrern verwendet werden. Diese Diskrepanz ist wie ein Stich ins Wespennest, beispielsweise wenn es um die Frage geht, ob die modernen Versionen korrupt sind oder, andersherum, ob die früheren Versionen unvollständig oder schlecht erklärt sind.

Es gibt vielleicht keine Möglichkeit, eine spirituelle Errungenschaft jenseits aller Zweifel zu verifizieren und vielleicht sind diese ganzen Bemühungen, sie zu beweisen, auch eine einzige große Ablenkung von der Praxis der Meditation. Ich habe mich entschieden, nicht mit Schülern über spirituelle Errungenschaften zu sprechen und halte mein Lehren frei von diesem ganzen Thema. Stattdessen spreche ich mit den Leuten lieber über ihre Entwicklung in der Meditationspraxis im Hinblick auf wahrnehmbare Qualitäten, die häufiger vorkommen und größeren Einfluss auf ihre Entscheidungen und ihr Handeln haben. Die verschiedenen Qualitäten, die zusammengenommen für eine bestimmte Errungenschaft stehen könnten, sind Teil dieses Gesamtbildes, aber ohne das ganze Aufhebens, jemand zu sein, der eine bestimmte Errungenschaft „hat" und daher diese Qualitäten „besitzt".

Wenn man aufhört zu glauben, dass es notwendig sei, jemandem eine spirituelle Errungenschaft zuzuschreiben, um eine Veränderung im Sein dieser Person anzuerkennen, wird man auch frei davon, ein Selbst um diese Qualitäten herum zu kreieren – da ist keine Person, die damit identifiziert ist, dies und jenes zu sein, aufgrund dessen, was der Lehrer zu ihr oder ihm gesagt hat. Da ist nur ein bescheidener Mensch, der achtsam wird und aufwacht, und der sich durch Ehrlichkeit gegenüber sich selbst, Weisheit, Geduld, Freundlichkeit, Mitgefühl und andere vortreffliche menschliche Eigenschaften auszeichnet.

Nachwort zu MEDITATION VERLERNEN

Das Verlernen von Meditation ist ein ergebnisoffener Prozess. So offen, dass Sie sich nach einer Weile in Ihrer Meditationspraxis wahrscheinlich so frei fühlen werden, dass sie sich kaum noch daran erinnern können, wie es war, auf eine Weise zu meditieren, die sich starr und zwanghaft anfühlte und auf Ergebnisse fixiert war. Die Zweifel, Ängste und Befürchtungen in Bezug auf einen rezeptiven (offenen) Meditationsansatz treten im Lauf der Zeit normalerweise in den Hintergrund, obgleich sie vielleicht nicht ganz verschwinden. Wenn Sie jemand fragt, was Sie tun, wenn Sie meditieren, mag es Ihnen schwerfallen, eine klare und präzise Antwort zu geben. Ihre Praxis wird im Lauf der Zeit weniger definiert, weniger greifbar und weniger konzeptuell. Sie wird locker und diffus, ihre Leere wird immer offensichtlicher. Weil Sie während der Meditation selten etwas tun, erleben Sie Phasen, in denen Ihr Geist frei von Aktivität ist. Weil Ihrer Erfahrung selten etwas hinzugefügt wird, werden Ihre Meditationen frei von Anleitungen oder Instruktionen, Strategien, Zielen und Urteilen. Weil von Ihrer Erfahrung nichts weggenommen wird, beinhalten Ihre Meditationen all das, was ganz natürlich in Ihrem Geist vorhanden ist, und so wird Ihr Geist frei von Vermeidung und Selbsttäuschung.

Was auch immer Ihre Aufmerksamkeit auf sich zieht, wird Ihr Interesse länger aufrechterhalten. Sie können dabei bleiben, selbst wenn das schmerzt, können geduldig warten – nicht darauf, dass es verschwindet, sondern darauf, dass eine Erforschung des bedingten Entstehens der Erfahrung beginnt. Sie stellen vielleicht fest, dass sich Ihr Interesse beim Meditieren ruhig und beständig anfühlt – anders als ein von Wünschen angetriebenes Interesse – und von jeder neuen Entdeckung darüber, wie etwas in Ihrem Leben zustande kam, genährt wird.

Ihr Geist tritt in so viele verschiedene Bewusstseinszustände ein – von unterschiedlichsten Graden der Wachheit bis hin zu verschiedenen Ebenen von *Samadhi* und Schlafzuständen –, dass Sie nicht länger glauben können, nur ein einziger geistiger Zustand sei optimal, wahr oder real. Die ganze Welt des menschlichen Geistes in ihrer großartigen Vielfalt ist nun Ihr Spielfeld, und Sie können sich von den Höhen in die Tiefen (und alles, was dazwischen ist) mit der Zuversicht begeben, dass das, was Sie erleben, sehen und kennenlernen, Schöpfungen des Geistes sind – und nicht wahrer und realer als das.

Und wenn Sie sich fragen, ob es nicht notwendig sei, irgendeine Anleitung zu befolgen, einen bestimmten Bewusstseinszustand zu erreichen oder eine Wahrheit zu erkennen, können Sie innehalten und diese Gedanken untersuchen, ohne an sie zu glauben. Sie werden nicht wieder so leicht von Ihrem eigenen Weg abzubringen sein. Sie haben größeres Vertrauen in den meditativen Prozess entwickelt, was nichts anderes ist, als ein Vertrauen in den Weg des inneren Erwachens, auch Dharma genannt.

Danksagung

Dieses Buch hat eine lange Entstehungsgeschichte, und viele Menschen trugen auf unterschiedlichste Art und Weise zu seiner Realisierung bei. Alles begann im Jahre 1998, nachdem ich Jeremy Tarcher (dem Gründer von Tarcher Press) einige meiner Schriften über Meditation gezeigt hatte und er mich ermutigte, ein Buch zu schreiben. Der Titel MEDITATION VERLERNEN entstand aus den verschiedenen Gesprächen, die wir über das Projekt führten. Ich möchte ihm für seine Unterstützung und die Beratung beim Verfassen der ersten Manuskriptfassung danken – und dafür, dass er an den Wert dieses Buches geglaubt hat.

Die ursprüngliche Version von *Unlearning Meditation* (1999) war einem lieben Freund, Schüler und Kollegen, Gordon Smith, gewidmet, der im Jahre 2006 verstarb. Gordon half mir, das *Skillful Meditation Project* aufzubauen, kümmerte sich um die Finanzen und unterstützte die Organisation in kritischen Zeiten finanziell. Viele meiner Schüler aus den frühen 1990ern erinnern sich gerne an Sonntagnachmittag-Sitzungen in Gordons Haus, das in den Hügeln von Mount Washington zwischen der City von Los Angeles und Pasadena gelegen war.

Meine Frau Jacquelin, die schon vor meiner Abreise nach Nepal in meinem Leben war (sie folgte mir drei Monate später), half „hinter den Kulissen“ beim Schreiben dieses Buches und las das Manuskript in ihrer gewohnten, gründlichen Art. Ihre Beobachtungen und Vorschläge trugen zur Klärung vieler Passagen bei, die ansonsten vielleicht hätten falsch interpretiert werden können.

Dave O‘Neal, Cheflektor bei Shambala Publications, machte den Verlag auf meine Arbeit aufmerksam und begleitete das Projekt vom ersten Entwurf bis zum fertigen Manuskript. Seine Fürsorge und sein Verständnis sind im gesamten Buch offenkundig.

In den vergangenen Jahrzehnten habe ich Menschen darin ausgebildet, den Recollective-Awareness-Ansatz zu unterrichten. Der erste, den ich zum Lehrer ausbildete, war Ron Sharrin, ein Psychotherapeut und erfahrener buddhistischer Meditierer, der in Topanga Canyon, Kalifornien, lebt. Er nahm im Jahre 1996 an einem meiner Retreats teil und 1999 begann ich, ihn als Lehrer dieser Meditationsmethode auszubilden. Mary Webster, die in Spokane, Washington, lebt, folgte ein paar Jahre später und sie ist ein besonderer Fall, denn ich war vor fast 15 Jahren ihr erster Meditationslehrer. Eine weitere Langzeit-Schülerin, Linda Modaro, war in den vergangenen zehn Jahren meine Schülerin und lehrt nun hauptsächlich in Santa Monica, Kalifornien. Nelly Kaufer lehrt Meditation seit fast 20 Jahren in der Nähe von Portland und begann vor etwa fünf Jahren mit diesem Ansatz zu arbeiten. Dan Nussbaum leitet Gruppen in Los Angeles. Greg Bantick, der auch auf eine lange Meditationspraxis zurückblickt, ist ebenfalls ein von mir ausgebildeter Lehrer. Wir begegneten uns auf meiner ersten Australienreise im Jahre 2004 und heute lehrt er diesen Ansatz in Brisbane und im Norden von New South Wales.

In Australien gibt es einige Meditationslehrer, die diesen Meditationsansatz mehr oder weniger übernommen haben, obwohl einige von ihnen ihn mit anderen Formen der Meditation kombinieren. In diesem Zusammenhang möchte ich Winton Higgins in Sydney, Victor von der Heyde in Sydney und Brisbane, Anna Markey in Adelaide, Jenny Taylor in Alice Springs, Eoin Meades in Brisbane, John und Bobbi Allan in

Lismore, Ken Golding, Barry Farrin, Nique Murch, Marc Wilson, Betsy Faen und Malcolm Huxter erwähnen. Einen besonderen Dank möchte ich meinem lieben Freund und Reisegefährten Eoin Meades aussprechen. Im Jahre 2005 reisten wir gemeinsam nach Sri Lanka und zwei Jahre später nach Tibet und Nepal. Eoin ermutigte mich seit Jahren dazu, dieses Buch zu schreiben. Es gibt viele Leute in Australien, denen ich für ihre Freundlichkeit und Großzügigkeit danken möchte – ganz besonders aber einer Person, Paul Frischknecht, der in Sydney mein Gastgeber war.

Viele meiner Schüler haben im Laufe der Jahre auf unterschiedliche Arten zur Entstehung dieses Buches beigetragen. Dafür möchte ich mich bei Larry Heliker, Len Follick, Deborah Wozniak, Baljinder Sahdra, Sue Lucksted, Anna Delacroix, Brian Bush, Adrienne House, David Clark, Brad Crampton, Tatiana Melnyk und Paul Freeman bedanken. Andere, die mich unterstützt haben, sind: Grady McGonagill, Sarah Conover, Cynthia Schröder und Karen Hastings. Auch möchte ich nicht vergessen, Peter Mackie aus Sydney dafür zu danken, dass er mir erlaubt hat, seine kreativen Tagebucheinträge zu verwenden. Und es gibt noch viele weitere Schüler, deren Präsenz zum Inhalt dieses Buches beigetragen hat. Auch bei ihnen möchte ich mich bedanken.

Außerdem geht ein herzliches Dankeschön an Mu Soeng und Andrew Olendzki, den Co-Leitern des Barre Center for Buddhist Studies, wo ich jedes Jahr ein Wochenend-Retreat halte. In den letzten Jahren habe ich auch Retreats im Cloud Mountain Retreat Center in Washington geleitet und möchte an dieser Stelle Dhammadasa dafür danken, dass er mich eingeladen hat, dort zu lehren. Ich wurde im Lauf der Jahre auch von mehreren Vipassana-Gemeinschaften eingeladen, in ihren Zentren Workshops und Retreats zu halten. Ich möchte mich bei der Vipassana-Meditations-Gemeinschaft in Spokane, der Vipassana-Sangha in Santa Fe, der Vipassana-Sangha in Albuquerque, der White-Heron-Sangha und der Bluegum-Sangha bedanken.

Meine Ideen entwickle ich auf vier Arten weiter. Eine davon ist die persönliche Kontemplation. Die zweite besteht darin, dass ich meine Gedanken aufschreibe. Die dritte ist das Halten von Vorträgen im Rahmen von

Retreats und die vierte sind die tiefschürfenden Gespräche mit Kollegen. Die meisten meiner Kollegen sind von mir ausgebildete Lehrer, aber es gibt auch andere Dharma-Lehrer, Trainer und Autoren, mit denen ich einige intensive Zeiten verbringen durfte. Der verstorbene Nyanaponika Mahathera, Autor des Buches *The Heart of Buddhist Meditation*, hat meine Einstellung zur Mahasi-Methode durch die zwei Unterhaltungen, die wir während meiner Zeit als buddhistischer Mönch in Sri Lanka führten, stark beeinflusst. Als ich im Jahre 1990 in die Vereinigten Staaten zurückkehrte, hatte ich das Glück, Dharma-Gespräche mit dem inzwischen verstorbenen Ratanasara Mahathera und später mit dem hervorragenden buddhistischen Gelehrten Dr. Ananda Guruge aus Sri Lanka führen zu können.

Darüber hinaus möchte ich mich bei Stephen Batchelor, Ken McLeod, William Waldron, Tony Duff und Joseph Goldstein für die spannenden Unterhaltungen bedanken, die wir im Laufe der vergangenen Jahre geführt haben. Auch mit meinem lieben Freund Sam Crowell aus Idyllwild tausche ich mich regelmäßig aus.

Die großzügige Unterstützung durch meine Schüler im Laufe der Jahre gab mir genügend finanzielle Sicherheit, um mich dem Schreiben widmen zu können. Ihre Spenden an das *Skillful Meditation Project* haben das Erscheinen dieses Buch überhaupt erst möglich gemacht. Ganz besonders danken möchte ich auch dem verstorbenen Gordon Smith (und seinem Bruder Greg), Mary Renard, Nancy Holt und Wayne Chavez.

Schließlich möchte ich noch meine Dankbarkeit gegenüber meinen Lehrern, Mentoren und Freunden ausdrücken, die während meines neunjährigen Aufenthalts in Südasien und in den ersten Jahren nach meiner Rückkehr in die USA meine Wegbegleiter waren. Da möchte ich zunächst die Lehrer des Campus of International Languages in Kathmandu nennen (1982 – 1986), die Mönche des Kanduboda Meditation Center in Sri Lanka (1987 – 1988), die Mönche vom Island Heritage (1988 – 1990) und den verstorbenen Godwin Samararatne vom Nilambe Meditation Center (wo ich 1989 ein halbes Jahr lang Meditation lehrte). Außerdem möchte ich die Lehrer, Schüler und Mitarbeiter vom Ryokan College

(1992) und meine Supervisoren und Psychotherapeuten-Kollegen am Saturday Center for Psychotherapy (1992 – 1994) erwähnen, die mich nach meiner Rückkehr nach Los Angeles sehr unterstützen. In diese Phase meines Lebens fällt auch die Begegnung mit Dr. Jock Hearn, einem Zen-Mönch und Psychotherapeuten, der mir Möglichkeiten aufzeigte, als junger buddhistischer Ex-Mönch den Dharma im Westen zu lehren.

Jason Siff
Idyllwild, Kalifornien
Im November 2009

Wichtiger Hinweis

Die Ratschläge zur Selbstbehandlung in diesem Buch sind vom Autor sowie dem Verlag sorgfältig geprüft worden. Dennoch kann eine Garantie nicht übernommen werden. Bei ernsthafteren oder länger anhaltenden Beschwerden sollten Sie auf jeden Fall einen Arzt, Psychotherapeuten, Psychologen oder Heilpraktiker Ihres Vertrauens zu Rate ziehen. Eine Haftung des Autors oder des Verlages für Personen-, Sach- und Vermögensschäden ist ausgeschlossen.

Weitere Literatur aus dem Arbor Verlag

Kristin Neff

Selbstmitgefühl – Schritt für Schritt

Selbstmitgefühl ebnet psychischer und körperlicher Gesundheit den Weg – und es ist erlernbar. Dieses Buch stellt uns die Wirkung von Selbstmitgefühl vor und bietet praktische Anleitungen für die Entwicklung eines dauerhaften und unerschütterlichen Empfindens unseres menschlichen Selbstwerts.

Selbstmitgefühl ist ein wichtiger Erfolgsfaktor – ganz gleich, ob es um Stressreduktion, die Entwicklung gesunder Gewohnheiten, die Freisetzung unserer Kreativität oder auch den Umgang mit schweren und schwersten Krankheiten geht.

Selbstmitgefühl – Schritt für Schritt präsentiert das von Kristin Neff und Christopher Germer entwickelte Programm – wissenschaftlich fundiert, bewährt und erfolgreich. Leicht verständliche und wirkungsvolle Übungen bieten uns einen praktischen Ansatzpunkt, um in unserem Leben mehr Glück, Erfüllung und Liebe zu erfahren.

Buch und 4 CDs

ISBN 978-3-86781-117-0

Jon Kabat-Zinn

Das Abenteuer Achtsamkeit

Wie Sie Weisheit für Körper, Geist und Seele entwickeln

Entdecken Sie die Kraft der Achtsamkeit im Alltag.
Achtsamkeit ist weit mehr als eine Übung: Sie ist ein Abenteuer, eine Einladung, jede Minute unseres Daseins bewusst zu leben. Mit viel Humor und Entdeckerfreude stellt Jon Kabat-Zinn verschiedene Aspekte der Achtsamkeit vor und zeigt uns Wege, sie umstandslos in unserem Alltag zu kultivieren.
Dabei lernen wir,

- uns mit allen Sinnen in unserem Leben zu verwurzeln – in jedem Augenblick,
- beruflichen oder privaten Stresssituationen auf neue Weise zu begegnen und auch angesichts schwieriger Erfahrungen im inneren Gleichgewicht zu bleiben,
- die Denkmuster aufzuspüren, die zu Leiden führen, und emotionale Ausgeglichenheit zu kultivieren,
- dass jeder Moment unseres Daseins ein Wendepunkt sein kann – ein verheißungsvolles Tor in eine neue Lebensweise.

Dieses Buch beinhaltet eine schrittweise Anleitung grundlegender Achtsamkeitsübungen. Es basiert auf Jon Kabat-Zinns umfassendstem Audio-Programm zum Thema Achtsamkeit und enthält zwei Audio-CDs (bearbeitet und gesprochen von Lienhard Valentin) mit geführten Meditationen und Yoga-Übungen.

ISBN 978-3-86781-114-9

Jon Kabat-Zinn

Achtsamkeit für Anfänger

In diesem Buch zeigt uns Jon Kabat-Zinn, wie wir die Praxis der Achtsamkeit in unser Leben integrieren können. Mit seinen begleiteten Übungen und Meditationen bietet *Achtsamkeit für Anfänger* einen Einstieg für all jene, die mit der Achtsamkeitspraxis noch wenig oder gar keine Berührung hatten. Doch auch den Freunden seiner Arbeit und den Teilnehmern von MBSR-Kursen vermag dieses grundlegende CD-Buch ein täglicher Begleiter auf dem Weg der Achtsamkeitspraxis zu sein.

Die beigefügte Audio-CD lädt uns ein, die Praxis der Achtsamkeit zu entfalten und im Moment zu verweilen. Genau hier, genau jetzt – um so das wahre Potential unseres Menschseins auszuloten.

Wer praktisch in die Welt der Achtsamkeit eintauchen will, findet in diesem Einführungsprogramm alles, was er braucht. Das Basiswerk für alle, die sich für Achtsamkeit interessieren.

Achtsamkeit für Anfänger ist seit Jahren eines der meistverkauften Bücher im Arbor Verlag. In dieser 2013 komplett neuen Ausgabe wurde das Werk grundlegend überarbeitetet, umfangreich erweitert und neu eingesprochen von Lienhard Valentin. Als Geschenk an seine deutschen Leserinnen und Leser spricht Jon Kabat-Zinn die einführende Essmeditation in deutscher Sprache.

ISBN 978-3-86781-100-2

Paul Gilbert & Choden

Achtsames Mitgefühl

Ein kraftvoller Weg, das Leben zu verwandeln

Neueste Forschungsergebnisse weisen darauf hin, dass Mitgefühl für sich selbst und andere äußerst positive Auswirkungen auf unseren Geist und Gesundheitszustand, unser Glücksempfinden sowie auf die Menschen in unserer Umgebung hat, während Achtsamkeit uns befähigt, innerlich „einen Schritt zurückzutreten" und die Dinge objektiver zu sehen.

- Achtsamkeit kann zu innerer Stabilität und Klarheit beitragen.
- Selbstakzeptanz hilft, mit unseren unterschiedlichen Persönlichkeitsanteilen und Wesensmerkmalen zurechtzukommen und uns konstruktiv mit selbstkritischen Tendenzen auseinanderzusetzen.
- Mitgefühlsübungen helfen, unsere inneren Ressourcen der Güte, Kraft und Weisheit zu stärken und besser mit stressigen Situationen und Herausforderungen in unserem Leben umzugehen.

Achtsames Mitgefühl bietet praxisbezogene Schritt-für-Schritt-Anleitungen, mit denen wir lernen können, intelligenter und liebevoller auf inneren, emotionalen Stress sowie widersprüchliche Anforderungen und den Druck unseres Alltagslebens zu reagieren.

„Dieses Buch ist eine geniale Synthese aus zwei großen psychologischen Traditionen: Achtsamkeit und Mitgefühl. In klarer, überzeugender Sprache legen Gilbert und Choden dar, wie uns die Beschaffenheit des menschlichen Gehirns immer wieder in Schwierigkeiten bringt. Dann erläutern sie, warum sowohl Mitgefühl als auch Achtsamkeit notwendig sind, um uns aus unnötigem Leiden zu befreien, und bieten wirkungsvolle Übungen an, mit denen wir den Geist in diesen lebenswichtigen menschlichen Fähigkeiten trainieren können."

Christopher Germer, Harvard Medical School,
Autor des Buches „Der achtsame Weg zur Selbstliebe"

ISBN 978-3-86781-110-1

Christopher Germer, Kristin Neff & Britta Hölzel

Achtsames Selbstmitgefühl

Wie man sich von destruktiven Gedanken und Gefühlen befreit

Das Original-Trainingsprogramm zu „Der achtsame Weg zur Selbstliebe“ von Christopher Germer (Arbor Verlag). Meditationen, die uns ermöglichen, Stress und anderen Schwierigkeiten im Leben mit Wärme, Freundlichkeit und Mitgefühl zu begegnen.
Das von Christopher Germer und Kristin Neff entwickelte Mindful Self-Compassion Training liegt nun erstmals in deutscher Fassung vor. Wir freuen uns sehr, dass wir Britta Hölzel gewinnen konnten, diese wichtigen Übungen zu bearbeiten und einzusprechen.

ISBN 978-3-86781-090-6

Ethan Nichtern

In dir selbst zuhause sein

Buddhas Lehre für die heutige Zeit

Fühlen Sie sich in sich selbst zu Hause? Jetzt, in diesem Moment? Oder spüren Sie eine vage Unruhe oder Unsicherheit, ein unterschwelliges Unbehagen?
In diesem Buch erforscht Ethan Nichtern die Reise, die jeder von uns unternehmen muss, um den eigenen Platz im Leben zu finden. Er beschreibt die existentielle Situation, die zur Suche führt und bezieht dabei in erfrischend unorthodoxer und verständlicher Weise aktuelle Forschungen über Meditation und Achtsamkeit sowie seine langjährige Erfahrung als Meditationslehrer und Meditierender mit ein.
Nichtern legt dar, wie sich unsere individuelle Suche nach einem bewussten Leben niederschlägt in Beziehungen, Gemeinschaften und der Gesellschaft insgesamt. Er erklärt genau, wie wir unser Gefühl der Verbundenheit mit anderen stärken und gleichzeitig unsere individuellen und kollektiven Verhaltensmuster von Gier, Apathie und Desinteresse zum Besseren verändern können – indem wir unsere Aufmerksamkeit bewusst auf das richten, was in uns und außerhalb von uns geschieht.
In dieser klugen und geistreichen Einladung zur buddhistischen Meditation zeigt uns Nichtern, dass wir bei uns selber anfangen müssen, wenn wir eine wirklich mitfühlende und erleuchtete Gesellschaft schaffen wollen. Und das heißt, dass wir mit unserem Geist arbeiten müssen – egal, in welchem Zustand wir ihn auch immer vorfinden.

Ethan ist die Zukunft des Buddhismus.
Sharon Salzberg

Online

Umfangreiche Informationen zu unseren Themen, ausführliche Leseproben aller unserer Bücher, einen versandkostenfreien Bestellservice und unseren kostenlosen Newsletter. All das und mehr finden Sie auf unserer Website:

www.arbor-verlag.de

Mehr von Jason Siff

www.arbor-verlag.de/jason-siff

Seminare

Die gemeinnützige *Arbor-Seminare gGmbH* organisiert regelmäßig Seminare und Weiterbildungen mit führenden Vertretern achtsamkeitsbasierter Verfahren. Nähere Informationen finden Sie unter:

www.arbor-seminare.de